本书受到中国人民大学2017年度“中央高校建设世界一流大学（学科）和特色发展引导专项资金”支持。

多重情境下的西南民族研究

——基于李绍明的民族学史考察

伍婷婷 著

中国社会科学出版社

图书在版编目(CIP)数据

多重情境下的西南民族研究：基于李绍明的民族学史考察 / 伍婷婷著．—北京：中国社会科学出版社，2018.2

ISBN 978-7-5203-0799-4

Ⅰ.①多… Ⅱ.①伍… Ⅲ.①历史民族学—研究—中国 Ⅳ.①C95

中国版本图书馆CIP数据核字(2017)第189366号

出 版 人 赵剑英
责任编辑 朱华彬
责任校对 张爱华
责任印制 张雪娇

出　　版 中国社会科学出版社
社　　址 北京鼓楼西大街甲158号
邮　　编 100720
网　　址 http://www.csspw.cn
发 行 部 010-84083685
门 市 部 010-84029450
经　　销 新华书店及其他书店

印　　刷 北京君升印刷有限公司
装　　订 廊坊市广阳区广增装订厂
版　　次 2018年2月第1版
印　　次 2018年2月第1次印刷

开　　本 710×1000 1/16
印　　张 18
插　　页 2
字　　数 268千字
定　　价 79.00元

凡购买中国社会科学出版社图书，如有质量问题请与本社营销中心联系调换
电话:010-84083683

目　录

绪　论

> 我在新中国成立后从事少数民族研究，是我回国后在成都燕大分校社会学系研究西南少数民族的自然延伸。现在真要述说新中国成立后的少数民族研究了，我又觉得这样安排未必妥当，因为这段时间的少数民族研究，跟先前已经大不一样。先前是我自选题目，按自己理解的方法去实施。这时呢？从教学到研究，我都成了一个更大棋盘上的棋子，要接受统一的调度。当然，从结构—功能派社会人类学的理论上讲，我以前也不过是个棋子，无形中受到社会需求（还有我自身需求）的调度。但那时我还算半个下棋人，可以估量下一步该往哪里走。现在社会场景大变，棋盘大变，游戏规则大变，我自己也不知道自己是在棋盘的哪个位置上，因此也不能选择该走哪一步了。简言之，除了教学之外，我后半生的学术研究都是插曲。当时的彷徨迷茫难免导致现在叙述的线头零乱。我一时理不清，只好这么顺着说下去。[①]
>
> ——林耀华自述

林耀华是中国最重要的人类学学者之一，在中华人民共和国成立后，始终怀着信任和乐观的心态，积极投身于民族工作和研究的新事业中。从那时起，他便称自己为民族学家。即便如此，在他的追忆里，我们仍能感

① 林耀华：《在大学与田野间》，北京大学出版社2011年版，第195—196页。

受到1949年后的一段时期代表着中国民族学/人类学及学者所面临的一种较尴尬和被动的处境。这种处境也是留给我关于那个时代的最初印象，直到2007年我走进李绍明的世界。越对他进行人生史的访谈，越困惑于印象中的简单化与其人生中所呈现的复杂化间的反差。本书是试图解决如此困惑的一次努力。我也相信，这些困惑并非我个人所有。

一 研究意义

（一）“国家化”进程中的学科史

本书研究的对象是1949年之后大陆地区中国民族学/人类学的学科历史，重点关注的时段是“文化大革命”前十七年。[①] 20世纪初叶，以1898年严复译介《天演论》为起点，民族学/人类学传入中国至今百余年。百余年的学科历史涉及一种知识不断累积的过程，同时也涉及这种产生于西方特殊时代情境——殖民开拓之下的知识在中国时空内被接受和再演化的过程。这个过程通常被研究者们冠以“本土化”的名称加以讨论。[②] 我的理解中，学科“本土化”的内涵和意义是由两个彼此关联的过程构成的：第一，如何在保留学科、理解他者、反观自我的基础上与本土

---

① 本书的讨论范围设定在1949年后的中国大陆地区。台湾和香港地区的民族学/人类学发展与同时代大陆地区的发展特征迥异，实有另辟专题讨论的必要，非本书内容所涉。关于台湾和香港地区1949年后的人类学历史的专论主要参考如李亦园：《民族志与社会人类学：台湾人类学研究与发展的若干趋势》，载周星、王铭铭主编：《社会文化人类学讲演集》（下），天津人民出版社1997年版，第831—857页；乔建主编：《社会学、人类学在中国的发展》，香港中文大学1998年版；徐正光、黄应贵主编：《人类学在台湾的发展：回顾与展望篇》，台湾“中央研究院”民族学研究所1999年版；王建民、张海洋、胡鸿保：《中国民族学史（1950—1997）》（下卷），第5章、第10章，云南教育出版社1998年版，第130—153、266—311页；何星亮：《20世纪下半叶台湾和香港的人类学与民族学研究概述》，《西藏民族学院学报》（哲学社会科学版）2004年第2期；胡鸿保主编：《中国人类学史》，第7章，中国人民大学出版社2006年版，第153—178页；哈正利：《社会变迁与学科发展：台湾民族学人类学简史》，民族出版社2009年版；杨圣敏、胡鸿保主编：《中国民族学六十年：1949—2010》，第8章，中央民族大学出版社2012年版。

② 关于“本土化”或“中国化”的讨论至今不绝，集中的讨论见：荣仕星、徐杰舜主编：《人类学本土化在中国》，广西民族出版社1998年版；徐杰舜：《本土化：人类学的大趋势》，广西民族出版社2001年版；王铭铭：《西学“中国化”的历史困境》，广西师范大学出版社2005年版。

社会和知识的传统相合而实现创造中国新知的可能；第二，必须看到在现代中国从传统帝国转变为民族—国家的过程中，中国民族学/人类学的“本土化”意味着“国家化”特征的日益明显。[①] 所谓“国家化”表明，中国民族学/人类学的诞生和发展深刻地卷入了现代中国构建民族—国家的命运中，呈现出受其影响、被其改造并为其服务的诸面貌。从历史发展的后见之明看，直到今天，中国民族学/人类学“本土化”的第一个过程远未完成，事实上这一状态又与学科始终处于第二个过程中有着千丝万缕的关系。不仅如此，中国民族学/人类学是否最终能实现知识的自觉取决于是否能充分理解自身“国家化”的过程，于此基础上获得反思式的启发。在这层意义上，学科史的研究极为重要。

在西方，人类学也经历了类似中国民族学/人类学的“国家化”进程。西方的情境下特指于人类学与殖民主义同构的关系。20 世纪七八十年代以来，知识界关于近代社会科学学科体系与同时代欧洲民族—国家构建之间的亲缘关系的讨论已指出，其间的“西方中心主义”文化观深刻影响到西方对东方的认知和解释体系，知识的背后体现出西方文化霸权的支配地位。[②] 受此启发，人类学学科史的研究表明，国家政治权力和文化中心观对人类学形成学科理念、体系以及知识起到决定作用。[③] 在这个过程中，西方国家人类学的特征各异[④]，但“殖民主义之子”的共同身份，

---

① 王铭铭：《学科国家化——反思中国人类学》，见其《西学“中国化”的历史困境》，广西师范大学出版社 2005 年版，第 32—71 页。

② ［美］伊曼纽尔·华勒斯坦等：《开放社会科学：重建社会科学报告书》，刘锋译，生活·读书·新知三联书店 1997 年版；［美］爱德华·萨义德：《东方学》，王宇根译，生活·读书·新知三联书店 2007 年版。

③ Talal Asad, ed.: *Anthropology and the Colonial Encounter*, New York: Humanity Books, 1973; Johnnes Fabian, *Time and the Other: How Anthropology Makes its Objects*, New York: Columbia University Press, 1983. ［美］乔治·马尔库斯、米开尔·费彻尔：《作为文化批评的人类学：一个人文学科的实验时代》，王铭铭、蓝达居译，生活·读书·新知三联书店 1998 年版。

④ ［挪］弗雷德里克·巴特等：《人类学的四大传统——英国、德国、法国和美国的人类学》，商务印书馆 2008 年版；王铭铭：《在中国，看西欧：人类学的国别传统》，见其《西学“中国化”的历史困境》，广西师范大学出版社 2005 年版，第 1—31 页。

让人类学必须回应学科与殖民主义的关系如何影响学科知识生产这一命题。[①] 1991 年乔治·斯托金（George Stocking）主编的《殖民情境：民族志知识情境化论集》（*Colonial Situations：Essays on the Contextualization of Ethnographic Knowledge*）[②] 一书出版，集中体现了学科史研究在该问题上的所得。书中论文通过分析不同时空内西方各国人类学学者的实践，目标在于全景式地揭开殖民情境下西方人类学形成史的面纱。

首先，人类学学者思想和行为中的殖民性。进化论为西方世界提供了一套合理解释世界文明体系的思想逻辑，是殖民扩张的思想后盾。根据进化论的理解模式，人类种族和文化统统被排列进一个以西方文明社会为最高阶段的时间谱系中。自 19 世纪以来，作为现代人类学产生的一个重要思想基石，进化论是一代人类学学者思想深处的印记。[③] 对此，斯托金的文章指出，早期的人类学者如马克莱（Baron de Maclay）对巴布亚人采取家长式的保护，反映了西方人把土著看作是弱势的、被保护的种族的进化观。[④] 库克里克（Kuklick）在研究了英国考古界在南部非洲的考古行动后，也同样指出，考古界在大津巴布韦遗址内外学说之间的摆动，均用实际研究论证了土著人是低等的、需要改造的进化观。[⑤] 进化思想被付诸于实践后，不仅产生了一大批像库贝瑞（Kubary）一样直接参与殖民管理的业余人类学学者，而且以默多克（George Murdock）为代表的众多职业人类学者也自觉地加入了殖民主义实践的队伍中。而马林诺斯基（B. Malinowski）虽然尽量想拉开人类学研究与殖民现实的距离，

---

① Talal Asad, ed.: *Anthropology and the Colonial Encounter*, New York: Humanity Books, 1973.

② George Stocking, ed.: *Colonial Situations: Essays on the Contextualization of Ethnographic Knowledge*, *in History of Anthropology*, *Vol.* 7, The University of Wisconsin Press, 1991.

③ ［美］威廉·亚当斯：《人类学的哲学之根》，黄剑波、李文建译，广西师范大学出版社 2006 年版，第 8—70 页。

④ George Stocking, "Maclay, Kubary, Malinowski: Archetypes from the Dreamtime of Anthropology", in George Stocking, ed., Ibid, p. 62.

⑤ Henrika Kuklick, "Contested Monuments: The Politics of Archeology in South Africa", in George Stocking, ed., Ibid, pp. 162—165.

但无可否认，他的诸项“实用人类学”实践的背后，直接为殖民建设服务依然是一个重要目的。①

其次，民族志知识中的殖民性。该书的前言中斯托金说道：“无论是进化论时期，还是结构—功能主义时期，人类学不是提供证据证明文野之分的文明进程的合理性，就是为殖民当局的行政统治提供详实的‘他者’材料，甚至在人类学的萌芽期以及后殖民时代，人类学背后的殖民权力的影子同样挥之不散。”② 可以说，人类学的民族志既受殖民形势的制约，反过来又为殖民进程所用，已经成为不争的事实。托马斯（David Tomas）指出，人类学家研究安达曼岛人的方法经历了重大的变化：人类学早期发展的时代，研究体质人类学成为最重要的课题，这是因为体质人类学的“科学”证据证明了“野蛮”的非欧洲人代表了人类种族进化谱系的底端，而“文明”的欧洲人则代表了最高级的进化种类。体质人类学的“发现”为欧洲殖民扩张寻找到了合理的行动依据。在安达曼岛上，人类学田野调查方法经历了从体质测量，到语言调查，再到观察、访谈的一路变化，也说明了知识的更新在为不断向前推进的殖民形势服务。③

实际上，民族志知识里的殖民特征的实质在于西方政治文化霸权对知识生产的干预。即使到了后殖民时代，政治权力和知识之间的互动依然非常紧密。此时，民族志的生产与前期一样，往往随着政治的走向而变动。Salemink 观察到，“二战”结束以后，为了极力挽回行将失去的殖民权力，法国人类学者关于越南山地民族的民族志里充满了法国对山地民族文

---

① George Stocking, “Maclay, Kubary, Malinowski: Archetypes from the Dreamtime of Anthropology”; Ira Bashkow, “The Dynamics of Rapport in A Colonial Situation: David Schneider's Fieldwork on the Islands of Yap”, in George Stocking: *Colonid Situation: Essays on the Contextualization of Ethnographic know ledge, in HiStory of Anthropology, Vol.* 7, The University of Wisconsin Press, 1991. pp. 48—61, pp. 170—242.

② George Stocking, “Colonial Situations”, in George Stocking, ed., Ibid, p. 5.

③ David Tomas, “Tools of The Trade: the Production of Ethnographic Observations on the Andaman Islands, 1858—1922”, in George Stocking, ed., Ibid, pp. 75—108.

化贡献的描述；与此同时，民族志的内容则根据现实政治的需要不断发生转移。为了配合战后法国国内的需求，这时的民族志研究也充分探讨了涵化、教育、经济发展等问题。到了美国越战时期，本来就为美国军方所用的山地民族研究则转向了为反暴乱服务（counterinsurgency）。[①] 同样，Bashkow 也指出，大卫·施耐德（David Schneider）1946 年参加的密克罗尼西亚人类学调查行动，事实上从形式到内容都操控在美国海军手里。[②] 通过这些阐述，这本论文集贯彻始终的观点之一为，没有所谓“纯粹”的学术存在，政治权力决定了学术的走向。看似学术争辩的话题实际上也受着殖民政治权力的左右。大津巴布韦遗址争论背后体现出的政治意图即属于这样的例子。[③] 此外，正如阿萨德（Talal Asad）所提示的，不仅民族志的内容中包含了殖民权力的影子，就连描述民族志的语言中也充斥着相当多的西方话语霸权。[④]

最后，研究对象的殖民性。[⑤] 自欧洲殖民势力兴起以来，非西方族群就从未停止过与外来殖民势力的互动往来，在此过程中，他们的社会和文化随之发生了深刻的变化。然而，兴起于殖民扩张背景之下的人类学，不是把自己的研究对象安放在时间的他处，就是将他们制造成静止不变的他者，使得人类学的解释力量面对诸如社会变迁的问题一度显得无能为力。何以如此？越来越多的学者注意到，以往人类学家尽力屏蔽掉土著人身上的殖民性的做法，正是造成这种研究局面的一个重要原因。

---

① Oscar Salemink, “Mois and Maquis: The Invention and Appropriation of Vietnam's Montagnards from Sabatier to the CIA”, in George Stocking: *Colonid Situation: Essays on the Contextualization of Ethnographic know ledge, in HiStory of Anthropolagy, Vol.* 7, The University of Wisconsin Press, 1991. p. 274.

② Ira Bashkow, “The Dynamics of Rapport in A Colonial Situation: David Schneider's Fieldwork on the Islands of Yap”, in George Stocking, ed., Ibid, pp. 170—242.

③ Henrika Kuklick, “Contested Monuments: The Politics of Archeology in South Africa”, in George Stocking, ed., Ibid, pp. 135—169.

④ 参见 Talal Asad, “From the History of Colonial Anthropology to the Anthropology of Western Hegemony”, in George Stocking, ed., Ibid, pp. 318—321.

⑤ 研究对象的“殖民性”指他们被殖民以及同殖民力量互动中产生出的一种特征或创造。

研究对象身上的殖民性又如何体现？一方面，人类学者研究的许多所谓“传统”文化不过是为殖民所用的新传统。Salemink 论及，殖民官员兼民族学者萨巴蒂埃（Sabatier）在山地民族原有的政治系统内，创造了由法国人任命的中层官员 chefs du canton，或是改造了固有的 palabre du serment 仪式，将其变成了土著首领宣誓效忠法国的仪式。[①] 另一方面，殖民性还通过土著人应对外界殖民挑战表现出来。Bashkow 指出，Yap 人深知与殖民者沟通的重要性，所以要求施耐德以教授他们英语来换取 Yap 的文化细节。[②] 同样，特纳（Terence Turner）通过对 Kayapo 人的田野考察认识到，Kayapo 人先是通过改变传统，后来又借复兴并表达传统来反抗权力间的不平衡。[③] 而 Feit 的研究指出，告诉美国人类学家 Speck 关于印第安“狩猎领地”（hunting ground）知识的 Temagami 首领 Aleck Paul，其实是用理想型的狩猎领地概念掺杂了诸如“法律”“权利”这样的外来概念，来维护日益受到威胁的印第安领地。[④] 不仅如此，土著人被殖民势力塑造的同时也影响了人类学的研究。施耐德低估了 Yap 人对殖民权力的认知，未能有效处理他们夸大自己（指施耐德）身上殖民权力的举动，导致田野调查以失败告终。[⑤] 而特纳本人在田野过程中干脆成为了 Kayapo 人记录的对象。[⑥]

---

① Oscar Salemink，“Mois and Maquis：The Invention and Appropriation of Vietnam's Montagnards from Sabatier to the CIA”，in George Stocking：*Colonid Situation*：*Essays on the Contextualization of Ethnographic know ledge*，*in HiStory of Anthropolagy*，*Vol.* 7，The University of Wisconsin Press，1991. pp. 251—255.

② Ira Bashkow，“The Dynamics of Rapport in A Colonial Situation：David Schneider's Fieldwork on the Islands of Yap”，in George Stocking，ed.，Ibid，p. 208.

③ Terence Turner，“Representing，Resisting，Rethinking：Historical Transformations of Kayapo Culture and Anthropological Consciousness”，in George Stocking，ed.，Ibid，pp. 291—312.

④ Harvey A. Feit，“The Construction of Algonquian Hunting Territories：Private Property as Moral Lesson，Policy Advocacy，and Ethnographic Error”，in George Stocking，ed.，Ibid，pp. 118—123.

⑤ Ira Bashkow，“The Dynamics of Rapport in A Colonial Situation：David Schneider's Fieldwork on the Islands of Yap”，in George Stocking，ed.，Ibid，pp. 226—234.

⑥ Terence Turner，“Representing，Resisting，Rethinking：Historical Transformations of Kayapo Culture and Anthropological Consciousness”，in George Stocking，ed.，Ibid，pp. 307—312.

总之，斯托金等人的研究揭示了人类学思想的形成、理论和方法的创建及学科的发展，但都不能完全仅从知识累积的内在逻辑去解释。人类学学科体系和知识的构建，不仅是知识自然发展的结果，同时也是特殊社会历史情境下政治权力干预的产物。在西方具体的历史情境之下，人类学知识的产生离不开近代以来西方殖民扩张的进程。一定意义上，人类学是西方知识体系与殖民主义共谋的结果。

对人类学而言，学科史的研究犹如时间上的他者，不单为记录学科历程而设，更是为学科反观自身现状以思考未来走向提供了反思余地。特别是自20世纪七八十年代以来，众多类似《殖民情境》这般针对20世纪人类学史的批评性研究的相继问世，让学科史研究的此番意义得到了更实在的体现。这些研究表明，理解学科历史能对未来的人类学如何实践产生重要的影响——“它不仅彻底使过去的权威性实践丧失了神秘色彩，而且为修正历史提供了源泉，并在现实中很好地契合了学科的实际发展方向。”①

较之于西方学界，中国民族学/人类学学科史研究的既有成果中，王铭铭已注意到将学科史放入“国家化”进程中考虑的必要性。在系列论文中，他将学科历史的转变置于与现代中国民族—国家构建的相互关系中考察，尝试梳理学科历程中整合各种社会思潮、时代际遇影响学科走向、观念体系、理论方法的脉络。论述中他强调了国家政治权力对学科的塑造力。② 但总体而言，记述了学科史上各种思想和实践活动的因果由来，说

① ［美］乔治·马尔库斯：《中文版序：〈写文化〉之后20年的美国人类学》，见［美］詹姆斯·克利福德、乔治·马尔库斯编：《写文化：民族志的诗学与政治学》，高丙中、吴晓黎、李霞等译，商务印书馆2006年版，第7页。

② 王铭铭：《人类学在20世纪中国》，载李培林、孙立平、王铭铭《20世纪的中国：学术与社会·社会学卷》，山东人民出版社2001年版，第350—458页；王铭铭：《学科国家化——反思中国人类学》，见其《西学“中国化”的历史困境》，广西师范大学出版社2005年版，第32—71页。其他学者，如哈正利，也讨论了民族国家形态对中国民族学知识产生影响的问题。见其《民族学的民族国家形态及其他——中国民族学史散论》，《中南民族大学学报》（人文社会科学版）2006年第6期。

明学科知识的积累和成就仍是现阶段中国民族学/人类学学科史书写的主流。[①] 这类写作以王建民等人撰写的《中国民族学史》为集大成者。这本分上下卷共两册的鸿篇巨制结合文献档案、期刊、文集以及口述访谈材料，叙述中国民族学/人类学从清末（1903 年）到民国时期再到新中国（1997 年）一个多世纪的发展中，学术思想和流派的形成、西方和本土学者在中国的学术研究经历和教学活动，以及科研机构的创建与活动等各方面，试图对中国民族学/人类学学科的建立、发展、重组、破坏以及恢复的历史进行整体性评述。同时，书中指出："一种学术思想的产生和演变绝不是偶然的，必然有其所以如此的缘由，是社会发展的产物，受到整个时代社会思潮和社会运动的影响，与其他相近学科的学术思想发展有关。……在研究其学科发展史时，首先必须与各个时代的社会政治、经济的发展联系起来。社会政治的发展，对于社会的各个方面发生直接的影响。民族学作为应用性和实践性很强的学科，受到社会政治的影响更为明显。"[②] 显然，王建民等人在写作时视 20 世纪的中国政局为中国民族学/人类学学科生存的背景，并且亦表达政局对中国民族学/人类学学科创立、发展，以及学术思想形成、变迁的影响力。但书中并未对二者之间的相互关系进

① 这类学科史研究论文数量庞大，其主要成果如：龙平平：《中国民族学早期情况概述》，《思想战线》1986 年第 5 期；陈永龄、王晓义：《二十世纪前期的中国民族学》，见中国民族学研究会编：《民族学研究》第一辑，民族出版社 1981 年版；陈国强：《中国人类学发展史略》，《广西民族学院学报》（哲学社会科学版）1995 年第 1 期；陈国强、孙远谋：《中国文化人类学回顾》，《民族研究》2000 年第 3 期；宋蜀华：《中国民族学的回顾与前瞻》，《中央民族大学学报》（哲学社会科学版）2003 年第 1 期；周大鸣、刘朝晖：《中国人类学世纪回眸》，周大鸣主编：《21 世纪人类学》，民族出版社 2003 年版；王建民：《中国人类学西南田野工作与著述的早期实践》，载《西南民族大学学报》（人文社会科学版）2007 年第 12 期。著作类的主要成果见：宋蜀华、满都尔图主编：《中国民族学五十年：1949—1999》，人民出版社 2004 年版；胡鸿保主编：《中国人类学史》，中国人民大学出版社 2006 年版；揣振宇主编：《中国民族学 30 年（1978—2008）》，中国社会科学出版社 2008 年版；王建民、汤芸主编：《学科重建以来的中国人类学》，中央民族大学出版社 2008 年版；孟航：《中国民族学人类学社会学史：1900—1949》，人民出版社 2011 年版；杨圣敏、胡鸿保主编：《中国民族学六十年：1949—2010》，中央民族大学出版社 2012 年版。

② 王建民：《中国民族学史（1903—1949）》（上卷），云南教育出版社 1997 年版，第 15 页。

行细致的分析，全书的侧重点仍在于总体再现学科发展的客观历程。①

简言之，针对中国民族学/人类学“国家化”历程的理解尚未出现上述如西方学界分析人类学与殖民主义互动关系般的细腻研究。这直接导致我们对诸如国家权力如何规范学科发展、如何渗透于学者思想和行动、如何制约学科具体实践和学科体系等问题始终处于不甚清晰的状态。基于此，把握中国民族学/人类学“国家化”进程仍属于学科史研究有待深入发掘之地。

现在让我们再把目光移回中国的场境下。之所以选择1949年之后作为分析中国民族学/人类学“国家化”进程的时段。我的考虑如下：

与研究1949年前的学科史相比，学界对1949年后的学科史，特别是“文化大革命”前十七年的学科史的研究仍显薄弱。20世纪50年代开始，伴随高等院校的院系调整，中国的高等教育全面以苏联的教育模式取代了1949年之前的欧美式教育模式。马克思主义唯物论作为官方意识形态的地位确立之后，思想改造的风潮席卷整个知识界，目的是肃清一切资产阶级影响对知识分子的干扰以符合新时代的要求。作为“资产阶级学科”的代表之一，人类学被取消的命运是必然的。但在实际的操作层面，出于新政权在民族工作上的迫切需要，与人类学名异实同的民族学却得以短暂存在至20世纪60年代政治“极左化”愈演愈烈为止。这段历程直接成为中国社会科学学科重建时民族学和人类学分野的导火线。在最初的十余年内，民族学因为国家政治的特殊需要在一定程度上学科发展甚至得到加强，国家开始推动中央到地方各层级民族院校的建设，大力培养民族干部和民族研究的骨干力量，其中从延安时代发展出的民族政治学是人才培养方案的重要内容。此外，自20世纪50年代初开始，由国家主导的民族访问、调查和研究工作就不间断地进行着。1954年的民族识别和1956年的全国少数民族社会历史调查行动，民族学界老、中、青

① 王建民：《中国民族学史（1903—1949）》（上卷），云南教育出版社1997年版；王建民、张海洋、胡鸿保：《中国民族学史（1950—1997）》（下卷），云南教育出版社1998年版。

三代学人几乎全部参与其中，成就了20世纪五六十年代最重要的两项民族事业。这个过程中，关于“民族”的定义、民族识别的标准讨论、少数民族社会性质调查以及简史简志的编写无一是仅作为学术讨论的范畴存在，而是作为体现国家意志的重要的民族工作存在，国家政治权力对讨论话语的约束力是显而易见的。正如王铭铭所说，“倘若50年代的‘民族研究’与社会文化人类学有什么差别的话，那么，这个差别主要在于前者处于一个逐渐向国家政策研究倾斜的过程中，而在同一时期，后者的旨趣主要在于通过文化的‘书写’……来达到本己文化的反思。”① 可以说，“文化大革命”前十七年学科强烈的应用特征，让这个时段可以作为理解中国民族学/人类学“国家化”进程的恰当场域。

不仅如此，若再用1979年中国社会科学重建后的眼光看，伴随着中国民族学/人类学研究范式的转移，1949年后一度确立的研究范式已束之高阁。对于这段学科历程。学界通常会认为，因受政治话语的束缚，学科的研究传统被中断，本有的区域研究特征被统一模式化。在摩尔根—恩格斯—斯大林式的理论指导下，学科实践逐渐走入僵化刻板的境地。因此，重建后的学科始终重视向西方学习，同时，近几年寻找并接续1949年前的学科遗产也受到了关注。②

然而在我看来，将1949年后作为学科史讨论的飞地，这种做法潜藏的问题是需要再评估的。第一个问题是，批评1949年后的学科史需注意，批评政治权力挤压学科空间造成的各种后果与批判地看待学科历史之间事实上存在差别。前者落脚于对“极左”政治的反思，而后者关心的是对学科遗产的反思性继承。1949年后留下的实际是一笔丰厚的遗产。仅以少数民族社会历史调查第一阶段为例。至1958年上半年，针对20个民族

---

① 王铭铭：《关于中国人类学——就几个问题答问者》，见其《漂泊的洞察》，上海三联书店2003年版，第89页。

② 按学者的总结目前研究民国时期学科史的动向有：民国时期民族调查研究与现代社会科学；延安时期的民族研究；抗战时期的民族研究等。见杨圣敏、胡鸿保主编《中国民族学六十年：1949—2010》，中央民族大学出版社2012年版，第144—146页。

进行的初步调查，已付印出资料400万字以上，资料总数共约1500万字。这些成果在何种意义上值得继承和超越，值得思考。第二个问题是，面对和评估社会主义的新传统成为必须。[①] 事实上，这个传统对重建后学科的影响犹存。简单举一例。学科重建之时绝大多数历经时代鼎革的老一辈学者年事已高，事实上正逐渐淡出学界。重建真正依靠的中坚力量恰是一批1949年前后包括20世纪五六十年代培养起来的学科人物。他们对学科的影响力恐怕不会因时代变迁轻易消逝。第三个问题是，若未充分而恰当地讨论这一时段，而只谈接续1949年前的学科传统，甚至直接嫁接于西方人类学的思考脉络上，对于今天学科的发展是否存在片面性，值得思考。

基于这些思考，我将以1949年后为研究时段，着重讨论20世纪五六十年代的学科历程，并兼及讨论1979年中国社会科学学科重建以来的学科史，试图探讨重建前的学科遗产如何影响着新时期的学科发展。

（二）学科史上的“中间层”人物

关于1949年后的学科史，现有的研究取向简单而言无外两种：一种是以主要事件为顺序勾勒学科发展面貌；另一种是从学科重要人物的学术生平和思想入手述其渊源、演变和贡献等。本书的取向是以人物为核心的学科史研究，以个人的人生为分析对象去理解1949年后的学科发展历程。严格来说，本书的研究试图对一位学者进行人类学式的学科史研究（the anthropology of an anthropologist）。

20世纪20年代，马林诺斯基开创的现代人类学研究范式主张人类学的客观科学性，因而相信人类学学者作为“客观事实”的记录者，通过参与式观察（participant observation）就能够真实地反映“他者”文化的客观面貌。半个世纪以后，以格尔兹（Cliffford Geertz）为代表的解释人

① “社会主义新传统”一词来自学界开始系统反思1949年新中国成立后政治、经济、思想、文化等领域的建立对中国社会和中国人思想价值体系的影响。见刘小枫等：《作为学术视角的社会主义新传统》，《开放时代》2007年第1期。

类学却认为，民族志制作的过程如同解读文本的过程，人类学学者主动参与其中，而且本身即从事着“解释之解释”的工作。[①] 格尔兹视民族志为“深描”的观点，等于在承认民族志的制造实际上是人为认识的过程。[②] 此后，西方后现代人类学在20世纪七八十年代形成了关于“实验民族志”的重要主张，即把民族志当作文本分析和文化批评对象，运用文学批评对故事的修改、观点、内容、人物性格及其写作风格的分析方法，全面研究民族志的创作过程。[③] 借助这一分析工具展现并解构蕴含在民族志文本中的政治文化权力关系。可以说，后现代人类学形成的一个显著特点是：通过反思民族志生产的过程实现对本学科的反思。

这股“实验民族志”的潮流中，尤其引人注目的是，出现了一批以人类学学者及其田野经历为民族志叙述对象的作品。[④] 这些作品共同强调一个前提，即人类学学者本身固有的文化性，是影响民族志生产的重要因素。在一定程度上，这批关于人类学学者的民族志，为深刻理解人类学田野工作的历史，揭示隐含其中的政治文化情境提供了不可多得的启发。[⑤] 同样，这股学术风潮也影响到学科史领域。

一般而言，在西方，人类学学科史研究出现过三种不同的研究路径：第一，英国人类学者哈登（A. C. Haddon）早在1910年所写的《人类学

---

① ［美］克利福德·格尔兹：《深描：迈向文化的阐释理论》，见其《文化的解释》，纳日碧力戈等译，王铭铭校，上海人民出版社1999年版，第3—36页。

② ［美］乔治·马尔库斯、米开尔·费彻尔：《作为文化批评的人类学：一个人文学科的实验时代》，王铭铭、蓝达居译，生活·读书·新知三联书店1998年版，第48页。关于乔治·马尔库斯的译名，有译为乔治·马库斯的著作，本书统一用乔治·马尔库斯。

③ George Marcus and Dick Cushman, “Ethnographies as Texts”, in *Annual Review of Anthropology*, Vol. 11, 1982, pp. 25—69.

④ George Marcus and Dick Cushman, “Ethnographies as Texts”, in *Annual Review of Anthropology*, Vol. 11, pp. 42—43. 作品如 Paul Rabinow, Reflection on Fieldwork in Morocco, Berkeley: University of California Press, 1977; Jean - Paul Dumont, *The Headman and I*, Austin: University of Texas Press, 1978.

⑤ ［美］乔治·马尔库斯、米开尔·费彻尔：《作为文化批评的人类学：一个人文学科的实验时代》，王铭铭、蓝达居译，生活·读书·新知三联书店1998年版，第58页。

史》①，代表学科史研究的一般取向，即强调学科在知识上的延续性和一致性，从学科内部思想演变的视角出发，以时间为序梳理不同流派的理论和实践，展示知识的客观积累过程。第二，将人类学放入复杂多变的历史场境，围绕学科史上的一些理论范式、研究方法以及关键概念展开论述。从学科发展与外部社会历史情境互动关系的角度考察人类学史的方式已成为学界主流。目前，在后现代思潮的影响下，学界正尝试通过“性别”“殖民主义”“权力”等视角重新审视学科历史。② 第三，通过人类学学者的作品或传记材料研究历史上的学者以反思学科历史。③ 特别是使用传记材料研究普通人类学学者是最近几十年学科史研究出现的一个新焦点。④ 1983 年，乔治·斯托金创办《人类学史》（*History of Anthropology*）年鉴，为探讨此类问题提供了重要场所。

从人类学学者的人生或研究经历入手研究学科史的做法，与前两类研究之间在研究议题、方法上实有诸多重合。但它强调理解人类学学者个人经历的重要性。因为从个人经历出发能为理解多重情境共同塑造的学科历史提供不可多得的维度。多重情境化（multiple contextualization）是斯托

① ［英］A. C. 哈登：《人类学史》，廖泗友译，山东人民出版社 1988 年版。

② 如 Talal Asad, ed., *Anthropology and the Colonial Encounter*, New York: Humanity Books, 1973. 或参见所见的 George Stocking 的部分研究 George Stocking, ed., *Colonial Situations: Essays on the Contextualization of Ethnographic Knowledge*, *History of Anthropology*, Vol. 7, University of Wisconsin Press, 1991; *The Ethnographer's Magic and Other Essays in the History of Anthropology*, University of Wisconsin Press, 1992; James Urry, *Before Social Anthropology: Essays on the History of British Anthropology*, Reading: Harwood Academic, 1993.

③ 如 Adam Kuper, *Anthropologists and Anthropology: The British School* 1922—1972, London: Allen Lane, 1973; James Clifford, "Fieldwork Reciprocity, and the Making of Ethnographical Texts: The Example of Maurice Leenhardt", *Man*, New Series, Vol. 15, No. 3, 1980, pp. 518—532; 所见的 George Stocking 的部分研究 George Stocking, ed., *Colonial Situations: Essays on the Contextualization of Ethnographic Knowledge*, *History of Anthropology*, Vol. 7, University of Wisconsin Press, 1991; *The Ethnographer's Magic and Other Essays in the History of Anthropology*, University of Wisconsin Press, 1992. ［美］克利福德·格尔兹：《论著与生活：作为作者的人类学家》，方静文、黄剑波译，中国人民大学出版社 2013 年版。

④ James Urry, "The History of Anthropology", Alan Barnard and Jonathan Spencer, ed., *Encyclopedia of Social and Cultural Anthropology*, Routledge: London and New York, 1996, pp. 277—280.

金提出的分析学科史的概念。在论述西方人类学的殖民性时他指出，“如果从人类学历史的维度去看待这个问题的话，单纯用政治、文化霸权对学科影响不能全面解释学科发展。我关心的是在特定的民族志场景（ethnographic locales）下，不同人类学家各具特色的活动。这些面向需要用一种复线性的‘殖民情境’概念（pluralization of the ‘colonial situation’ concept）方能全面地解释。而唯有这样，我们才能看到更为宽广的画面中，不同的个人与群体色彩纷呈的活动。特定的人类学知识正是在这些错综复杂的相互往来里被塑造的。”① 就实现把握人类学史的复线性问题而言，斯托金等人的研究十分注重分析学者的人生经历对学科知识的塑造作用。他们认为不同的人生境遇为产生不同的思维方式提供了可能。也就是说，在一定程度上，个人经历塑造了人的行为和思想观念。② 马林诺斯基和拉德克利夫—布朗（Radcliffe - Brown）各自提出参与观察法和结构—功能论均属于这种情况。③

简言之，西方人类学界出现将学者对象化为“他者”进行研究的旨趣，回应了人类学自身在认识论和方法论上的突破。研究不仅是要破除学科知识生产过程的客观性神话，揭露知识生产背后政治文化权力格局的诉求，更是将学科史从政治权力决定论中解救出来，视其为多重情境共同影响之产物的努力。

中国民族学/人类学学科史研究除了事件史的叙述脉络外，针对学科代表人物的研究固然是重点之一，但研究的不足也是明显的。人物研究中

---

① George Stocking, “Colonial Situations”, in George Stocking, ed. *Colonial Situations: Essays on the Contextualization of Ethnographic Knowledge*, *in History of Anthropology*, Vol. 7, The University of Wisconsin Press, 1991, p. 5.

② 见 Harvey A. Feit, “The Construction of Algonquian Hunting Territories: Private Property as Moral Lesson, Policy Advocacy, and Ethnographic Error”; George Stocking, “Maclay, Kubary, Malinowski: Archetypes from the Dreamtime of Anthropology”; Oscar Salemink, “Mois and Maquis: The Invention and Appropriation of Vietnam's Montagnards from Sabatier to the CIA”, in George Stocking, ed., Ibid, pp. 109—134; p. 13, p. 33; p. 250.

③ George Stocking, “Maclay, Kubary, Malinowski: Archetypes from the Dreamtime of Anthropology”; David Tomas, “Tools of the Trade: the Production of Ethnographic Observations on the Andaman Islands, 1858—1922”, in George Stocking, ed., Ibid, p. 40, p. 102.

以按照思想史研究的传统做法评述学科人物的学术思想最为常见。这方面的成果颇丰，出现一批评述学科人物学术思想的作品。① 但是，思想史的研究更注意梳理学者思想的特征和脉络，对学者的人生关注较少，也对特定社会历史场境与思想生成的关系较少深入分析，实难反映学科与社会复杂的互动关系。与思想史研究对应的另一类研究范畴是学者传记。这类研究在叙述学者生平时兼论传主的学术思想和贡献，不过基本停留在立传式书写上，很少分析学者人生、学术思想的产生与时代的互动关系。②

试图呈现学者人生、时代以及与学科发展之间复杂关系的研究中，顾定国（Gregery E. Guldin）的《中国人类学逸史》以梁钊韬后半段的人生经历为线索展开论述，并将梁钊韬本人的学术经历放进了大时代的总体背景中考察。但是，顾定国对梁钊韬的人物研究，仍属于以叙事为主的写史传统，写人只是为记述的事件服务③，其核心仍然是以事件史为线索书写的学科史。因此，实际上他对梁钊韬的人生经历以及思想的丰富性都未充分留意和讨论，更没有分析历经不同时代的梁钊韬的思想保持的和转变的如何影响了学科的进程。在处理人生经历与其思想形成的关系

① 成果如：金天明、龙平平：《论吴文藻的"民族学中国化"学术思想》，《中央民族学院学报》1986 年第 2 期；［苏］克留科夫：《杨堃对民族学史和民族学理论的看法》，《云南民族学院学报》1988 年第 2 期；胡鸿保：《试析林耀华的社会人类学思想》，《社会学与社会调查》1990 年第 6 期；徐平：《费孝通民族学术思想述略》，载北大社会学人类学研究所编：《东亚社会研究》，北京大学出版社 1993 年版；王建民：《吴泽霖民族学思想和学术生涯》，《民族教育研究》1994 年第 2 期；王庆仁、马丽娟：《宋蜀华先生对中国民族学理论的探索》，《云南民族学院学报》（哲学社会科学版）2003 年第 5 期；李鸿然：《岑家梧学术思想述评》，《广西民族大学学报》（哲学社会科学版）2007 年第 2 期；何国强：《论戴裔煊的民族学研究》，《广西民族研究》2008 年第 4 期；何国强：《回忆曾昭璇先生的人类学思想》，《岭南文史》2009 年第 1 期；王铭铭：《超越"新战国"：吴文藻、费孝通的中华民族理论》，生活·读书·新知三联书店 2012 年版；杨清媚：《知识分子心史——从 ethnos 看费孝通的社区研究与民族研究》，《社会学研究》2010 年第 4 期；杨清媚：《文化、历史中的"民族精神"陶云逵与中国人类学的德国因素》，《社会》2013 年第 2 期等。

② 成果如：施琳主编：《当代中国著名民族学家百人小传》，中央民族大学出版社 2006 年版；徐平等：《费孝通评传》，民族出版社 2009 年版；潘守永：《林耀华评传》，民族出版社 2009 年版；杨筑慧：《宋蜀华评传》，民族出版社 2009 年版；王建民、王珩：《陈永龄评传》，民族出版社 2009 年版。

③ ［美］汪荣祖：《史传通说——中西史学之比较》，中华书局 2003 年版，第 78 页。

方面，一些文学性较强的传记，如张冠生的《费孝通传》[1]，倒是获得了较好的解决。他们试图将学者复杂的人生经历和学术思想联系起来考虑，但碍于文学性，又变得重经历而轻学科。相比之下，美国学者大卫·阿古什（David Arkush）所写的《费孝通传》[2]，则致力于在费孝通丰富的人生经历中展现他的学术思想及知识分子形象。该书将人物研究纳入知识社会学的理论背景下，把作为近现代中国知识分子典型代表的费孝通，放入中国社会的变迁时空中看待，叙述其学术经历与社会变迁形成的关系。遗憾的是，作者对学科了解甚少，重点也不在学科史的书写，因此无法从学科的角度，真正透析费孝通的思想与中国社会的关系。

目前，较好示范了结合人物经历、特定的社会历史情境与学科历史之间关联、互动和因应的研究是两部最新的成果。一部是杨清媚以费孝通为个案的研究——《最后的绅士》[3]，一部是陈波以李安宅为个案的研究——《李安宅与华西学派人类学》[4]。杨清媚结合费孝通的人生与书写去理解作为知识分子的费孝通其写作背后的文化和思想的渊源、脉络。在她看来，费孝通透过书写反映出的思考，不单纯是一时一境之反应，更重要的还应该看到这些思考实际上承载着的知识，人的文化、心态和视野。费孝通的学术思想立足时代同时又超越于时代，他的整个人类学研究和思考建立于此基础之上。陈波的研究充分注意到时代与学科间的关联如何呈现于李安宅的学术人生和思考中。通过对李安宅的解读，一方面指出李安宅本人在中国人类学史上的独特位置和贡献；另一方面则注意阐释传统中国到现代中国的转变过程，少数民族如何可以成为具有人类学研究意义的他者，以及中国人类学之于世界人类学的意义何在。陈波借助理解李安宅的藏族研究及其互惠人类学来讨论上述问题。杨和陈的研究虽

---

① 张冠生：《费孝通传》，群言出版社 2000 年版。

② ［美］大卫·阿古什：《费孝通传》，董天民译，河南人民出版社 2006 年版。

③ 杨清媚：《最后的绅士——以费孝通为个案的人类学史研究》，世界图书出版公司 2010 年版。

④ 陈波：《李安宅与华西学派人类学》，四川出版集团、巴蜀书社 2010 年版。

各有侧重，不过共同提示我们，论及人类学知识生产受制于特定历史情境，一定意义上是时代的产物时，也应考虑作为知识生产主体的学者，其思想中的超越性——不受身处时代之局限而与更广阔的文化传统相勾连，同样影响着学科的客观历程。

两部研究的另一个共同点是，与传统人物研究取法相似，关注对象是学科的代表人物。“大人物”一向是传统人物研究的焦点。微观史学兴起之后，普通民众的日常生活史受到关注，继而出现了一批以历史上名不见经传的“小人物”为主角而撰著的史学研究作品[①]，借此修正宏观史学和传统政治史对底层社会的漠视。这股潮流让“小人物”从此进入史学家人物研究的视野。

本书遵循学科史中的人物研究传统。不过，与上述研究相区别的是，本书选择的人物——李绍明，在中国民族学/人类学学科史上，既不同于开一时之风气、声名显赫的大学者，又不同于寂寂无闻的无名之辈。更确切地说，他是介于两者之间，处于中间层的学者。艾恺（Guy S. Alitto）曾阐述过口述历史类型的观点，认为：“口述历史有两种形式：‘大众式’和‘学术式’。在各形态界另有一个区别一般群众及历史名人口述历史的界线。”[②] 艾恺认为在以重要历史人物与普通大众为口述访谈对象之间，存在着第三类以梁漱溟为代表的访谈对象。当他采访梁时，梁未曝得大名而且作为“保守派”已被扫入历史的垃圾箱中。但是，“梁先生是一位独特的历史人物，他的生命贯穿了20世纪前80年间中国的每个重要历史事件。他是中国近现代史独特且惊人的见证者！”[③] 强调梁漱溟作为20世纪中国社会变迁历史的亲历者和见证人，其人生与这段历史水乳交融的关

---

① 代表如：［美］娜塔莉·戴维斯：《马丁盖尔归来》，刘永华译，北京大学出版社2010年版；［英］沈艾娣：《梦醒子》，北京大学出版社2015年版；Carol Ginzburg, *The Cheese and the Worms: The Cosmos of a Sixteenth - Century Miller*, Baltimore: The John Hopkins University Press, 1992.

② 梁漱溟、［美］艾恺：《吾曹不出如苍生何——梁漱溟晚年口述》，外语教学与研究出版社、人民出版社2010年版，第1页。

③ 同上书，第3页。

系，这里正是他值得被访谈的理由，也是以他为代表的人物能够成为口述历史第三类访谈类型的原因。

艾恺对口述历史第三类访谈类型的理解同样适用于理解本书即将分析的对象——李绍明。作为独特的亲历者和见证人，他的人生融于 1949 年后几乎每个重要的学科历史事件中。李绍明生长于四川成都，1950 年考入华西协和大学社会学系民族学组学习，院系调整并入四川大学历史学系，一年后再次转入西南民族学院民族问题研究班深造至毕业，是新中国培养的第一代从事民族研究和工作的大学生。1956—1964 年他全程参与了全国少数民族社会历史调查工作，前后参加少数民族社会性质调查以及少数民族简史简志编写等工作。1979 年中国社会科学重建开始，他不仅参与中国民族学和中国人类学的重建工作，而且作为重要的发起人和筹划者，在新的历史时期致力于推进西南地区民族研究的各项事业不断地完善和深化。如果说 1949 年后是理解学科国家化进程的一个重要参照系的话，那么其中的一些重要特征恰在李绍明的人生中得到了集中的展现。从他的经历和视角出发，有助于我们理解 1949 年后国家力量如何通过塑造研究者本身，从而将少数民族研究逐步设计为一种服务于民族—国家建构的知识类型。

基于上述思考，本书对 1949 年后学科史的阐述将从李绍明的个案展开。我所要做的是通过李绍明 1949 年后的经历去理解在建构民族—国家的情境下学科的变迁史，理解它的特征、内涵及其产生的知识。

二　研究回顾

（一）关于 1949 年后中国民族学/人类学史研究的回顾

对 1949 年后大陆地区中国民族学/人类学史的研究，真正的起步从学科重建后开始。自 20 世纪 80 年代以来，学科史的研究一方面注重梳理学科发展的史实；另一方面在基本史实清楚的基础上亦重视理论、方法和概念的概括与辨析，也涉及评价和反思 1979 年前后学科的发展。

学科的基本史实，各类文章均有触及。真正系统地对史实进行细致描绘的是王建民三人合写的《中国民族学史：1950—1997》。全书以时间为线，全方位记录中华人民共和国成立后学科史上的重大事件——思想改造、院系调整、民族识别、少数民族社会历史调查和三套丛书编写、“文化大革命”、学科重建、新时期作为等的缘起、经过、结果，并简要概述了台湾地区1949年后的学科发展历程。该书奠定了以后学科史实梳理的基本框架。类似的还有顾定国的《中国人类学逸史：从马林诺斯基到莫斯科到毛泽东》[①]、胡鸿保主编的《中国人类学史》，以及宋蜀华、满都尔图主编的《中国民族学五十年：1949—1999》。宋书还增加叙述了香港地区的学科状况。

1980年林耀华和金天明撰《从历史发展看当前我国民族学的对象和任务》[②] 肯定了解放后民族调查取得的成就，并界定新时期民族学的概念、研究对象、研究方法，认为民族学以民族共同体为研究对象，以实地调查为主要方法，并利用各种文字史料来研究世界民族。这说明少数民族不应再是新时期民族学研究的唯一对象。文章指出马克思主义的民族理论和党的民族政策是解放后民族学的指导思想，为民族工作服务也是解放后民族学的特征之一。民族学的马克思主义特色以及与现实工作相结合的特征，是学者们普遍认同的观点。[③] 1981年林耀华继续撰文就民族学与民族问题理论之间的关系进行讨论，认为民族学与民族问题理论之间是抽象与具体的关系，二者有联系也有区分。[④] 关于马克思主义民族学的问题，经20世纪80年代早、中期后沉寂了一段时间，2009年杨圣敏再次阐述马克思主义对学科发展的影响认为，马克思主义的世界观无疑仍然是学科的指

① ［美］顾定国：《中国人类学逸史：从马林诺斯基到莫斯科到毛泽东》，胡鸿保、周燕译，社会科学文献出版社2000年版。

② 林耀华、金天明：《从历史发展看当前我国民族学的对象和任务》，《民族研究》1980年第2期。

③ 如林耀华：《新中国的民族学研究与展望》，《民族研究》1981年第2期；秋浦：《民族学在中国的传播和发展》，《民族研究》1984年第5期；林耀华、庄孔韶：《中国民族学的回顾与展望》，《社会科学战线》1985年第1期等。

④ 林耀华：《新中国的民族学研究与展望》，《民族研究》1981年第2期。

导思想，但民族学、人类学各种学派代表的微观和中观的理论也应学习和运用。马克思主义可以指导学科理论的探讨，但不能代替学科理论。[①] 杨圣敏的观点是目前关于马克思主义学科特征最新的阐释。

1985年林耀华和庄孔韶联合发文《中国民族学的回顾与展望》[②] 强调新中国成立后民族调查的价值并评价认为，调查保存了已经不存在的民族文化特点的记录，但缺点是缺乏民族学素养，记录过于简单。因此，利用民族学知识深入调查民族地区正是新时期民族学大有可为之处。文章基于前期历史的梳理还指出，新时期的原始社会史研究应统一术语，而民族地区现代化的研究应注意文化适应和变迁等问题。从这篇文章出发，学界对新中国成立后学科史的讨论不再仅肯定成就转而开始讨论前期的问题。[③] 林、庄之文的基础上，王建民在《中国人类学发展史中的几个问题》中进一步指出，讨论不应仅局限在揭露问题本身，还应该结合问题产生的政治、经济、思想背景来考察，从而理解是哪些因素导致了问题的发生。不仅如此，王建民还强调学科史要研究人类学者的主客观意识和行为对学科发展的影响。[④]

学科重建后十年孟宪范撰《中国民族学十年发展述评》，以应用研究为核心回顾和评述了新中国成立后民族学研究的问题和今后的突破。孟文

---

① 杨圣敏：《中国民族学的历史经验与未来展望——基于1978年以来的总结与反思》，《西北民族研究》2009年第3期。

② 林耀华、庄孔韶：《中国民族学的回顾与展望》，《社会科学战线》1985年第1期。

③ 关于前期问题讨论和评价，有以批评为主的如贾仲益：《新中国的民族学与民族学研究院》，《中央民族大学学报》（社会科学版）1999年第5期；谢燕清：《中国民族学田野工作反思——以五六十年代民族大调查为例》，《民俗研究》2004年第2期等。有中立的如满都尔图，既承认贡献又批评过失，见其《中国民族学的黄金时代》，《民族研究》1998年第5期；何星亮认为1949年后受“极左”影响，学科存在问题，但这是历史造成的，不应求全责备，见其《人类学民族学田野调查的历史与未来》，《民族研究》2002年第5期。有肯定的如郭自叶认为民族识别与社会历史调查中多学科的综合研究、大兵团作战的方式确保了调查研究如期完成和较高的工作质量，见其《试论建国初期我国民族学研究的特点》，《湖北民族学院学报》（哲学社会科学版）2006年第6期。

④ 王建民：《中国人类学发展史中的几个问题》，《思想战线》1997年第3期。

认为，新中国成立后形成以应用研究——服务国家民族工作需要为轴心的民族学研究格局，使得民族学研究长期困于少数民族社会形态中，未能发展对汉族的研究，学科重建后民族文化应该成为民族学研究的中心议题，此外汉族和世界其他民族都应被列为研究对象。批评应用研究的问题的同时，孟文也肯定了应用研究是民族学的良好传统，说明研究应从社会形态转向开发民族地区经济发展的研究上。① 关于应用研究的议题，石奕龙以“中国应用人类学的过去、现在与将来”为题表达了与孟文类似的观点。文章指出，参与现代化建设的应用人类学研究需注意吸收西方新理论和方法，但人类学的应用研究除为制定民族政策服务外，还可用于其他领域，除为民族地区经济政策服务外，也可为经济之外的政策服务。② 宋蜀华的观点则明确肯定，应用研究是1949年后民族学独特的发展方式，民族学走过了在为少数民族服务过程中求发展的道路，因此新时期也应该坚持学以致用的研究思路。③ 此外，胡鸿保注意到，重建以来人类学应用研究有向社会学应用研究靠拢的趋势。④ 不过有学者如王铭铭指出，过多“应时式的研究”不顾学理只顾现实政治经济变化的倾向，使一些人类学著述存在表面简单的问题，缺乏必要的学术分析。⑤

进入20世纪90年代，1995年香港学者乔健发表《中国人类学发展的困境与前景》一文，概括总结学科史留存问题认为，民族学和人类学关系的模糊，人类学无用论以及西方理论在中国的“水土不服”症都是学科发展的困境。当然问题中也蕴含了学科未来的可行道路和价值。乔健

---

① 孟宪范：《中国民族学十年发展述评》，《中国社会科学》1989年第2期。

② 石奕龙：《中国应用人类学的过去、现在与将来》，《云南社会科学》1994年第6期。

③ 宋蜀华：《中国民族学的回顾、现状与前瞻》，《中央民族大学学报》（社会科学版）1998年第1期；宋蜀华：《中国民族学的回顾与前瞻》，《中央民族大学学报》（哲学社会科学版）2003年第1期。

④ 胡鸿保：《略谈中国人类学重建以来的学科史研究》，《北京行政学院学报》2004年第5期。

⑤ 王铭铭：《二十五年来中国的人类学研究：成就与问题》，《江西社会科学》2005年第12期。

重点指出，中国人类学的研究要充分注意中国社会多民族国家历史性的特征，人类学的发展应该立足从中国文化的资源提炼出充实甚至更新现代人类学的思想。[①] 乔健的这篇文章具有标志性的意义。此文之后，关于学科本土化的讨论，继讨论马克思主义民族学之后，开始明确关注中国社会多民族共存、历史悠久的特征在学科建设上的意义。无独有偶，同一年宋蜀华撰《论中国民族学研究的纵横观》，回应并延伸了乔健的思考。他认为基于中国社会和民族的实际状况，民族学研究的方法需要纵向与横向、时间与空间，或者说现状与历史的研究相结合。不同于乔健认为对历史的关照是20世纪80年代后的问题意识，宋文指出，从20世纪50年代起民族学者从事民族识别、社会性质调查、民族传统文化调查时已注重运用纵横结合的方法。[②] 此后《中国民族学的回顾与前瞻》中，宋蜀华进一步阐释对中国实际情况的认识（历史地形成多元一体的民族关系、地域生态多元化与多元民族文化的关系、民族社会多结构的状态），并指出历时维度的缺失会造成研究停留在资料罗列、认识简单的层面，加入历史维度是具有中国特色的民族学研究行之有效的方法。[③] 2005年王铭铭写《二十五年来中国的人类学研究：成就与问题》，王铭铭的问题意识接续了乔健、宋蜀华等人立足中国社会实际发展人类学的讨论而来。王文分析20世纪80年代后中国人类学研究议题的扩大和多元化以及人类学跨学科的影响力等认为，学科复兴了1949年前同时关注汉人、少数民族、海外的传统，取得很大成就，但问题在于中国人类学二分传统与现代、无反思地借鉴西方理论以及将汉人、少数民族、海外割裂讨论的模式，导致中国人类学未能提供给一般人类学基于文明社会研究的思考。因此，王文明确提出应将学

---

① 乔健：《中国人类学发展的困境与前景》，《广西民族学院学报》（哲学社会科学版）1995年第1期。再如，黄剑波认为20世纪80年代后中国人类学的反思贡献之一是用中国文化的一些思想来反观一般人类学的理论和方法。见其《作为“他者”研究的人类学》，《广西民族研究》2002年第4期。

② 宋蜀华：《论中国民族学研究的纵横观》，《民族研究》1995年第2期。

③ 宋蜀华：《中国民族学的回顾与前瞻》，《中央民族大学学报》（哲学社会科学版）2003年第1期。

科的发展置于中国从天下到国家的过程中讨论，对汉人、少数民族、海外进行比较的、关系的和总体的研究。[①]

这十年最重要的学科史研究是王建民、张海洋和胡鸿保的《中国民族学史（1950—1997）》。除梳理史实外作者探讨了几个重要的理论问题。首先，认为理解20世纪后半段的学科史一方面应注意政治运动对学科影响；另一方面应注意学科的继承性，具体而言是延安传统和1949年以前的学术思想和流派的作用。1949年后中国民族学继承了延安时期民族问题研究的马克思主义民族学传统，并且1949年后在这个传统的影响下原有的区域学术特点基本消失，形成了统一的学术流派——马列主义民族学，而方法上重视运用历史资料和分析历史过程则可视为1949年前学科遗产的影响。[②]遗憾的是，学科继承性的问题未在书中展开讨论。其次，不同于其他研究，该书将“文化大革命”时期纳入学科进程的部分讨论。绝大多数研究通常把“文化大革命”十年作为断裂时期，强调其对学科的破坏而不述其要，或者如顾定国者，叙事是为了说明其对学科和学者的损害。王建民等人持延续观点认为，通过编译资料、编纂书稿、极个别的对外学术交流等行为学科仍在艰难前行。[③] 再次，针对学科本土化的问题作者认为“中国化或本土化，可以被视为民族学学科领域的一种文化自省或自觉的要求，是试图摆脱西方，特别是美国学术霸权的表现。”[④] 本土化应建立在对西方理论和学科自有传统充分理解和反思并辅之以踏实的基础研究之上，同时需充分考虑不同时代、不同背景对问题讨论的多样性取向。最后，评价1949年后的学科史。作者认为，这段历史造成民族学与人类学的分离使得学科分类地位模糊化阻碍了今天学科的发展。这个过程中，放弃汉族只研究少数民

① 王铭铭：《二十五年来中国的人类学研究：成就与问题》，《江西社会科学》2005年第12期。

② 王建民、张海洋、胡鸿保：《中国民族学史（1950—1997）》（下卷），云南教育出版社1998年版，第456—461页。

③ 同上书，第252—265页。

④ 同上书，第472页。

族的做法至今也未实现真正突破。非但如此，计划经济体制的影响仍然存在于学科机构、研究和教学中，难以适应学科多元的发展要求。[①] 王建民等人的研究试图将学科与外部政治、经济变动的关系结合起来讨论学科史，论述强调了外部政治因素对学科及人物的制约。在他们的论述中，学科的发展和人物的作为被看作是被动应对外部政治压力的结果。

2000 年美国学者顾定国的《中国人类学逸史》出版。在具体史实方面，由于顾定国按照美国四部类人类学体系理解中国人类学，故他的研究很大一部分包括了考古学和语言学的内容。除少数民族社会历史调查外，该书也记述了 20 世纪五六十年代少数民族语言调查的发生经过以及考古发掘的内容，这些是中国同行没有涉及的内容。[②] 书中顾定国着重关注了苏联的影响，他认为苏联最重要的贡献是教给中国如何将马克思主义与人类学结合起来运用的模式。[③] 据他观察，苏联的影响直到 20 世纪八九十年代仍存在。但是，顾的研究仅强调外来因素——苏联对中国人类学的影响，却未留意学科本土的传统。在对苏联影响的讨论中，顾定国认为中国是否全盘照搬苏联模式尚未清楚，他指出根深蒂固的儒家教育思想——保持正确的行为和道德观在当时仍然占据主导地位，这让中华人民共和国成立初以实用为原则的教育得以贯彻。[④] 2009 年杨圣敏在《中国民族学的百年回顾与新时代的总结》中也关注到苏联影响的问题。他的观点是中国民族学有过全盘接受苏联模式和苏维埃民族学派观点的阶段，20 世纪 50 年代民族学围绕民族工作做出的突出贡献与苏联民族学的榜样力量有关。[⑤]

至于对这段历史的评价，顾定国指出中国是为数不多的在学术建制上受西方和苏联两种体系影响的国家。这让中国人类学目前既非任何外国人

---

① 王建民、张海洋、胡鸿保：《中国民族学史（1950—1997）》（下卷），云南教育出版社 1998 年版，第 447—461 页。

② ［美］顾定国：《中国人类学逸史：从马林诺斯基到莫斯科到毛泽东》，胡鸿保、周燕译，社会科学文献出版社 2000 年版，第 175—181 页。

③ 同上书，第 158 页。

④ 同上书，第 122—123 页。

⑤ 杨圣敏：《中国民族学的百年回顾与新时代的总结》，《西北民族研究》2009 年第 2 期。

类学的翻版，也并非一个完全自立和自我界定的学科。[①] 此外，这个过程中发展出一套田野工作方式，以及调查者与地方官员、当地人的亲密关系，为人民服务的应用性都是中国人类学的贡献。

尽管也认为政治权力对学科有绝对影响力，顾定国的研究有别于王建民等人之处在于，一定程度上他看到中华人民共和国后学者主动接受塑造的一面。他认为，思想改造时“新思想没有遭到太多反对，其中的一个原因是，1949 年之后，许多最强硬地反对马克思主义的人都逃到了国外或是根本就没有从外国回来。留在中国的人过去并没有真正地吸收过马列主义思想，他们愿意探索这一思想。尽管大多数人最终没有完全信服马列主义分析的合理性，他们仍然敞开心灵接纳了这一思想。”[②] 不过他并没有深入讨论学者的主动性对学科史的影响何在。

顾定国这部著作之外，还有两部专论中华人民共和国成立后学科历史的著作。一是宋蜀华、满都尔图主编的《中国民族学五十年：1949—1999》。全书的基本内容和观点大抵不出两位主编和前人研究之外，不过关注并概述了延安时期的民族研究和民族工作，则是较前人研究推进之处。[③] 二是杨圣敏、胡鸿保主编的《中国民族学六十年：1949—2010》。这是在系统概括、总结前人已有研究之上的学科史最新的反思性总结。该书采用专题形式梳理学科六十年历史，以记录各项成就为主兼顾评论和反思。总体而言作者认为，“20 世纪 50 年代中国民族学的苏维埃化，使得中国民族学界比较全面地接受了用马克思主义理论来研究和解释社会的方法。这种方法直到现在仍对中国民族学界起着重要作用。”[④] 并且认为学

---

① ［美］顾定国：《中国人类学逸史：从马林诺斯基到莫斯科到毛泽东》，胡鸿保、周燕译，社会科学文献出版社 2000 年版，第 331—337 页。

② 同上书，第 116 页。

③ 宋蜀华、满都尔图主编：《中国民族学五十年：1949—1999》，人民出版社 2004 年版，第 30—43 页。

④ 杨圣敏、胡鸿保主编：《中国民族学六十年：1949—2010》，中央民族大学出版社 2012 年版，第 37 页。

科发展至今，中国学派——中国历史功能学派已初现。该书论述的重点是1978年后的学科史，认为自此起是学科重生的新时期，正因如此全书强调学科史1978年前后的变化而非继承。

这十年的学科史研究值得一提的还有2002年美国学者郝瑞（Stevan Harrell）的《中国人类学叙事的复苏与进步》一文。郝瑞认为20世纪80年代后中国人类学重新与西方学界展开对话，让理论框架和研究议题逐渐突破苏联式社会发展阶段论。汉民族内部或汉族与少数民族之间的异同是讨论的重点。与此同时，郝瑞指出少数民族学者的成长和西方学者的参与改变了学科的面貌。本族学者要求建立强调突出本民族的新论证体系，而西方学者用族群理论研究中国少数民族则看到，民族划分或认同是特定时空的产物，这种变化性已构成与中国学者对话的基础。[①]

综上，目前针对1949年后学科史的研究有两个方面值得继续推进：其一，针对“文化大革命”前十七年的学科历史，学者普遍认为学科经历了一段曲折发展的道路。这个时期确定了马克思主义理论为指导思想，是深入调查民族地区的时期。其中的成绩显著，而问题也很突出。研究已指出这些问题与学科受外部政治局势的影响有直接的关系。但现有研究讨论时侧重阐述外部政治权力的绝对性，让学科人物以及学科的发展始终处于被动接受制约的境地。顾定国已提到过应该注意学者主动接受思想改造的一面。这种主动性和生成的原因，及其在学科塑造中的作用，尚未被充分注意和探讨。其二，针对1979年前后不同阶段学科史之间的关系。通常1979年学科重建后的历史被表述为学科获得了新生。现有研究认为基于历史反思，学科的诸多方面已矫正和超越了1949—1978年的学科史。但同时，这也意味着并未充分讨论前段学科史对1979年后学科的影响。已有研究涉及苏联影响的长期性，但以负面评价为主。宋蜀华讨论纵横结合研究方法时触及正面影响的问题，但相关讨论远未继续和深入。上述问

① ［美］郝瑞：《中国人类学叙事的复苏与进步》，范可译，《广西民族学院学报》（哲学社会科学版）2002年第4期。

题我将通过以李绍明为个案的学科史研究试图给出一定的回答。

（二）关于李绍明研究的回顾

现有关于李绍明的研究的主要成果已形成两大类：

一、针对李绍明本人的口述访谈。内容关于其人生经历、学术研究的脉络和心得、学科的历史和现状以及西南地区学术发展的状况等。[①] 这些口述访谈共同的特点是力图透过李绍明的讲述展现学科某一阶段的面貌，以弥补文字史料之不足。2009 年李绍明口述实录《变革社会中的人生与学术》[②] 出版，该书在各家访谈的基础上，系统梳理其人生所历学科历史。相较而言，此前的口述访谈更强调李绍明以亲历者身份讲述和补充客观史实的一面，囿于这一点李绍明只是被动的报道者。该书则尝试突破此法，采用问与答并显的方式，力图还李绍明主动参与梳理学科历史的过程，展现其对学科历程的主观认识。

二、讨论李绍明的学术思想及其对学科发展的贡献。一些研究已注意到李绍明学术研究的丰富性。学者们对他研究不同民族的经历、研究特点、具体成就做了细致梳理[③]，也有学者关注到他的田野调查和方法以及

---

① 成果见：李绍明口述，李星星整理：《我的治学之路》，《中华文化论坛》1997 年第 3 期；李绍明口述，王林整理：《1950—1960 年代的民族调查》，《当代史资料》2003 年第 3 期；李绍明口述，王林整理：《我与凉山彝族奴隶制研究》，《当代史资料》2003 年第 4 期；李绍明口述，王林整理：《我与羌族研究》，《当代史资料》2004 年第 1 期；李绍明口述，王林整理：《四川的民族识别》，《当代史资料》2004 年第 2 期；李绍明口述，王林整理：《我所知的四川考古、文博事业》2004 年第 3 期；李绍明口述，王林整理：《我的民族学田野调查研究生涯》，《当代史资料》2004 年第 4 期；李绍明口述，伍婷婷整理：《学术与学会的历程——李绍明先生谈中国西南民族研究学会的发展》，《西南民族大学学报》（人文社会科学版）2007 年第 11 期；李绍明口述，李锦整理：《约己以让，持之以恒》，《广西民族大学学报》（哲学社会科学版）2008 年第 6 期。

② 李绍明口述，伍婷婷等整理：《变革社会中的人生与学术》，世界图书出版公司 2009 年版。

③ 王菊：《李绍明的彝族社会学思想研究》，《广西民族研究》2008 年第 3 期；王菊：《叩响历史与山野的回音——李绍明民族学思想研究》，《西南民族大学学报》（人文社会科学版）2010 年第 1 期；马林英：《李绍明先生的彝族研究》，《民族学刊》2010 年第 2 期；王希辉、李秋芳：《李绍明先生与土家族研究》，《广西民族研究》2012 年第 1 期；王希辉：《李绍明先生与西水流域土家族调查——以〈川东酉水土家〉为考察中心》，《西南民族大学学报》（人文社会科学版）2014 年第 12 期。

应用性研究的成果。[①] 研究认为李绍明的学术思想主要有综合运用多种理论与多种学科，重视基础研究与应用研究等特点。关于李绍明的学术思想的渊源，学者已看到其思想形成与马克思主义理论的密切关系。王菊、邓思胜的《族群身份之论争：跨文化间的交流与互动——郝瑞与李绍明的论争分析》[②]，分析了美国学者郝瑞和李绍明之间在“民族”和“族群”“民族识别”和“族群认同”的概念界定、内涵以及使用上的差异，表明李绍明学术思想有深受马克思主义民族理论影响的一面。王希辉梳理李绍明撰写的《民族学》阐述其建立马克思主义民族学体系的努力，间接也说明马克思主义理论对其思想形成的作用。[③] 除此之外，王明珂的《李绍明先生的羌族研究》[④]、徐新建的《李绍明与民族学“苏维埃学派”》[⑤] 以及陈波的相关研究[⑥]均认为，李绍明思想中有延续 1949 年前学术遗产的一面，陈波特别指明华西学派人类学即是李绍明的思想发源地。

另一些研究则注意到李绍明多样化研究中的一致性——重视西南区域研究。学者集中考察了李绍明区域研究的各类实践认为，他在重塑西南区域学术传统——华西学派人类学，建立西南区域研究范围——“藏彝走廊”和“武陵民族区”，推进西南区域内各学科、各分支研究领域、各专

① 王希辉：《论李绍明先生的田野实践与田野观》，《西南民族大学学报》（人文社会科学版）2012 年第 8 期；王希辉：《论李绍明先生的应用民族学思想及其实践》，《青海民族研究》2014 年第 1 期。

② 王菊、邓思胜：《族群身份之论争：跨文化间的交流与互动——郝瑞与李绍明的论争分析》，《广西民族研究》2009 年第 2 期。

③ 王希辉：《李绍明先生与〈民族学〉》，《黑龙江民族丛刊》2013 年第 2 期。

④ 王明珂：《李绍明先生的羌族研究》，《西南民族大学学报》（人文社会科学版）2009 年第 12 期。

⑤ 徐新建：《李绍明与民族学“苏维埃学派”》，《民族学刊》2011 年第 3 期。

⑥ 陈波：《李安宅与华西学派人类学》，四川出版集团、巴蜀书社 2010 年第 1 版，第 142—147 页；陈波：《自我与他者的对话——初读李绍明先生作品》，《西南民族大学学报》（人文社会科学版）2010 年第 1 期。

题研究的发展具有开拓之功。① 至于李绍明的区域学术思想，多数论者就所论部分的概念、内涵、特征进行了阐述，而整体把握其区域学术思想的是张原。他指出李绍明区域学术观的形成代表着西南学者主体意识的觉醒。该认识在他所认同的“大西南”概念以及企图建立“走廊”和“通道”的西南研究范式上均得以体现。②

现有研究意识到李绍明亲历者的身份能为学科史提供不可多得的珍贵史料，因此在他生前对他进行过多次口述访谈。然而，针对李绍明口述访谈的研究仍不多见。胡鸿保与张丽梅利用这些材料去解析中国民族学/人类学的学派之争。③ 他们将这些口述材料作为厘清学科史论题的线索加以使用。目前的研究缺乏对这些口述材料进行分析性的解读。

再者，现有研究均关照到李绍明的学术实践和思想是理解学科史的重要线索，因而梳理其研究成果、展现其学术思想内涵是当前的研究重点，更多地在思想史的脉络上讨论问题。目前仍不多见关注并解释其学术实践、思想的形成和发展与周围政治、社会、历史、文化互动的研究。

① 见胡鸿保、张晓红：《李绍明先生对重建中国民族学人类学的贡献》，《西南民族大学学报》（人文社会科学版）2010 年第 1 期；王建民：《李绍明先生与近期西南人类学的发展》，《西南民族大学学报》（人文社会科学版）2010 年第 1 期；木仕华：《论李绍明先生的藏彝走廊研究观》，《西南民族大学学报》（人文社会科学版）2010 年第 8 期；孙宏开：《情系西南民族五十载——写在李绍明先生逝世周年之际》，《西南民族大学学报》（人文社会科学版）2010 年第 8 期；石硕：《李绍明先生与藏彝走廊研究》，《西南民族大学学报》（人文社会科学版）2012 年第 8 期；黄金：《李绍明先生与武陵民族走廊研究》，《西南民族大学学报》（人文社会科学版）2012 年第 8 期；赵心宪：《李绍明“武陵民族区”概念内涵与“黔中文化研究”基础理论》，《民族学刊》2014 年第 6 期；赵心宪：《“武陵民族区”命名的辩证思维方式应用问题——近年李绍明研究学术文献阅读反思辑要》，《四川文理学院学报》2016 年第 2 期；王希辉、黄金：《李绍明先生与中国西南民族研究学会》，《广西民族研究》2016 年第 4 期。

② 张原：《区域民族学与李绍明先生的中国西南研究》，《西南民族大学学报》（人文社科版）2010 年第 8 期。

③ 胡鸿保、张丽梅：《新旧中国学派之间的李绍明先生——重读〈变革社会中的人生与学术〉》，《西南民族大学学报》（人文社会科学版）2013 年第 11 期。

三　材料、方法、概念的说明

（一）材料说明

本书使用的基本材料来自对李绍明的三次口述访谈。搜集这些访谈材料的经过简要如下：2006 年 10 月，在中央民族大学、北京大学和西南民族大学三校联合开展的“四川民族地区民主改革口述调查”活动中，曾穷石、舒瑜等人访问李绍明，粗线条勾勒了李绍明的人生经历。[①] 在这份口述材料的基础上，2007 年 6 月我专程赴成都对李绍明进行了为期 10 天的访谈。这一次的访谈除了厘清前期的疑问外，进一步补充了其人生经历的诸多细节，并将访谈重点设定在他所亲历的学科历程上。2008 年 9 月我再赴成都重访李绍明一周，就相关问题再次进行访谈。后两次访谈的过程中，承蒙李绍明慷慨，我与他及其家人朝夕相处过一段时间，一定程度上实现对他近距离的参与观察。三次访谈共形成 30 余万字口述资料。其中前两次访谈的主体部分于 2009 年经整理已出版，这就是李绍明的个人口述实录《变革社会中的人生与学术》，共计 26 万字。此外，王林等人在我之前以专题的形式对李绍明进行过系列采访，其成果集中在《我的民族学田野调查研究生涯》《我所知的四川考古、文博事业》《我与羌族研究》《我与凉山彝族奴隶制研究》等数篇文章中。所有口述访谈资料构成了本书写作的基础，为梳理并理解李绍明的人生及其人生所历学科提供了丰富的素材。关于这些口述访谈的引用，原则上优先引用已出版文本，若需要引用未出版的，将注明其访谈出处，包括时间和地点。引用以尊重李绍明个人意愿为前提，访谈中所有涉及隐私的部分均不在引用之列。

但是，理解李绍明人生所经历的学科史仅分析他的口述访谈是不够的。作为一名学者，分析必然要涉及解读他的学术作品。关于李绍明写作

① 这次访谈的主要采访人是曾穷石和舒瑜。访谈过程中张原、汤芸以及西南民族大学民族学院的诸位同学均参与了访谈工作。他们对李绍明一共进行了 5 次访问。第一批访谈员的成果是 2007 年 6 月我赴成都再访李绍明时重要的资料依据，谨此向他们表示诚挚的谢意。

的文本大致分为未出版的和公开以个人名义发表的两类：第一类作品包括学生时代的习作，以及阿坝州民族干部学校任教期间所写的数篇未刊文章。第二类作品主要来自1979年学科重建后。此时李绍明的个人学术研究进入丰产期，陆续出版数本专著并发表大量文章，发表时间直至2009年8月他去世前。这些文章绝大多数结集出版于他的三部论文集：《李绍明民族学文选》《巴蜀民族史论集》《藏彝走廊民族历史文化》中。此处，我重点选择写于两个时段的作品进行解读。第一部分是20世纪70年代末—80年代中、后期的作品。这期间学术界的一项重要工作是整理和总结20世纪五六十年代少数民族社会历史调查和三套丛书的成果。以1982年国家组织编写五套丛书为标志，学术界进入以研究中国少数民族文化为核心的调查研究阶段。但此时的研究热点依然是社会形态和原始社会史，其重点在于处理以往研究各民族社会形态中的分歧问题。[①] 对李绍明这样一名亲历过那个年代的学者而言，此时期的学术研究在内容、理论方法和旨趣上多与20世纪五六十年代一致，同时某种程度上又开始出现不同。第二部分是20世纪90年代，特别是2000年之后的作品。这个时期学科进入多元发展的阶段。李绍明也开始系统反思自己的学术传承、学科历史，他个人的精力则全部投入了区域学术的建设中。较之从前，其研究主题、思想和旨趣有所区别，也有承继。

此外，还有一部分文本值得注意，主要涉及理解20世纪五六十年代的李绍明和学科。这一阶段特别是社会历史调查工作期间，集体性写作取代个人化写作成为主流。这个时期李绍明独立发表的文章极少，然而整个少数民族社会历史调查，无论是在彝族组，抑或是后来的羌族组，他均大量参与调查报告的撰写以及简史简志的编写。社会历史调查时期留下的文献基本以初稿的形式存在，当时未公开，但却能够在不同程度上反映参与者的观点、主张以及学科的面貌，所以这些文本也构成

---

① 揣振宇主编：《中国民族学30年（1978—2008）》，中国社会科学出版社2008年版，第91页。

主要的材料来源之一。

（二）方法说明

口述历史（oral history）不仅指对个人记忆中的过去的记录，也指对这些过去记录的分析。作为一种主观化和个体化的历史叙述，口述历史一度受到主流历史研究的排斥。自传统的精英政治史受到挑战以来，以日常生活史或者说平民史为代表的社会史崛起，历史研究重新意识到口述历史的价值。一方面，口述历史能够补充以往被忽略的大众社会和非主流社会群体的历史声音；另一方面，按照哈布瓦赫的观点，个人记忆实则是对其社会情境的重构。它绝不是个体性的，而是社会性的，是对历史的再建构。[①] 从此，口述历史的研究进入大众意识研究的阶段。通过分析口述材料去理解言语背后记忆的失真、错漏、虚构所反映的另一种历史真实。口述历史告诉我们，讲述者理解的历史是怎样的，他们如何用这些历史解释现在的生活和周围的世界。

我对李绍明人生经历，包括他所经历的学科历史的分析主要来源于对他进行的口述访谈资料的分析。将口述访谈材料运用于学科史的研究已非本书创举，王建民、宋蜀华、顾定国等学者的学科史研究已大量运用到对当事者的采访资料。根据胡鸿保的解释，口述访谈能为研究中国人类学学科史所用在于访谈的有利条件："中国人类学的历史仅百余年加上不少当事人或其子女、门生弟子还都在世，这就为'访谈''回忆''口述'提供了便利。"[②] 目前学者对口述材料的使用多于补充、证明、勾勒学科的具体史实，少于分析其言下之意。在分析李绍明的人生经历时，我将同时兼顾二者。另外，叙述李绍明的人生史时，我会部分借鉴传统史学纪传体人生史的书写方法。汪荣祖认为这种纪传体写作不同于西方人物传记，不讲求精细到时间分秒，而着重在于写意传神。这就是说，为人立传不是罗

---

① ［法］莫里斯·哈布瓦赫：《论集体记忆》，毕然、郭金华译，上海人民出版社 2002 年版，第 81—94 页。

② 胡鸿保主编：《中国人类学史》，中国人民大学出版社 2006 年版，第 12—13 页。

列生平事迹，而是必须树立其精神面貌，因此须“设其身以处其地，揣其情以度其变”①，传主之精神面貌始能彰显。也就是说，通过移情式的理解，设身处地为传主思考，通过他的种种言行来解释他的心态。这一做法同样适用于处理口述访谈材料中可能的“不实之言”，它提示我注意，厘清材料的真实与否固然重要，但从人物的角度出发理解这些材料，从中体味话语背后人物情感和心态的真实用意更加重要。

在处理李绍明写作的文本上，知识社会学的部分观点给予我一定的启发。以卡尔·曼海姆（Karl Mannheim）为代表的知识社会学研究，其核心观点认为，知识绝非哲学家和学者头脑里凭空想象出来的，它的形成、发展、内容和形式均受各种社会性因素的制约，比如生活经历、社会地位、社会历史环境、社会群体等，这些因人而异的因素都会影响人们从不同角度看待问题。不仅如此，创造知识的过程中，这些差异还将使知识呈现出形态各异的面貌。② 这就等于承认思想不再是一个纯粹逻辑过程，而与社会各因素发生着千丝万缕的联系，简言之，知识是具有社会性的。知识的社会性体现在知识除了受到政治经济的影响以外，其他诸如人生经历、文化认同、宗教信仰，等等，都可能成为影响知识生成的原因。此外，虽然知识是一定社会历史情境的产物，但受过教育的知识分子在很大程度上却能够不受这些社会条件的限制，这种特性让知识分子可以超然行走在各社会阶级之间，由此获得综合的知识思维水平。③ 有关知识具有社会性的主张对我分析李绍明的文本极为重要。这些写于当时或者事后的文章当中，体现出时代精神面貌的同时，又反映出其中的学术传统、学术环境以及社会环境之间的联系，甚至还包括了所谓知识分子的“创造性”。所有这些都在不同程度上影响了李绍明的文本风格及创作内容。

---

① ［美］汪荣祖：《史传通说——中西史学之比较》，中华书局 2003 年第 1 版，第 83 页。

② ［德］卡尔·曼海姆：《意识形态与乌托邦》，艾彦译，华夏出版社 2001 年版，第 322—348 页。

③ 同上书，第 174—186 页。

（三）概念说明

本书涉及的关键概念是人类学和民族学。作为学科的名称，人类学和民族学因学术脉络不同而名称各异。大致而言，英美传统下的社会/文化人类学（Social /Cultural Anthropology），等同于欧陆传统下的民族学（Ethnology）。学科传入中国后，这两个名称的取舍、异同，因时境变动，而至今是学科史上悬而未决的公案。一般认为，1949 年前人类学和民族学是同一学科的不同称谓。1949—1978 年，人类学的称号专属于体质人类学。新中国成立前从事民族学抑或是社会/文化人类学的绝大多数学者则均被纳入民族学继而是民族研究下开展实践。1979 年学科重建后，对两者间的异同、关系学界仍讨论不断。但客观上人类学和民族学的分化日益明显却是事实。

对 1949 年后学科史进行研究，会同时涉及处理人类学和民族学两个名称的问题。王建民为《中国人类学史》写的序中主张，“作为学科史的叙述者，必须既保持审慎的研究立场和分析角度，又要充分考虑到自认为‘人类学家’或‘民族学家’各自不同的‘主位’理解。尽管到目前为止作出清晰的区分依然具有很大的困难，然而，中国人类史应当与中国民族学史有一定的差别，无论在全书结构上，还是在具体的问题讨论中都应当各有不同。”[①] 然而，具体的写作实践中研究者目前通行的做法仍是名称并用或以此代彼。现以国内几本主要的学科史专著为例说明之。

《中国民族学史（1950—1997）》开篇即表示：“正如我们在《中国民族学史》上卷中所说，所谓中国民族学史，是民族学这一学科在中国发展变化的历史过程。这里讲的民族学，与文化人类学大致相当或基本相同。”[②]《中国人类学逸史：从马林诺斯基到莫斯科到毛泽东》里也说道：

① 胡鸿保主编：《中国人类学史》，中国人民大学出版社 2006 年版，第 3—4 页。

② 王建民、张海洋、胡鸿保：《中国民族学史（1950—1997）》，（下卷）云南教育出版社 1998 年版，第 1—2 页。

“在本书中我一再使用‘人类学科学’（anthropological sciences）一词，它包含的不仅仅是美国人定义的四大分支学科，还涵盖了民族学、民族志、民俗学、少数民族研究、语言学，甚至人类学本身。……中国人类学的发展有着与其他任何地方迥然不同的学科界限、定义和文化假设；只有通过使用这样一个名词，我才能够避免把美国的框架强加到中国的现实之上。”① 以民族学为题的学科史专著《中国民族学五十年：1949—1999》中的解释是：“民族学一词，一般说来，欧洲大陆称民族学（Ethnology），英国称社会人类学（Social Anthropology），美国称文化人类学（Cultural Anthropology）。除名称外，三者的学科史、研究对象、学派、方法论均基本相同，有什么区别？唯研究重点有所不同。故本书在行文中有时对民族学、人类学并称。”② 而《中国民族学六十年：1949—2009》亦界定称：民族学（Ethnology）又称为文化人类学（Culture Anthropology）。③

鉴于此，本书的写作也将根据叙述情境的不同，或并称为民族学/人类学，或各自使用人类学或民族学这两种名称。书中所言人类学，若非特别说明，主要指社会/文化人类学。此外，鉴于李绍明学术人生的大部分时期处于民族学的情境下，因此在叙述李绍明时我将以民族学为主，同时也会根据场境变化使用人类学的名称。

---

① ［美］顾定国：《中国人类学逸史：从马林诺斯基到莫斯科到毛泽东》，胡鸿保、周燕译，社会科学文献出版社 2000 年版，第 3 页。

② 宋蜀华、满都尔图主编：《中国民族学五十年：1949—1999》，人民出版社 2004 年版，第 1 页。

③ 杨圣敏、胡鸿保主编：《中国民族学六十年：1949—2010》，中央民族大学出版社 2012 年版，第 1 页。

第一章　新中国的第一代大学生

民国二十二年（1933年）腊月，成都城。一户家境殷实的李姓人家诞下一名男孩，这个日后被人们叫作李绍明的男孩就是本书的主人公。李绍明的父亲李亨早年从政，代理过“关外学务局”[①]总办，做过四川汉源县的县长，后来弃政从商办起实业，曾是个颇为成功的商人；母亲是德阳人。作为家中独子，李绍明自小备受父母宠爱，调皮捣蛋，让全家费神。小事上任着他恣意妄为，大事上李父则不糊涂，一向从严教子，他不希望儿子长大后成个只会吃喝玩乐的纨绔子弟。关于父亲，李绍明的印象多是些与故事相关的事情。李父平日话语不多，偶尔吃饭时会打开话匣子，这时他会讲些自己在川边、在彝区各地行走的亲身经历或所见所闻给儿子听。故事中有美好、有苦难，有精彩、有荒诞，有做事的分寸也有做人的志向。它们在那时启迪了小小的李绍明，留给他难以磨灭的印象。

李绍明生于乱世，不过在素有“天府之国”美誉的四川盆地，尤其是成都城里，总还多少保留着一派悠然自得的气度。“七七事变”使得作为大后方的成都与重庆、昆明等地一样，吸引了大批从沦陷区内迁避难的缙绅商贾、绅士名媛。一时间城内熙熙攘攘、热闹非凡，尽显锦官城昔日的繁华。生长于斯，让李绍明度过了一段还算惬意的童年时光。转眼间就

① “关外学务局”是清末名臣赵尔丰被任命为“川滇边务大臣”在康区经营“改土归流”期间，于光绪三十三年（1907年）奏请设立的一个机构，主管关外办学事宜，以吴嘉谟为首任总办。后来李亨曾短暂代理过总办一职。详见四川省民族研究所《清末川滇边务档案史料》编辑组编《清末川滇边务档案史料》，中华书局1989年版，第144—145页。

到了1945年，抗战胜利，四年后政权鼎革。此时他已经长成16岁的少年，而我的叙述也就从这一年开始。

1949年成都临近解放，这时李家的经济状况已大不如前，李父的生意在混乱的时局下难以维持。为了贴补家用，一年前他就已经接受去眉山做税务专员的差事。留在成都的李氏母子也早已变卖房产，只租住在一落小院内，靠积蓄维生。1949年12月27日成都解放，李绍明刚升入省立石室中学不久，还是一名高中一年级的学生。转年不久，1950年的夏天，命运突现的一次机会却让他成为年轻国家的第一代大学生。

1950年成都市团委创办了一所临时性的学校——青年学园，目的是向全市中学文化程度以上的青年学生普及革命思想，进行政治教育，一般安排在寒暑假上课。李绍明家庭出身不好，自然被学校动员进了学园，去那里接受先进思想的再教育。李绍明回忆，那里的课程均围绕着毛泽东的新民主主义理论开设，讲的内容主要是诸如毛泽东《论人民民主专政》此类的文章。在年少的李绍明看来，这些理论教育都有些枯燥，远远满足不了他强烈的求知欲望和现实理想。他告诉我，自己想复习功课去考大学，这是他的现实理想。1950年7月新中国即将举行第一次高等教育入学考试，按照正常学制计算，这时的李绍明根本没有资格报考。一位相识于青年学园的同学却鼓动他可以这么办。

事隔多年，李绍明无论如何也记不起这位同学的名字了，只记得他姓赵，是一名华西协和中学高三应届毕业班的学生，当年正准备继续报考华西协和大学。一次课下闲谈当中，他开始极力动员这位小兄弟和自己一起参加华西协和大学的入学考试。可李绍明根本不符合任何一项参考条件：他既不是高三应届毕业生，也不符合同等学力至少已上两年高中的报考规定。怎么考？面对报考资格的难题，赵姓同学却不以为意，满口应承下来——他要帮李绍明弄到一份假文凭。很快地，令人匪夷所思的事情发生了：一张写有“利川县立中学”的毕业证书送到了李绍明眼前。除此以外，居然还有一套完整的学历证明，证明他应届毕业的身份。利川县隶属湖北省，位于川鄂交界地带，它距离李绍明的故乡——四川省酉阳地区秀山县（现属重庆市）不太远，地理上相近无疑更增加了这套假文凭的真实性。事已至此，参加高考用李绍明的话说这“纯属偶然”。

接下来历时一个月的强化复习开始了。李家为此特意请了一名高年级的学生辅导李绍明的功课，尤其是一直让他头疼不已的科目——数学。这段挑灯夜战的高强度日子在7月考试结束后让李绍明大病了一场，好在最后的结果回报了他付出的所有努力。他考上了！青年学园，这所旨在改造青年学生的学校，这次真的改变了李绍明的人生轨迹。至于赵姓同学，这位名正言顺的投考者当年名落孙山，第二年考上一所北方高校，再也没有出现在李绍明的人生中。

之所以决定投考华西协和大学，当然不是盲信赵姓同学建议的结果。像李绍明这样一个土生土长的成都人而言，这所学校在城内的名望是他自小就耳熟能详的。成都城的街头巷尾流传过这样一句话：“川大土气、华西洋气、成华宝气”①。李绍明知道华西是整个成都城里最洋气的学校，就连这所洋学堂里教些什么他也略知一二。学校最负盛名的专业是医科，尤其牙科。另外，文科里的外文系、中文系、社会学系也颇具名声。

不过，等到他自己面临专业选择的时候，这个问题却引发了李家母子的争论。李绍明的母亲自然希望儿子去读医科，将来成为收入稳定又可观并且受人尊敬的医生。为此她打算动用李家老朋友罗品三的关系，为儿子进入华西医科铺好道路。罗家和当时华西协和大学的校长方叔轩正好是至亲，罗品三本人又正担任着华西协和大学理事会主席一职。② 然而，李绍明另有一套自己的想法，他一意孤行非去念社会科学不可。以后发生的事情可想而知，母亲的劝说失败，宠爱儿子的她熬不过李绍明的坚持，也只能听任他自行其是。就这样李绍明如愿进入华西协和大学社会学系，在那里开始了自己的大学生涯。

---

① 李绍明口述：《变革社会中的人生与学术》，世界图书出版公司2009年版，第112页。

② 罗品三在华西协和大学的任职情况参见《四川大学史稿》编审委员会编《华西协和大学（1910—1949）》，收入《四川大学史稿》（第4卷），四川大学出版社2006年版，第199页。

第一节　社会学系里的民族学组

一　新旧华西的模样

成都一解放，新政府对旧政权下各部门、各机构的接管工作旋即全面展开，接管对象也包括城里的几所高校。新旧政权的交替之际，为了顺利平稳地掌控整个局面，新政府对一些部门采取了有限度的宽容政策。解放初期保留教会大学，并待以较为平缓的政策就是其中一例。

1950 年 1 月 12 日，成都市军事管制委员会委派温宗祺为组长，成立军管小组进入华西协和大学，开始对学校实行军管监督。此举目的旨在帮助学校建立新的秩序，尽快恢复正常的工作。进入学校后，监督小组的首要行动是，采取一系列措施革除旧教育体制在学校中的痕迹。他们废除了原有的一些教育机构和制度，比如训导处、男女辅导组；新开设马列主义政治理论的课程，如《社会发展史》《新民主主义论》等；每周定时组织师生学习时事政策。此外，监督小组还要求学生们必须参加义务劳动，希望通过劳动教育培养学生的劳动观点和为人民服务的思想。[①] 不过，在新的政令还没有下达之前，华西协和大学校方被允许继续循旧制开展部分工作，主要指基督教的各项宗教活动。[②] 华西协和大学的宗教信仰此时受到宽容的对待，以至于时任校医学部教授的加拿大人启真道（L. G. Kilborn）在 1950 年 10 月 8 日写给中国基督教高等教育联合董事部的信中还感慨道：“……在成都市里还没有干涉学校大教堂（此时宗教活动已经不能进入课堂，只能在教堂举行——笔者注）的使用，因为当局已经友好地安置了我们华大，它让人感觉到他们不可能接管华大的大教堂……许多人感到在这个时候，这幢大楼的建成表明基督教仍然处于华大工作的中心

---

① 《四川大学史稿》编审委员会编：《华西医科大学（1950—2000）》，收入《四川大学校史》（第 5 卷），四川大学出版社 2006 年版，第 3—5 页。

② ［美］黄思礼：《中国教会大学史研究：华西协和大学》，秦和平、何启浩译，刘家峰、王薇佳校，珠海出版社 1999 年版，第 158 页。

位置。教会理事部认为在动员华西民众的精神力量方面，它将提供一个物质的中心。”①

10 月，当李绍明来到华西坝时，满眼尽是校园依旧美丽的秋色，对于这场正在悄然进行的教育改革根本没有任何意识。和所有初入华西坝的人们一样，他立即嗅到了这里洋化的空气。学校仍然保留着教会大学一贯的美式教育做派：开设英语必修课，沿用必修和选修相结合的选课制度。根据学分考核学生的成绩，课堂气氛非常活跃，图书馆采用开放式管理等等。不仅如此，在学生管理方面也完全是西方化的：学生的日常生活仿照西式的学舍制（College System）。每个差会负责兴建一幢或数幢教学楼和学生宿舍，由各自管理。根据不同的差会背景，华西的学生宿舍被分为华英、华美、明德、广义等风格迥异的学舍。各差会的学生住进自己差会的学舍。当然，没有宗教信仰的学生，同样享有权利入住。各差会都把学舍看作自己的脸面，尽心经营学舍的环境，使之愈加优雅完备，目的就是为了吸引非教徒学生。学舍是专为华西男生安排的。至于，华西的女士则统一住进号称“女大院”的学舍中。女生学舍由几个差会联合出资修建，这里严格谢绝任何男生的探访。

李绍明不是教徒，入校以后住进了华美第二学舍。他喜欢这里，因为学舍的住宿条件相当好，空间非常宽敞。学舍一般规定，一年级是 3—4 人一间，二年级是 2—3 人一间，到了三年级则基本上就是两人一间了，升入四年级的学生还有望变成单人间。不仅如此，学舍给予学生们充分的自由，允许学生自由组合、自愿选择室友，这种规定为学生之间的互相交流创造了极好的机会。在学舍里面，不同年级的学生可以住在一起，甚至于不同学院和系别的学生也可以自由搭配。一年级时，李绍明的两个室友一个是同班同学，而另一个则来自历史系。等升入二年级时，新的室友常常回家，因此李绍明享受到了单间的待遇。

① 转引自［美］黄思礼《中国教会大学史研究：华西协和大学》，秦和平、何启浩译，刘家峰、王薇佳校，珠海出版社 1999 年版，第 159 页。

新政府提供给学校的福利，也让李绍明轻易就能体会到一种伴随着新时代而生的全新的优越感，它反映在一些显而易见的变化中。军管小组进入华西协和大学之初，就立即减免了在校学生的一半学费。等到李绍明入学的时候，已经不再需要向学校交纳学费了，唯一要交纳的费用只剩下每月的伙食费，大约5块钱。可是还没等第一学期结束，就连这唯一的交纳费用也通知不用交了，全由国家供给。“国家不仅供我们吃，伙食费吃不完的还做衣服，发一套，男生女生不一样，裁缝在那量身定做。那个时候伙食很好哦。我们上大学时是不用自己花钱的。”①

教会大学固有的宗教背景和文化倾向，与新政权的意识形态之间，始终存在着不可逾越的沟壑，这决定华西的现状只会是暂时的，只要局势一转变矛盾随时都会一触即发。入学没几天，一件突如其来的事情迅速扰乱了李绍明刚刚开始的校园生活。1950年10月25日，抗美援朝战争爆发！随着战争的升级，全国各界掀起了热烈的支援前线的活动，国内反对美帝国主义、打倒美帝国主义的情绪逐渐高涨起来，与之相连的是，收回教育主权此时也成为举国上下一致的愿望。

实际上，早在1950年6月教育部召开的第一次全国高等教育会议上，就已经讨论了高等教育的方针、任务、课程改革及学制、领导关系等问题。根据会议精神，8月颁布了《高等学校暂行规程》和《私立高等学校管理暂行办法》，文件要求：“私人办的和教会办的私立高等学校，也都必须服从人民政府的法令，奉行新民主主义的教育政策。我们人民政府有责任引导这些私立高等学校更为顺利地走上新民主主义建设的正轨，为培养新中国建设人才服务”，并规定“私立高等学校不得以宗教科目为必修科或强迫学生参加宗教仪式与活动”。② 启真道大概不知道的是，就在自己写信的几天前，在华北，中华人民共和国教育部已经于10月3日正式

① 李绍明口述：《变革社会中的人生与学术》，世界图书出版公司2009年版，第82页。

② 何东昌主编：《中华人民共和国重要教育文献（1949—1975）》，海南出版社1998年版，第26页。

接管了北京城内的私立天主教会大学——辅仁大学。华西协和大学也即将迎来和辅仁大学一样的命运。教会大学——这种存在于中国社会近半个世纪的教育机构将完全退出中国的历史舞台。

1951年1月4日，政府正式对华西协和大学实施了军事管理。军管工作组组建了一支由学生和青年教师组成的“保卫校园委员会”（University Protection Committee），代表官方维持学校内部的秩序。几天之内，他们搜查了华西坝上所有的外国教师以及约15名中国教师的住宅，详细列出了搜查出的可疑物品，以待进一步调查。从军事接管的第一周开始，外国人已不再被允许出席差会的年度会议。不多久，差会的执行会议也被禁止举行了。3月31日方叔轩校长公开宣布，西方人不能再担任学校的任何管理职务，于是华西所有在职的传教士都辞去了职能部门的职务。[①] 甚至当时华西协和大学博物馆的馆长——美国人白天宝（C. Bright）还因被怀疑盗窃了中国文物而被勒令驱逐出境。[②]

一定程度上，由抗美援朝引发的爱国热情加速了政府接管华西协和大学的步伐，而这一天终于在李绍明升入大学二年级的时候到来了。1951年10月6日，华西坝上举行了盛大的接办仪式。西南军政委员会文教部部长楚图南宣布，中华人民共和国政府正式接办“私立华西协和大学”，学校从即日起更名为“华西大学”。[③] 生物学家刘承钊接替了方叔轩的位置，成为新华西大学的首任校长。“当他宣布以人民政府名义负责管理起这所大学时，数千面旗帜、横帜和三角小旗不停地飘扬，在一阵阵鞭炮声中，一个丰富多彩的庆祝活动表明了这个重大的时刻。校园里到处走动着充满着惊喜和激动的人群。”[④] 一个年轻人也在兴高采烈的人群中加入庆

---

① ［美］黄思礼：《中国教会大学史研究：华西协和大学》，秦和平、何启浩译，刘家峰、王薇佳校，珠海出版社1999年版，第160—161页。

② 《四川大学史稿》编审委员会编：《华西医科大学（1950—2000）》，收入《四川大学校史》（第5卷），四川大学出版社2006年版，第5页。

③ 同上书，第9页。

④ ［美］黄思礼：《中国教会大学史研究：华西协和大学》，秦和平、何启浩译，刘家峰、王薇佳校，珠海出版社1999年版，第161—162页。

祝的队伍，他就是李绍明。

二 华西的教育

新中国成立以后，新的教育方针确立了为工农大众服务的宗旨，教育改革立即提上了议事日程。改革的当务之急是要尽快把原有教育不合时宜的部分替换掉，尤其是政治上不正确的课程必须全部剔除。除此以外，一些理工学院的课程由于与国家经济建设需要脱节，也在调整之列，不仅如此，文科院系中像文学院和法学院的授课内容也被认为必须充分考虑到知识的实用性。[①] 正因如此，当1949年9月通过的《共同纲领》以及10月华北高等教育委员会的《各大学专科学校文法学院各系课程暂行规定》出台以后，全国包括教会大学在内的高等学校便纷纷实行了课程改革。首当其冲者就是政治课。

1950年7月24日—8月25日，在北京召开了全国大学政治课教学讨论会，会议决定全国各大学需要普遍进行政治教学课的改革。[②] 鉴于马克思主义的唯物主义思想现已成为国家主导意识形态，因此三民主义不应再作为指导思想用于公民教育中，对此教育界必须迅速作出反应，改造旧的教育体制，取消与三民主义有关的所有课程，诸如《国民党党义》《六法全书》，同时用一系列体现唯物主义思想的课程取而代之。政府相信通过强化政治课的教学和学习，才能确保灌输给每一名青年学生正确的意识形态思想。除了改革政治课的课程以外，教育部又于1951年9月10日发布了《关于华北区各高等学校1951年度上学期进行辩证唯物论和历史唯物论等科目教学工作中的指示》。该指示提出建立新的政治课教学组织的要求，并认为各高校应该让政治课教学正常化，让政治课正式成为大学课程的一个组成部分。为此要取消“政治课”这个过于笼统的名称，让《辩

---

① 王红岩：《20世纪50年代中国高等学校院系调整的历史考察》，高等教育出版社2004年版，第63—64页。

② 同上书，第57页。

证唯物论和历史唯物论》《新民主主义论》《政治经济学》分别成为独立的、明确的教学科目，1953年这些科目中又增设了《马克思列宁主义基础》一门。不仅如此，教育部还提出各校应该分别为这些科目专设教学研究指导组。简言之，经过1949—1952年的政治课教学改革，政治课作为大学课程的一项重要组成部分在中国每一所大学的教学实践中被完全确立了下来。①

教育部的指示进入到具体操作层面在执行后，各地各校又会因地因时进行适当的变通。在重庆，1950年政治课教学讨论会后，西南军政区随即根据中央的指示成立了西南区高等学校政治课辅导委员会，并分别在成都、重庆、昆明、贵阳等城市成立了市级政治课教学委员会。这些自上而下的机构成了各级教育部门进行政治课改革的指导机关。课程设计方面，西南地区决定在第一个学期为大学一年级的学生开设《社会发展史》一课，为大学二年级以上的学生开设《新民主主义论》。朝鲜战争爆发后，西南军政委员会教育部又于1950年11月20日在重庆召开了第二次高等学校政治课教学讨论会，会上决定，为集中力量开展反美运动暂时停止讲授此前设置的《社会发展史》和《新民主主义论》两门课程，而改为时事政治学习。②

根据上述决议，华西大学根据校情再次调整了授课内容。一年级新生李绍明入学后，第一年之内，学校为他们开设了三门公共必修的政治课。它们分别是《政治经济学》《中国近代史》和《联共党史》③。政治课的内容涉及马克思主义基本原理以及中国和苏联两国取得革命胜利的历史。而在中国的高校讲述苏联共产党党史，是以一种致敬的方式，向年轻学子

① 王红岩：《20世纪50年代中国高等学校院系调整的历史考察》，高等教育出版社2004年版，第59—60页。

② 同上书，第57页。

③ 联共，即苏联共产党——布尔什维克的简称。

普及苏联经验——党领导革命胜利和完成国家建设的必然性和正确性。[①]除此之外，结合抗美援朝的大形势，华西大学还在常规的政治教学基础上，再次加重政治学习的力度，全校师生被要求每周安排一天时间进行政治学习，不仅学习理论同时还要兼顾时事政策的学习。[②]

政治课的学分固然是李绍明必须认真对待的，与此同时，他还需花费相当的时间和精力去认真对待社会学系开设的一系列专业课程。在我叙述李绍明所学专业课之前，这里有必要先回顾一下华西协和大学人类学的研究。

一直以来，华西协和大学校内始终保持着良好的人类学研究传统，这得益于两个机构的存在：一个是“华西边疆研究学会”（West China Border Research Society）；另一个是“华西协和大学博物馆”。1922 年，美籍传教士戴谦和（O. S. Dye）倡议成立了“华西边疆研究学会”，该学会以“研究华西（包括今天的甘肃、西藏、云南、贵州、四川等省区）的民族历史、宗教、习俗以及当地的自然环境，同时研究其与西方文化相互交流、影响等方面的课题”[③] 为己任，并创办了大型英文学术刊物《华西边疆研究学会杂志》（*Journal of the West China Border Research Society*）。1932 年，在原有校博物部的基础上，华西协和大学博物馆落成，该学会随即一并迁入馆内办公。以美国人葛维汉（D. C. Graham）挂帅的大学博物馆，在研究旨趣上与学会精神相映成趣，以华西地区、川康民族地区的考古以及古物和器物收集见长。同时，博物馆诸君葛维汉、戴谦和、陶然士（T. Torrance）、叶长青（J. H. Edgar）等人亦是研究川康民族的专家。像葛维汉本人自 1911 年来华后，先后 14 次赴四川、西康的藏、羌、彝、苗族地区展开田野调查。他和其他馆员均作为学会成员参与学会活动，并定

---

① 《联共（布）党史简明教程》的结语表明苏联共产党成为苏联革命和国家建设领导党是历史的必然选择。见《联共（布）党史简明教程》，外国文书籍出版局 1953 年版，第 431—442 页。

② 《四川大学史稿》编审委员会编：《华西医科大学（1950—2000）》，收入《四川大学校史》（第 5 卷），四川大学出版社 2006 年版，第 8 页。

③ 霍巍：《温故而知新》，载李绍明、周蜀蓉选编：《葛维汉民族学考古学论著》，四川出版集团、巴蜀书社 2004 年版，第 5 页。

期根据自己的调查研究所得为《华西边疆研究学会杂志》撰写文章。[①]

在华西协和大学以西方传教士为研究主体的早期阶段，学者型的传教士们对边疆族群的关注客观上让这所大学成为当时西南地区人类学研究的重镇。“它（指博物馆）成为一个研究中心，许多来自西方的学者们聚集在那里研究外界几乎不知道的种族。”[②] 不过他们的研究多以叙述性文字为重，主要的兴趣是通过资料性的调查、标本式的分类呈现边疆族群的风物景貌。葛维汉是这个阶段具有分水岭意义的人物。他与陶然士不同的对川西羌民的阐释路径，以及他批驳陶氏视羌民为古代以色列人后裔且宗教信仰基督教化等观点说明，华西人类学研究逐渐显露出脱离以宣教为旨趣的“业余化”研究，朝向科学性研究转变的迹象。[③]

相比之下，华西协和大学人类学的教学开展得要晚一些。建立于1932年的社会学系，其创系宗旨是：“使研究之学程期能尽量适应中国之三种特别需要为标准，一是社会化之良好，培养公民与社会建设事业之领袖人才；二是科学化之社会工作；三是科学化之社会研究。”[④] 这时的华西协和大学社会学系注重社会调查，以基督教意义的“社会工作”为主要发展方向。进入20世纪40年代以后，人类学的比重才在系里得到了加强，这得益于1941年夏天李安宅的加入。陈波的研究表明，李安宅执掌下的华西社会学系，通过他的改造褪却了原有的宗教色彩，以从城市视域转向边疆/乡村视域完成其中国化转变，并着重突显出人类学特征的边疆

① 《华西边疆研究学会杂志》目录，载李绍明、周蜀蓉选编：《葛维汉民族学考古学论著》，2004年第1版，第273—344页。

② ［美］黄思礼：《中国教会大学史研究：华西协和大学》，秦和平、何启浩译，刘家峰、王薇佳校，珠海出版社1999年版，第134页。

③ 卞思梅：《“羌为何人”——20世纪前期西方学者的羌民研究》，《云南师范大学学报》（哲学社会科学版）2013年第3期。卞思梅的研究看到了葛维汉身处从传教士过渡到人类学学者的过程中的矛盾性，同时认为葛维汉对川西羌民的研究除了受人类学学理的影响并结合中国民族历史形成的实况综合研究外，还受到1930年代之后中国民族国家构建过程的深刻影响。卞思梅：《论葛维汉的羌民研究》，中央民族大学2011年硕士论文（未刊稿）。

④ 《四川大学史稿》编审委员会编：《华西协和大学（1910—1949）》，收入《四川大学史稿》（第4卷），四川大学出版社2006年版，第75页。

研究。借助李安宅之力，华西人类学强调区域研究及内部视角，注重族群间历时性的文化碰撞与互动，以及结构的复合性等特征即奠定于此时。具体到教学上，在李安宅任职的近七年时间里，华西社会学系的课程设置上，既细分出“西南民族学”“文化人类学”“康藏史地”等课程，同时他自己也完成了在原有社会学课程名义下的人类学转换。他所讲授的《社会学》是融进了对人类学的理解和研究而来。[①]

不仅如此，在李安宅推动下边疆研究的实体机构亦建立。1942 年华西协和大学校董事会决定成立“华西边疆研究所”，以研究华西边疆民族为己任。[②] 研究所由校长张凌高亲任所长，李安宅任副所长实际主持所内具体工作，其常驻人员包括任乃强、谢国安、刘立千、于式玉、玉文华等人。抗战期间，研究所与另外两个以研究边疆为宗旨的组织——华西边疆研究学会、中国边疆学会相互配合又各自独立地开展工作，包括组织田野考察，主办公开演讲，举办文化展览，出版研究刊物等。华西协和大学重视对边疆民族的研究，固然与当时整个中国政学两界对于边疆问题高度关注的大背景分不开，在学理脉络上实际也是对华西传教士人类学学者研究康藏地区传统的继承和发扬。他们强调实地田野考察的同时，注重对康藏地区藏文经典的收集、整理、翻译。1944 年秋，该所赴西康考察获得了大批西藏经典史籍，据此整理出了西藏自唐以来的一些经典文献，如《藏王世系明鉴》《玛巴译师传》《弥拉热巴大师传》及《印藏佛教源流史》。

华西边疆研究所的研究人员，大都同时在研究所和社会学系任职。自研究所成立以来，通过联合举办专题讲座、授课以及指导学生社会调查等形式，系所之间的互动密切。[③] 李绍明入学时这种良好的合作关系仍然保

① 陈波：《李安宅与华西学派人类学》，四川出版集团、巴蜀书社 2010 年版，第 86—148 页。

② 《四川大学史稿》编审委员会编：《华西协和大学（1910—1949）》，收入《四川大学史稿》（第 4 卷），四川大学出版社 2006 年版，第 118 页。

③ 李绍明：《略论中国人类学的华西学派》，《广西民族研究》2007 年第 3 期；另根据 2008 年 9 月成都采访李绍明的笔记。

持着。不过，1950年秋天当李绍明踏入社会学系时，大部分华西边疆研究所的成员恰好不在学校，整个研究所的日常工作处于基本停止的状态。原因是这年3月，以李安宅为首的华西边疆研究所的主要成员于式玉、谢国安、刘立千等人，带领着社会学系的几位学生参军入伍了。他们此行跟随张国华的十八军进藏，为解放西藏贡献自己的专业知识。此时，接替李安宅代理系主任一职的是蒋旨昂教授，社会学系的专业课程则由冯汉骥、罗荣宗，以及留守边疆研究所的玉文华、陈宗祥等几位教师担任。

刚进校的第一年，课程以通论课为主。李绍明要学习的内容属于社会学系学生必须掌握的专业基础课。他仍能记得住的课程有：张世文讲的《社会调查方法》，玉文华上的《社会统计学》以及由蒋旨昂讲授的《唯物社会学》。此时尚值院系调整之前，不过蒋旨昂所授的这门《唯物社会学》多少已经透露出社会学在新知识谱系中的尴尬位置。这门课原来的名字是《社会学理论和方法》，一进入新社会为了适应新形势的变化，旋即被更名为《唯物社会学》。对于这门名称略显古怪的课程，李绍明解释道，之所以用这个听起来有点奇怪的名字，目的是“以示与之前的西方唯心的社会学相区别”①。但是，尽管课程在名称上作了便宜行事，这门课的实际内容仍是按照原有的知识结构讲述的。课上蒋先生依然是自孔德以下的西方社会学发展的理论脉络开始讲起，唯一不同的地方在于，他重点强调了马克思主义理论在整个社会学知识脉络中的绝对地位。晚年的李绍明回忆起这段经历时评价道：“换汤不换药。……因为它没有办法变，怎么能一下就变过来呢？不可能，学术的东西。而且马克思主义社会学也是西方的，它怎么能说得清楚？说不清楚。所以名称叫《唯物社会学》，表示我们不是（资产阶级的）了。”②

李绍明并没有赶上华西人类学的黄金时代。关于那个时代的所有记忆集中反映在他对美国式人类学学科体系的理解上。他告诉我一年级的时候

---

① 李绍明口述：《变革社会中的人生与学术》，世界图书出版公司2009年版，第87页。

② 同上。

自己已经开始接触到人类学的专业知识。每谈至此他总要特意做一番解释，目的是让我明白，当时他们了解的人类学知识，并非只涉及少数民族文化——这部分知识在今天仅属于狭义的人类学范畴，即文化人类学的内容。受原有美国式四部类人类学教育传统的影响，除了关于文化的部分，少数民族体质、语言以及考古等方面均属于应讲授的内容之一，它们被分配进各年级的课程中。事实上，李绍明本人在华西仅接触了四部类人类学的某些部分。但是，人类学由四部类知识共同构成的观念却已经在此时期形成，而且随着年龄的增长这种意识越来越牢固。

四部类人类学的知识中，体质人类学的内容是李绍明最早接触的，第一年他就选修了《体质人类学》课。由于社会学系学生总人数不多，因此除了正在写毕业论文的四年级学生外，系里允许其他三个年级的学生选修这门课，由罗荣宗先生主讲。罗荣宗采取理论和实践相结合的授课方式，一般情况下，讲授完人种学的理论部分后，他就开始指导学生们当场操作，通过课堂实践来掌握实际测量的方法，比如如何使用仪器，如何测量，如何采集测量指数，等等。那时候体质测量仪器还是个稀罕物，幸运的是，罗荣宗从美国带回了一套比较完整的测量仪器，于是在他的课堂上，总会看到同学间相互作为标本进行测量练习的场景。通常，他们以测量面部为主，学习如何根据测量指标采集面部比例的测量数据。

冯汉骥的课堂也是令李绍明既新鲜又兴奋的地方。冯汉骥没有讲授自己的老本行——考古学，李绍明说这是要等到升入三年级以后才上的课程。面对这群新生，他开出的课是《马列名著选读》，原课是冯汉骥解放前开设的《人类学》一课，现如今为配合形势将主要内容改为选读恩格斯的《家庭、私有制和国家的起源》。该课的重点在于讲解马克思主义对社会发展规律的认识。恩格斯的这本名著是在美国人类学者路易·摩尔根（L. H. Morgan）《古代社会》的基础上，从辩证唯物主义和历史唯物主义的角度出发，分析人类社会发生、发展的过程。可以说，摩尔根的《古代社会》是马克思和恩格斯分析原始社会发展规律的基础，冯汉骥上课时也会涉及摩尔根《古代社会》的相关内容。在《古代社会》中，摩尔根以人类学古典进化论的框架系统阐述了原始社会从氏族、胞族、部落到部落联盟的变化过程及特征，并从各个时期的亲属制度的特征入手，分析五种家庭形态，指出人类社会从母系氏族向父系氏族过渡的历史过程。承接摩尔根的研究，恩格斯阐述了原始民族形成的规律，即民族是从氏族、胞族、部落、部落联盟逐渐发展来的，当私有制、阶级和国家出现后民族也随之产生，从此原始社会的民族就发展成了文明的民族——奴隶制民族。恩格斯沿用摩尔根的历史分析法将人类社会的进程划分为蒙昧、野蛮、文明三个时代，其中奴隶制生产方式的确立是人类社会进入文明时代的象征。恩格斯写作本书的目的是，通过对原始社会进化过程的分析，揭示出人类社会最终必将进入共产主义阶段的客观规律。书中他也描述了进入文明时代后，对应不同的生产关系出现的三种社会形态，即奴隶社会、封建社会和资本主义社会，它们与原始社会以及后来的社会主义社会一起构成了社会发展的五种类型。

无论是恩格斯还是摩尔根的书，其中涉及大量人类学的基本内容，比如亲属制度、家庭婚姻、社会进化论等。李绍明回忆，冯汉骥讲解时一般会在正式进入文本解读之前，利用一些时间，先向学生们解释人类学的基本内容。为此，他还会另外选取了一些辅助读本，比如林惠祥写于20世纪30年代的旧作《文化人类学》，或是西方人类学的经典作品，如泰勒（E. B. Tylor）的《原始文化》等。可以看到，所选的读本均围绕着原始社会研究这个主题，虽兼及了人类学对原始社会文化、社会组织、宗教等领域的传统兴趣。但同时也强调了对原始社会发展规律的认识。而且我们不久就会发现，原始社会的内容将再次出现在李绍明的课堂上。

在李绍明印象里，冯汉骥知识渊博、口才很好，并且授课极其认真。每次正式进入文本阅读时，他基本上都会采取逐字逐句的方式为学生讲解内容。不仅如此，冯汉骥严谨的治学态度，也给李绍明留下了深刻印象。当时课上用的《家庭、私有制和国家的起源》一书是张仲实的译本，由于译者不是人类学者，因而文章尚有值得商榷的地方。为此冯汉骥上课时，一定要用德文、英文和汉文版对勘后，才给学生做出最精确的解答。[①]

升上二年级，系里把学生进一步细分入两个专业组：一个是社会学组；另一个是民族学组。李绍明选择了民族学组，他认为这个决定背后潜藏着父亲李亨的影响。

李亨出生在今天重庆市秀山县的贫苦农家，十几岁外出到酉属学堂（今酉阳第一中学）作校工时，偶然结识了日后成为"关外学务局"总办的吴嘉谟。由于勤奋好学、踏实肯干，李亨受到吴嘉谟的欣赏，开始跟随其左右行事。1907 年，川滇边务大臣赵尔丰命吴嘉谟出关办学，李亨由此跟随吴嘉谟一起出关到了巴塘，在当地藏族中推行新式教育，参与创办了巴塘小学。至 1913 年李亨离开康定之前，李亨不仅为办学事宜跑遍了川边农牧区大小十几个地方，而且在巴塘还娶了一任康巴妻子。他对关外的风土人情可谓了如指掌。[②] 20 世纪 30 年代刘文辉主政西康时期，作为曾亲历边务、熟悉各项民族事务的旧人之一，李亨又被任命为彝汉杂居的汉源县县长。李父个人的关外经历伴随着李绍明度过自己的童年和少年时光，被浓缩在了讲给他的故事中。

是故事引发了李绍明探求这些关外"奇特"民族的兴趣，而且李父多年来积攒下许多康藏地区的资料，阅读这些材料也成了李绍明少年时代的爱好之一。他说："（少年时候）我不想跟她们走（指母亲走访亲戚）。……家里那些书我从小就读，而且家里有很多资料，康藏的资料不少，可惜新中国成立后全部被我母亲一把火烧掉了。"[③]

一定意义上早年的家庭经验成为李绍明选择民族学组的内在影响力。

① 李绍明：《冯汉骥先生与民族学》，《中华文化论坛》1999 年第 3 期。

② 根据 2006 年 10 月曾穷石、舒瑜等人成都采访李绍明的笔记。李亨因与当时的西征军总司令尹昌衡发生冲突而被强行押送回到内地，并被软禁了一年左右。李亨被押回内地时其康巴妻子和儿子尚在巴塘，就此与妻儿彻底失去音讯。

③ 李绍明口述：《变革社会中的人生与学术》，世界图书出版公司 2009 年版，第 29、42 页。

这些经验为李绍明打开了认知少数民族世界的窗口，从此开始了他一生的探求旅程。分组以后，系里为各组开设了更为专业的课程，比如李绍明此时学习了《西南民族志》，这门课由陈宗祥担任授课教师，课程的主要内容是通过阅读研究西南民族（诸如彝族、藏族、傣族等族）的民族志作品，从中了解当前西南各民族及其研究状况。布置给李绍明等人的阅读书目有：林耀华的《凉山夷家》，江应樑的《傣族的文化与生活》，李有义的《今日的西藏》，凌纯声、芮逸夫的《湘西苗族考察报告》，凌纯声《松花江下游的赫哲族》，以及陶云逵的《碧罗雪山的栗粟》，等等。课余之外李绍明还找来不少这方面的书以扩充阅读，比如江应樑的《凉山彝族的奴隶制度》，庄学本的《西康彝族考察报告》，徐益棠的《雷波小凉山之倮民》，等等。

当时的华西大学，各院系开设的专业课同样也开放给其他院系的学生来选修。传统上华西大学分为四个学院：文学院、理学院、医学院和口腔学院。原则上，这四个学院的课程均开放给所有的学生自由选择。作为一名文科学生，李绍明的选课范围主要还是集中在文学院内部。他选修了中文系《民间文学》。这门课讲的基本上是汉族的民间文学，只涉及极少一部分少数民族民间文学的内容，这让他感到略有些失望。此外，历史系开设的通史课程也是李绍明中意的，他选修了自己最感兴趣的中国古代史。

当我问及是否有专门讲少数民族史的课程时，他告诉我，华西大学社会学系和历史系都没有开设过相关课程。他说："华西还是英美（人类学）的体系，它怎么会开这个课（少数民族史）。"① 不仅如此，站在本专业的立场上，当时大多数社会学系的师生或多或少都对历史这门学科存在着一些偏见。一致的意见认为，学历史的只会在古书里面为了一句古话搬来搬去、找来找去，只会解释过去的东西，不从实际出发看问题。李绍明也承认，"我先在社会学系也受这个偏见的影响，但以后进了历史学

① 李绍明口述：《变革社会中的人生与学术》，世界图书出版公司 2009 年版，第 88 页。

系，觉得这个（看法）也是有偏见的，其实两方面都应该懂。”① 虽没有开设民族史内容的课程，但是在定期举办的学术报告上，李绍明倒也听过不少这方面的内容。他记得系里曾经邀请过岭光电来做了一场关于凉山彝族的讲座，其中大量涉及了彝族的历史内容。

知识学习固然占据了校园生活的大半时间，不过，李绍明和同学们仍然有机会参与大量的课外实践。这时期全国性的各类社会运动中，当然少不了青年学生的身影。在华西大学的这两年里面，李绍明亲身参加了不少社会活动，比如“土改”“三反五反”“建乡”社会调查，等等。总的来讲，李绍明认为自己在华西坝上读书的日子过得非常惬意。晚年当他回忆起自己的青春时光时，仍然不禁感慨道，“我这一生觉得在华西那一段时间虽然不长，就两年，但这是我这一生的黄金时段。”② 华西时期的他几乎成了个“书呆子”，每天最爱跑的地方是学校的图书馆，他只盼望着能够利用大好的时光多学点东西，为以后大展宏图打好基础。甚至连谈恋爱这样的事情也不能吸引他，他认为那是今后的事情，对自己来说还太遥远。

人生之中这样的好时光实在不多得，就在李绍明满心期待地准备升入三年级时，一个严峻的现实摆在了面前：1952 年 10 月，在全国轰轰烈烈的院系调整工作中，华西大学被解散了。文、理学院的历史、中文、数学、物理和化学等系科被并入了四川大学，医学院和口腔学院则独立出来另组为四川医学院。而此时社会学系的师生则面临着更尴尬的处境：作为一门资产阶级的学科，社会学在院系调整中被彻底撤销了。华西社会学系的师生只能全部改行转业，社会学组被拆散塞进了不同的系科里面，民族学组的师生则整体并入四川大学历史系。

在新中国的教育史上，这场大规模的院系调整彻底结束了民国以来英美“通才”式的高等教育体制；随着 1953 年全国范围内高校院系调整的

① 李绍明口述：《变革社会中的人生与学术》，世界图书出版公司 2009 年版，第 89 页。

② 同上书，第 108 页。

结束，作为英美教育模式最直接的代言者，在中国大陆已经存在了半个多世纪的教会大学不复存在。从此，华西坝上那所弥漫着欧风美雨的大学只能成为李绍明和所有成都人记忆中的校园了。

第二节　历史学系里的民族学组

一　院系调整

院系调整是中国高等教育学习苏联经验的一个产物。新中国成立初期，在“一边倒”的战略指导下，作为中国未来的榜样，苏联在各方面都成为中国效仿的对象。可以说，院系调整是“一边倒”策略在教育体制上的具体表现。据王红岩的研究认为，院系调整不仅是要模仿苏联在中国建立起一个以培养工业人才、大力发展单科学院为重点服务于国家经济建设的高等教育体制，同时也是为适应新中国成立以来，进行有计划、大规模经济建设而做出的必然举措。[①] 其实早在 1950 年 6 月举行的第一次全国高等教育会议上，已经显现出筹划高校院系调整的端倪。这次会议可以说是学习苏联经验进行教育改革的先声。会上主要讨论了院系调整和大量创办单科院校以及削弱综合大学等议题。会议结束后，国家逐步完成了恢复学校秩序，接管公立大学，改造私立大学，接管教会大学等各项任务，并且通过对高等学校教师进行思想改造运动以清除旧式知识分子原有的非无产阶级思想。在完成上述步骤的基础上，最终于 1952 年正式在全国范围内展开了院系调整行动。

调整后的中国各高等学校普遍以苏联经验为蓝本进行了全面的教学制度改革。具体做法是采用苏联大学的教学计划和教学大纲，翻译使用苏联的教科书，学习苏联大学的教学方法，并按照苏联大学的组织形式成立教学教研组。当时中国教育对苏联的模仿，某种意义上说，已经发

① 王红岩：《20 世纪 50 年代中国高等学校院系调整的历史考察》，高等教育出版社 2004 年版，第 129 页。

展到了登峰造极的程度。“口试连同口试的摆设也是仿效苏联的。远在昆明那样的城市的大学生进行口试，坐在铺有桌布的桌子旁边，桌子上摆着鲜花——‘因为苏联是这样做的’。广泛地组织起来的课外活动也是中国教育中的新鲜事物。例如，课外活动之一是以苏联植物学家米丘林命名的米丘林小组。小学的班级组成这种小组，负责照看教师绿角里的植物。学生们被鼓励去学习苏联英雄的精神，他们的生活与功绩在50年代一代青年中的知名度就像中国60年代的雷锋和其他模范人物一样。”①总之，通过教学制度、教学内容、教学方法、教学组织、管理制度、人事制度等方面的全方位改革，至1953年整个院系调整工作全部结束为止，中国的大学已经完全按照苏联的模式重新建立了起来。②

然而，事情另一面的变化同样也非常显著。尽管人们热切期望苏联高等教育的模式能够为新中国的社会主义工业化和国家建设培养出一支令人满意的具有高度纪律性的专业队伍，但是这种强调专业化的教育模式也给中国大学内部带来某种机械呆板的气氛。

被调整进入四川大学以后，李绍明立即对新环境产生了一种格格不入的感觉：那种在华西大学热烈讨论的课堂气氛，到了四川大学就很难再见到了。“华西是英美的学风，比较民主自由一点。川大这样就不太多了。到了川大，就是苏联这一套，比较呆板一点，是灌输式教育，个人在当中的主动性不多，互动不够。上课的时候，学生比较多，上完课就直接下课了，也没有什么讨论。”③ 其实，留给李绍明“苏联这一套比较呆板一点”的印象，不仅仅是课堂气氛活跃与否的问题。同样地，受到这种极度专业化的教育模式的影响，学生日常的校园生活也表现出了某种机械呆板的面貌：大学中，同一专业同一班级的学生生活在同样的宿舍和校园里，几乎

① 转引自［美］R. 麦克法夸尔、费正清编《剑桥中华人民共和国史》（上卷），谢亮生等译，中国社会科学出版社2007年版，第183页。

② 王红岩：《20世纪50年代中国高等学校院系调整的历史考察》，高等教育出版社2004年版，第130—132页。

③ 李绍明口述：《变革社会中的人生与学术》，世界图书出版公司2009年版，第119页。

一天 24 小时共处在一起。[①] 这或许也是让刚从相对自由的华西大学生活中出来的李绍明，感到“整个川大的空气很沉闷，不像华西住在里面很悠闲”[②] 的原因之一。刚到四川大学的时候，这批习惯了原来华西大学生活的学生表现出的不适，本能地反映到了他们对新校园的实际生活环境的抱怨上。李绍明说：“我个人不排斥历史系。……但还是对川大的环境（感到）不舒服。我们（华西）是两个人住一个屋，到了川大十二个人一间，一个大房子，上下铺，一边三张床，中间空隙都没有。以前（华西）有衣柜、写字桌，床是单人床，虽然简单也不会互相干扰。就是四个人一间的也有单人的桌子，写东西啊什么的很方便。……（川大）不仅室内没有厕所，而且整个大楼都没有，厕所都远得很。我住在二楼，若晚上起来要上个厕所，要下来走很长的路。那个时候川大条件是这样，华西不是这样，华西条件比较好。”[③]

院系调整过程中，依照苏联模式采取的另一项重要措施是，进一步肃清资产阶级学科体系，取而代之建立无产阶级专政的学科体系。当时不仅解散了国内的教会大学，与此同时取消资产阶级“伪科学”也被提上了议事日程，这些所谓的“伪科学”中就包括社会学和人类学。李绍明告诉我，当时关于“伪科学”的流行说法认为，社会学被取消的原因是，人们相信社会主义社会已经消灭了社会问题，因而，不再需要资产阶级为解决社会问题而发明的社会学。此外，社会学一直宣扬的改良主义旨趣，与无产阶级专政的新国家的革命观念相互冲突，也成为它被取消的重要原因。[④] 至于人类学，被斥为资产阶级猎奇心态的体现以及殖民主义的产物，同样在意识形态上难以与新政权的趣味一致。事实上，20 世纪 50 年代一开始，出于经费、生源、师资等各方面的现实困难，国内人类

---

① ［加］许美德：《中国大学 1895—1995：一个文化冲突的世纪》，许洁英等译，教育科学出版社 2000 年版，第 118—119 页。

② 李绍明口述：《变革社会中的人生与学术》，世界图书出版公司 2009 年版，第 118 页。

③ 同上书，第 118、119 页。

④ 同上书，第 115 页。

学界就已经进行了诸项内部调整。[①] 1952 年，只不过是这场运动的最终结果。另外，院系调整所参照的苏联经验认为，民族学对社会主义时期解决民族问题仍然有所帮助。[②] 于是，民族学的学科名称得以保留，事实上也让 1949 年之前大批异名同质的人类学和民族学从业者戏剧性地纷纷归于其下。

在苏联，民族学是属于历史科学下的一门子学科。苏联民族学认为，“民族学是历史科学的构成部分，其任务在于用直接观察、科学技术和历史分析的方法，来研究世界不同的族在人种和民族特征上，在他们的变迁发展上的文化的、生活的特点，从而解决各族的起源问题，使他们的迁移史和分布史得以复现。”[③] 这样的学科定位要求苏联民族学提出了一套与西方所谓“资产阶级人类学”完全不同的学科理念：

> 和资产阶级学者相反，苏联学者认为民族学是历史科学的一个组成部分，是历史学一定的分支。资产阶级科学界一向不认为民族学是历史学的一部分，或者把它解释为自然科学的一部分，或者认为是一门独特的社会科学。在苏联学者看来，民族学就是历史学的一部分。这种说法不仅确定了民族学在科学上的地位，而且也提出了完全不同于资产阶级已经提出过的和目前正在提出的要求。就资产阶级民族学来说，有两个概念，即关于成为文化发展基础的诸过程的性质的概念，可以作为他们特征。第一个概念（即进化观）认为某一族、或各族、或全人类所固有的文化现象的发展是一种生物学的过程，是一种在不同的文化区彼此单独发生、独立发展的过程中住宅、服装形式、信仰形式、仪节及其他等的逐渐变化的过程。这一切过程被认

① 王建民、张海洋、胡鸿保：《中国民族学史（1950—1997）》（下卷），云南教育出版社 1998 年版，第 60—62 页。

② 同上书，第 66 页。

③ ［苏］托尔斯托夫：《苏联民族学的任务》，载中央民族学院研究部编《民族问题译丛（民族学专辑）》，民族出版社 1956 年版，第 1 页。

> 为是平行的、各自独立的过程。这种进化观属于资产阶级民族学进步的一翼，它已经过时了。现在成为资产阶级民族学最大特点的是对于一切发展、一切运动的否定。民族文化被认为是不动的、不变的、永远是那个样子的。至于起源和事实上抹杀不了的变化的原因则认为是外来影响，即大抵是迁移、一些族对另一些族的影响、混合及其他等的结果。作为马列主义历史科学的民族学，从民族文化的运动中去研究民族文化，这种运动由各种内在原因，首先是由生产力的发展及受生产力发展制约着的社会关系的发展所决定的。这一点使得苏联民族学和资产阶级民族学有着极明显的区别。自然，苏联民族学没有忘记各族人民历史上的交往、文化联系和互动，但只把它当作次要过程，把它当作受生产力发展所决定的社会进步发展这一主要过程的补充来进行研究。作为历史科学一部门的苏联民族学对年代因素非常注意。和倾向于忽视年代因素，不看文化中积渐发生变化的资产阶级民族学相反，苏联民族学给一些文化现象仔细地确定必要的年代范围，说明每一种文化现象在实践和空间中所占的位置，并且也只在确定了这个位置之后才转向于历史的概括。……因此，民族学是研究各个具体民族的文化形成及其历史发展与现状的学科。①

由上可知，苏联民族学批判资产阶级人类学的两个武器，一是马克思主义唯物论；二是针对现代西方人类学强调的静态结构研究，提出了进行动态过程研究的要求。后者正是理解苏联将民族学作为历史学分支的关键所在。正因如此，中国大陆地区通过院系调整，绝大多数原人类学和民族学专业的学者和学生进入各大高校的历史系继续教学研究和学习。与李绍明的求学经历相似的还有严汝娴，作为云南大学社会学系1950级的学生，

① ［苏］托尔斯托夫：《苏联民族学的基本任务和发展途径》，载中央民族学院研究部编：《民族问题译丛（民族学专辑）》，民族出版社1956年版，第6—7页。

1952年她也跟随老师杨堃等人被调入了本校的历史系，并从此转学民族史专业，在这里完成了自己的学业。[①]

二 川大的教育

华西大学社会学系民族学组的学生中，1952年10月真正调入川大历史系的是两个年级的学生，总计20多名，原本他们即将升入三年级或四年级。至于另外两个年级，大学四年级的学生已经毕业，刚入校的一年级学生则全部转行去了其他系。当时院系调整的政策采取自愿原则，允许被撤销合并专业的学生自主选择另外的专业就读。李绍明所在的班级中，除了一名同学转学生物外，其余人员全部选择了留下。这批来自华西大学的学生进入四川大学历史系后，历史系没有将他们重新插入该系三年级的班级中，相反地，所有人被单独整编为一组，仍冠以“民族学组”之名，由原华西大学中国文化研究院的赵卫邦教授负责管理。

来到四川大学尽管有着诸多的不适应，不过对李绍明来说，起码有一点还算令人满意——川大历史系开设的课程不错。到了川大除了要改学俄语外，专业课的学习基本上都是和历史系的学生在一起上，李绍明感觉到自己历史学方面的知识和训练明显加重了。

根据教育部统一下达的教学大纲（参照苏联的教学大纲制订出来的，川大制定了相关的学生课程）的精神，在保证基础课程与专业课程教学质量的前提下，各校可根据自身的实际需要和具体条件及所定科研方向，开设专门化或选修课。本着这一精神，历史系一、二年级的学生需要统一学习专业基础课，比如通史，而为三年级以上的学生开设了专修课。川大历史系开出的专门化选修课是，汉族以外的任一民族史。[②] 此时的李绍明

---

① 严汝娴口授、曾穷石整理：《人类学家严汝娴教授访谈录》，载王铭铭主编《中国人类学评论》（第6辑），世界图书出版公司2008年版，第143页。

② 四川大学校档案第169号：《文科三系教学计划1951—1958.7》第2号《历史系52—57年教学计划》。

已经是三年级的学生，符合学习专修课的条件，他所上的这门专修课叫《西南民族史》，任课老师是陈宗祥、陈可由、任乃强、杨在龙以及谭英华等人，各人根据自己的专长讲课。

除了这门课外，李绍明还寻找机会补充历史学的其他专业知识，他旁听了低年级的通史课程，“我们到了历史系又补了历史学的课，我们跟着一年级去听课，当时给一年级讲课的都是大师级的人物，比如，给一、二年级讲先秦史的是徐中舒先生，讲魏晋南北朝的是缪钺先生，讲唐宋的是蒙文通先生，都是大师啊。”[①] 随着历史学素养的加深，以及苏联民族学学科定位的确立，李绍明在华西大学社会学系形成的对历史学的偏见渐渐地消除了。今天他总结自己的治学道路时承认：“这两个学科各有特点，社会学、民族学重视现实的实际调查，对文献这块不大关心，但不了解古代文献也是不对的。每个学科的特点不一样，所以不能妄自去评判，最好的是把民族学、人类学和历史学的方法结合起来，这样学问才能做得深入。以后我走的路也就是这样走的。”[②]

在历史系的课堂上，李绍明又遇到了华西的老师——冯汉骥。这次冯先生要为他们开设的课是考古学。除了考古学外，另一门让李绍明产生兴奋感的是闻宥先生讲授的《普通语言学》，包括《语音学》的课程，目的是让学生了解语言学的基础知识，学会根据国际音标记音。对这门技术性较强的课，李绍明始终抱有遗憾自己没掌握好，听音和记音都拿捏不准，功夫没练到家。[③] 尽管如此，晚年的李绍明言谈中讲到能够在川大接受考古学和语言学知识的经历时，脸上总是洋溢着兴奋和自豪。除了这些知识本身带来的新鲜感外，其中部分原因恐怕还有内心的华西情结。受教两门课让他觉得自己受到过完整的人类学训练，能用这种形式接续上华西四部类人类学的知识传统。

---

① 李绍明口述：《变革社会中的人生与学术》，世界图书出版公司 2009 年版，第 121—122 页。

② 同上书，第 122 页。

③ 同上书，第 84、121 页。

如果说多数课程尚属历史学系学生所受的常规训练的话，那么我们这里就不得不再提到一门由胡鉴民开设的名为《原始社会史与人类学通论》的课了。作为历史学系所有学生必上的专业必修课，这门课既体现了苏联民族学的历史学特征，又直接反映出苏联模式对中国的历史学本科教育的改造。从此奠定下很长一段时期内原始社会史成为历史研究的重要分支的基础。

根据1956年公布的《原始社会史教学大纲（草案）》的规定，原始社会史的研究范畴属于原始游群时代和原始氏族公社时代，而后者又分为母系氏族和父系氏族两个阶段。[①] 简言之，原始社会指的是进入阶级社会以前的历史时期，相当于考古学意义上的旧石器、新石器时代到金属时代的初始阶段。传统的历史研究无法处理这段无文字记载的时代，但在苏联学科体系下，这个历史时期却属于研究当代文化遗存的民族学的研究范畴。苏联民族学认为："由于社会的进步使得古代迅速消失，因此民族学家的重要任务是要收集古代遗存。这项工作的意义在于，若民族学家接触到的是落后民族中的古代遗存，则获得有关各落后民族生活中的古老文化成分的材料，可以用来对早期阶级社会，甚至前阶级社会的历史问题加以补充说明。……所以研究古代遗存是民族学的重要任务。"[②] 正因如此，将原始社会史研究归入"特殊的历史科目"的原因，正是基于"民族学资料（即一些需要特别加以系统研究的民族生活的活生生的现象）的专门性质"[③] 而言。

原始社会史研究除了学术上的意义外，"也是政治性非常强的社会科学与历史科学。"[④] 按照马克思主义的观点，通过论证原始社会的存在，

① 中华人民共和国高等教育部审订《原始社会史教学大纲（草案）》，高等教育出版社1956年版，第1页。

② ［苏］勃洛姆列伊、［苏］马尔科夫主编：《民族学基础》，赵俊智译，中国社会科学出版社1988年版，第11—12页。

③ ［苏］托尔斯托夫：《苏联民族学的任务》，载中央民族学院研究部编《民族问题译丛（民族学专辑）》，民族出版社1956年版，第1页。

④ 杨堃：《原始社会发展史》，北京师范大学出版社1986年版，第3页。

并指出该社会与资本主义社会的截然不同，以达到批判资本主义社会的目的。[①] 不仅如此，通过研究原始社会来与西方资产阶级人类学相区别，也是原始社会史研究的重要意义："它是对资产阶级斗争的前哨学科，因为在资本主义国家，一向不把原始社会当作历史，而视为'史前''野蛮'阶段，实际上这是非历史的说法、殖民主义和种族主义的说法，只有在人民民主阵营中才把原始社会当作历史来研究。"[②]

苏联民族学对中国学界更大规模的影响事实上发生在之后几年。1954年，中央民族事务委员会参事室调集罗致平等学者开始编译刊印《民族问题译丛》。1956 年 7 月，苏联专家切博克萨洛夫抵达中央民族学院直接传授苏联民族学经验，指导历史学系工作，并开办民族学研究班，为中国教师和研究生系统讲授民族学课程。当时，除了在京从事民族学教学、研究的教师和研究员被选入研究班学习外，全国各地还要求选派部分人员参加研究班，以期回到地方后能向所在地区传授苏联经验。不过在 1952 年，从李绍明在四川大学所学的这门课看，苏联民族学对中国的影响实际上已经显露。历史系按照苏联模式搭建起的《原始社会史与人类学通论》课，继续强化了李绍明对马克思主义社会发展史的理解，也使他从中掌握了研究原始社会史的关键——文化遗存法——这是在人类学的古典时期曾被广泛地实践过的方法。就在李绍明的川大生活刚刚适应的时候，1953 年 4 月，距他来到这里还不到一年的时间，命运再次让他必须作出选择——响应政府号召，"民族学组"的大部分学生离开了四川大学，进入刚刚成立的西南民族学院。

自李绍明们离开后，四川大学历史系再也没有单独设置过"民族学组"，而与民族学相关的《原始社会史与人类学通论》课一直开设到 20 世纪 60 年代中苏关系破裂为止。不过，这一时期建立起来的民族史专门

① 童恩正：《摩尔根模式与中国的原始社会史研究》，《中国社会科学》1988 年第 3 期。

② 林耀华：《关于原始社会史的几个问题》，见其《民族学研究》，中国社会科学出版社 1985 年版，第 191 页。

化以及与人类学相结合的研究传统却被成功地保存并发扬下去，至今仍是四川大学最具特色的研究之一。

第三节　西南民院研究班

1950 年 7 月 30 日，重庆。在西南局和西南军政委员会第一次全体会议上，西南军政委员会副主席兼西南民族事务委员会主任王维舟宣布，筹建西南地区的第一所民族学院——西南民族学院的工作正式启动。学院驻地选设在成都，到了 10 月，学院校址亦敲定。经协商，得刘文辉支持，政府购买了位于市内新玉沙街的刘公馆作为校址主体，同时将四周民房二百余间也划归为校区。1951 年 6 月 1 日西南民族学院正式成立。原计划第一期从西南各省招收学员 400 人，等到新生入学时，实际到校学生已达 500 多名。

民族院校是中国共产党在中国革命和社会主义建设实践中，创造出的一种民族教育模式。[①] 其前身是抗战时期中国共产党在延安设立的延安民族学院。新中国成立后，1950 年 11 月 24 日，中央人民政府政务院第 60 次会议上批准了《培养少数民族干部试行方案》和《筹办中央民族学院试行方案》，正式确定筹建民族院校的相关事宜。这两个《试行方案》规定了民族院校的办学方针、培养目标、专业设置、开设课程等，是为新时期民族院校办学的纲领文件。当时设想“在北京设立中央民族学院，并在西北、西南、中南各设立中央民族学院分院一处，必要时可以增设……各有关省份设立民族干部学校。”[②] 截至 1956 年，除中央民族学院外，西北、西南、中南，包括云南、贵州、青海和广西四省均建立了民族院校。这 8 所院校形成了既分工又合作的少数民族干部培养体系，确定下新中国

① 唐纪南、张京泽：《中国民族院校发展史》，中国社会科学出版社 2012 年版，第 1 页。

② 金炳镐主编：《民族纲领政策文献选编》（第 2 编），中央民族大学出版社 2006 年版，第 441 页。

民族院校最初的基本布局。

中国的民族院校是中国共产党执政构想的有机组成部分，带有明确的政治特征，从创建之初就以服务执政党的民族工作为目标。一方面，民族学院承担着为各级少数民族自治区域输送各类人才的责任。其培养原则按1950年通过的《培养少数民族干部试行方案》概括为，民族学院的基本任务以“培养普通政治干部为主，迫切需要的专业技术干部为辅。”[①] 另一方面，民族学院还需要担负着开展民族问题研究的重任。基于上述目标以及国内少数民族地区社会改革和经济发展的迫切需求，自成立以来，各级民族院校的办学形式都以短训为主，利用短期干部培训班的方式，从政治思想、政策研究、文化水平、专业技术等方面给予学员相应的培训，学成后成为快速向各地输送的少数民族干部。此外，民族院校还设置预科，招收文化程度相对低或汉语程度较差甚至不懂汉语的少数民族学员，帮助他们补习文化。补习文化的目的是为其下一步的正规培训或较高层级的教育打好基础。可以说，新中国民族院校无论是办学模式还是理念，都是与建国初期整个国家的形势要求，特别是民族工作的需求和条件配套而生的，为当时顺利开展民族工作起到了良好的辅助作用。[②]

成立之初起，西南民族学院的办学理念和模式均遵循上述民族院校办学原则进行。从第一期学员开始，学院的主要任务是采取短训班的形式，培养能够宣传党的民族政策、开展民族团结和政权建设工作的政治干部，以及培养掌握民族地区急需专业技能，比如农学、畜牧、兽医、卫生等的技术干部。经过两期学员的培训，到了1953年6月，学院召开了西南民族干部教育工作会议，会上总结了前期培训民族干部的经验，并进一步明确了西南民族学院下一步的办学特征：“西南民族学院应将主要力量置于

---

① 金炳镐主编：《民族纲领政策文献选编》（第2编），中央民族大学出版社2006年版，第441页。

② 以上两段参考唐纪南、张京泽《中国民族院校发展史》，中国社会科学出版社2012年版，第38—56页。

轮训川、康两省在职干部及经过初步训练，具有深造条件的学员，对他们施以较长的（一年或两年）政治、文化教育；其次吸收一批少数民族知识分子和具有高中文化程度、政治纯洁的汉族青年学习藏、彝语文，以培养语文翻译及民族地区小学师资；有计划地训练川、康及云南藏、彝两族上层人物（包括在职上层在内）。至于其他专业训练，尽可能协助有关部门自己办理。如果某些部门急需初级人员，而本身又无条件进行训练时，在取得各部门协助下，学院亦可试办。”①

如果说民族院校从建制到课程设计等层面都力图确保让党和国家的政治思想、民族政策在少数民族干部以及上层人士之间得到有效传播的话。那么事实上，通过对学生日常生活更为细腻的安排，则潜移默化地达成了相同的目的。

在西南民族学院，学生一进校，学院就会在各族学生间开展“交朋友”“一帮一”的活动，要求学生互相订立团结公约。遇到纠纷解决时，还会采用民族形式，召开团结会握手言和。第二期学员开学正值成都暑天，为了照顾来自高寒地区学生的不适感，学院特地将千余师生在 1952 年 7—9 月间，送往灌县青城山天师洞、上清宫两地教学生活。此外，对于不习惯城市生活的少数民族学生，学院干部、班主任、班干部做到了极尽可能的无微不至的关心。比如每晚就寝前，督促学生洗脚；每周督促学生换洗衣服和剪指甲；每晚干部要分别到学生寝室查铺，为没有盖好被子的学生盖好被子。上课时也要到寝室走一圈，查看有无学生生病。若有病号，不仅及时送往医院诊治，而且会组织同学看望和送病号饭。② 这些极致的行动关怀，甚至可以说比直接的理论和政策学习更加深入人心。它们事实上所起到的示范作用，进一步巩固了少数民族学员对党和国家政治思想和民族政策的理解，为将这些理念继续向民族地区普及奠定下了良好的

① 西南民族学院院史编辑室：《西南民族学院院史（1951—1991）》，四川民族出版社 1991 年版，第 17 页。

② 同上书，第 15、23—24 页。

基础。

除了培训少数民族干部外，民族院校的另一项任务是展开民族问题研究。按照两个《试行方案》的计划，“中央民族学院及其分院均应设立关于少数民族问题的研究室”①。为此，西南民族学院也相应建立了研究室，负责调查和研究西南少数民族问题，研究室主任由副院长夏康农兼任。起初，研究室只有民族研究人员 3 人，后又从第一期毕业学员中选留了数人。1953 年 4 月，西南文教部通知西南民族学院要求学院成立了一个民族研究班。研究班学习结束后又有部分人员留校进一步充实了研究室的研究队伍。

对我们的主人公李绍明而言，因为这个研究班的诞生，他的人生奇妙地和西南民族学院连接在了一起。

研究班由两拨不同背景的人组成，西南民族学院自己从校内第二期各短训班中抽调了中学以上文化程度的学生 24 人加入，此外，四川大学历史系民族学组也响应号召调入学生 14 人和教师 6 人，这两批人合并共同组建了这个民族研究班。② 李绍明正是这 14 名来自四川大学历史系的学生中的一人。这次转校采取自愿原则，允许教师和学生自由选择。学生们都去了，老师们却有没去的，比如赵卫邦留在了川大。1953 年 4 月 9 日，一行人由老师玉文华、陈宗祥带队来到了西南民族学院。并且玉文华、陈宗祥等人在研究班学生毕业后都留在了研究室继续工作。同年夏天，原清华大学的吴泽霖教授从中央访问团直接调入研究室，成为具体负责研究班教学的教授之一。不仅如此，他还主持着学院民族文物馆的研究和陈列工作。1956 年初，从西藏返回成都的李安宅、于式玉夫妇，以及罗荣宗教授也被调入研究室从事研究和教学。就这样，原来华西大学社会学系的同仁们，以这样戏剧性的方式重新聚在一起共事了。

---

① 金炳镐主编：《民族纲领政策文献选编》（第 2 编），中央民族大学出版社 2006 年版，第 442 页。

② 西南民族学院院史编辑室：《西南民族学院院史 1951—1991》，四川民族出版社 1991 年版，第 16—17 页。

西南民族学院的研究班对李绍明他们的培养大体分为两块内容。前一块的内容基本延续之前与少数民族研究相关的专业课程，有民族史方面的，也有民族调查方面的，尤其是民族调查的课程，在李绍明看来这即是类似于民族志调查的方法课程，讲授老师是吴泽霖。这门调查课以外，吴泽霖还独立承担讲授《民族博物馆概论》的课程，此外又联合玉文华开设了《西南民族情况》的课程。讲授专题性的史地类课程的有任乃强，他为学生们讲授《康藏史专题》。

关于吴泽霖先生的这门调查课程，李绍明记忆犹新。吴泽霖除了课堂上讲授实地调查少数民族的方法和经验外，为了巩固课堂教学，吴泽霖还要求学生课后切实地完成一项调查，并提交调查报告给他打分。当时为了完成吴先生布置下来的这份课堂作业，一部分同学由吴泽霖亲自带队去了贵州清水江地区，对当地苗族进行调查；另一部分同学则留在学校就地调查。李绍明选择了后者。

西南民族学院本身就是一个良好的民族调查场所。学院中生活着来自四川、西康、云南、贵州等各地的少数民族学生，他们正好成为了李绍明他们的调查对象。这次他调查了自己的彝族同学李文华等 5 人。李文华等人来自云南，属于彝族的“聂苏颇”（nei – su – po），“颇”即为“人”的意思。这群彝人分布在云南元江、峨山、易门三个民族杂居地区。李绍明对他们的调查采取访谈的方式，在访谈材料的基础上又增加了文献资料，最终于当年 10 月写成了一份名为《云南聂苏族情况》的报告。

研究班讲授的后一块内容则真正体现了西南民族学院的特点，以及开办研究班的目的所在。较之于华西大学和四川大学，这块内容恰恰是李绍明在前两所学校求学时从未接触到的全新的知识领域——马克思主义民族问题理论以及党和国家的民族政策。

关于这部分的知识，实际内容由三部分构成，其一是马克思主义的经典民族理论；其二是苏联处理自己国内民族问题的一套政治理论；其三是中国自己的经验：中国共产党自延安时期以来，在已有理论的基础上，与中国民族实际问题相结合，逐渐形成的一套解决国内民族问题的办法。教授这门课的老师张汉城，本身就是一名从延安来的老干部。

这门课上，经典的马克思主义民族理论以及苏联结合本国情况发展出的民族理论和政策自然是重要的授课内容。但是，课程的最终目的还是让学员掌握中国共产党从具体国情出发构建的一套解决中国民族问题的理论和政策。整堂课围绕中国共产党解决民族问题的核心理念，即民族平等、团结、自治和共同繁荣展开。民族平等指境内一切民族间政治、经济、语言文字、风俗习惯、宗教信仰上都有平等的权利，在维护国家统一的前提下，实行不同于苏联联邦制的民族区域自治制度。“在祖国的共同事业的发展中，与祖国的建设密切结合起来，逐步发展各民族的政治、经济、文化，消灭历史上遗留下来的各民族间事实上的不平等，使落后的民族得以跻身于先进民族的行列，过渡到社会主义”[①]，即实现各民族的共同繁荣和发展。与一般马克思主义理论只讲“各民族无产阶级的团结和联合”不同，中国共产党的民族团结包括中华民族“全民族的团结”“国内各民族的团结”以及中华民族与“平等待我之民族”的团结三个层次，其中处理好汉族和少数民族的团结关系尤为关键。因此，提出了在批判地方民族主义的同时，要着重反对大汉族主义的民族政策。[②]

成立研究班的目的是配合民族工作的需要在西南地区培养一批从事民族问题研究的专业研究人员，并为各民族地区的民族学校培养中学师资力量。通过一年的学习，李绍明迅速掌握了马克思主义民族问题的相关理论，尤其是中国共产党从延安时期积累下的一整套处理民族问题的理论、民族政策和政治经验。在后来的回忆中，用他自己的话说即：“在西南民院有一个很大的收获，就是知道了共产党如何理解民族问题和如何制定民族政策。”[③] 从那时起，这些知识成为李绍明处理少数民族事务，包括少数民族研究中的一条思想准绳。它像一把标尺随时用以衡量他是否是一名

① 黄光学主编：《当代中国的民族工作》（下册），当代中国出版社 1993 年版，第 505 页。

② 陈国新、杜玉银：《马克思主义民族理论发展史》，云南大学出版社 2001 年版，第 43—51 页。

③ 李绍明口述：《变革社会中的人生与学术》，世界图书出版公司 2009 年版，第 135 页。

合格的民族问题研究者。

研究班学到的这些知识，很快就有了用武之地。1954 年，李绍明毕业了。据他介绍，研究班的毕业生可能的去处有三种：第一种是已经成立的民族学院；第二种是去民族干部学校；第三种是去各级民族事务管理部门。本来李绍明想去重庆，那里是西南民委的所在地。不过事与愿违，四川省藏族自治区（现阿坝藏族羌族自治州）新成立的民族干部学校（即阿坝州民族干部学校）选中了他。他也就欣然接受了这份工作，前往茂县开始了教书生涯。李绍明任职的这所学校，任务是为当地培养区、乡一级的少数民族干部，通过一年左右集中在校学习，帮助进修干部提高政策理论水平和文化水平。除了负责课程安排、教育计划和教师安排外，李绍明还需要为学员开课，讲的正是从研究班学到的《民族问题与民族政策》。

第四节　新型人才的诞生

四年中连续更换了三所学校，这样的际遇让每所学校各自的知识传统交汇于李绍明的思想深处，共同成为持续影响他思考和行动的源泉。毕业在即，年轻的李绍明或许对此还没有清晰的认识，他更关心自己是否已经成长为一名符合祖国期望的、合格的、有用的人才。

建国伊始，新中国在国际上处于相对孤立的状态，苏联成为唯一援助中国国家建设的外部力量；在国内，尽管中国大陆实现了再次统一，然而局部地区仍不时受到叛乱和分裂势力的威胁。不仅如此，国民政府留给新政权的，除了破败不堪的经济体系和衰弱的经济能力外，还有社会秩序混乱、人民生活水平低下、政权建设尚未完善等一系列问题。这些无疑都成了新国家发展振兴道路上的层层障碍。但换个角度看，这些困难反过来却又强化了民众的爱国主义情感和投身于社会主义各项建设事业的自觉性和积极性。此时，面对百废待兴的局面，培养合格的“建设社会主义新中国”的新人才，也成为教育界坚定不移的目标之一。以往书斋式的纯学术不再受到提倡，教学或研究要有实用性，要与当前的社会主义建设需要相联系。正因如此，教师和学生纷纷抛弃书斋式的生活，读书之余走出校园，积极投身国家建设的各项社会实践活动中。

李绍明坦言，大学期间自己参加过不少社会实践活动。一开始的“三反五反”运动到后来参加华阳县的土地改革，此外还有两次去民族地区参加社会实践历时较长的活动。某种意义上，对于像李绍明这样一个青年学生而言，在这个时候积极参与校外各类社会实践活动，不仅体现了国家培养实用性人才的诉求，而且也被青年人视为这是国家赋予自己的责任，借此他们找到了努力参与国家建设，为国家建设发挥力量的机会。

李绍明读大学的20世纪50年代，在各项国家建设的工作中，建立巩固并完善中国共产党的新政权，是一项重要的中心工作。在广大的汉族地区，仍存在县以下的行政建制尚没有完善的区域，更不用说在西南少数民族原来国家力量本就相对薄弱的地区，新政权的巩固完善甚至建立，显得尤为迫在眉睫。可以说，李绍明参加过的两次前往少数民族地区的社会调查，都与当时国家建设的这个意图紧密联系。当他回忆起这段经历时说道：“当时有一个中心的工作，是不管你搞哪一行的，自然科学还是社会科学都要做的事，这事和你的业务工作没有关系。这件事就是要建立政权，这用我们现在的话来说就是构建新的民族国家的一种具体的做法。”①

1951年夏天，大学一年级的暑假，李绍明报名参加了前往羌族地区的社会实践，这是他第一次进入少数民族地区，第一次实地接触当地民族及其社会文化。李绍明动身去往的地方是茂县的羌族沙坝区和赤不苏区。和同时期同类调查相似，这次调查完全不是出于纯粹的学术科考目的，学术调查只不过是这次活动的副产品而已。事实上，社会调查的主要任务是协助当地建立乡一级人民政府，并动员该地区政治立场始终摇摆不定的地方头人王泰昌，向其宣传国家的民族政策，为下一步建立乡政权奠定基础。正因如此，华西大学社会学系由玉文华老师带队的一行人，带有官派

① 李绍明口述：《变革社会中的人生与学术》，世界图书出版公司2009年版，第107页。

性质，名义上属于县政府的工作队，接受当地政府领导，被整编命名为第十七工作组。为了建立乡政府，期间李绍明和同学们对当地羌族的家庭人口、经济状况、婚姻状况、民族成分、成员年龄等基础性内容进行了调查，然后将这些情况填入事先拟定的表格事项内，并用画图和拍照的方式辅助调查。这些活动客观上为李绍明提供了一次运用所学调查羌族社区的机会。更重要的意义是，这些涉及羌乡基本情况的调查，目的在于切实摸清当地的社会情况，为乡情资料库提供素材，实际上是建立乡政权的辅助手段之一。

第二年暑假，李绍明再次参加了类似的社会调查活动。这次华西大学的师生们作为川南民族访问团的一部分奔赴乐山峨边县彝族地区。此行的首要目标仍然是为建立基层政权服务，任务是宣传国家的民族政策并争取获得当地上层人士的支持。

两次少数民族地区的调查经历，既有惊险又有趣味。从此，这些地区像有着巨大魔力的磁石，吸引着李绍明一次次远道而来。羌区和彝区，开启了他不停地行走在西南民族地区的田野人生。而羌族和彝族，这两个他第一次进入少数民族地区就接触到的民族，之后也与他一生的学术有着很深的联系。只是此时，年轻的李绍明并不知晓这命运的这一安排。他正在为自己能为建设祖国添砖加瓦由衷地感到振奋。

不断地通过让青年学生参与国家建设的各项社会实践，国家不仅能收获了为当前工作服务的大量人力，而且还能将其培养为国家所需的实用型人才。除此之外，这些后备人才力量还必须在思想意识形态上与国家保持一致。这一点，从李绍明四年的求学经历中已清晰可见。国家一方面实施一套有效的教育福利，使这些年轻学子切身感受国家对他们的重视，并深刻体会到新教育体制的优越性。另一方面作为新国家立国之本的一套话语体系，无论是思想意识形态还是具体知识，也成功地随着国家新的教育模式的推行而深入人心。从身体实践到思想意识形态，李绍明们都已经做好准备，作为合格的人才随时等待祖国的召唤。这里，我将借助两份李绍明完成于大学期间的调查报告来分析，李绍明如何自觉地将新的思想意识形态贯彻到自己的书写中，借以说明当时国家对这批青年学生的成功塑造。

这两份报调查报告，一份是《羌民的社会与生活》，完成于李绍明从茂县黑虎乡实践归来后的1951年10月。全文分七部分："名称及来源""人口及分布""政治""经济情况""文化教育""宗教信仰""婚姻制度及其他风俗习惯"。另一份报告即前文提到过的，1953年间李绍明交给吴泽霖的调查作业《云南聂苏族情况》，聂苏人是生活在滇南红河州的聂苏颇支系，汉语称他们为"大黑彝"。该报告也分为七大部分，分别是："一般情况""经济""政治""社会情况""文化教育""民族关系"以及"亲属结构图"。在这两份报告的各名目下，李绍明又再细分出不同小项，对黑虎乡羌族和云南聂苏人的社会概况作了整体性描述。

两份报告中李绍明均有对羌族和聂苏人经济状况的描述。此时他已经尝试从生产力、生产关系的角度去描述上述二者的经济状况，得出的结论是，二者尚处在经济落后的发展阶段。叙述羌族社会时，李绍明对经济基础与上层建筑之间关系的认识虽尚未完全成形，文中也没有详细分析生产力和生产关系之间的关系，但已经有意识地从经济基础决定论的角度来探讨问题。比如，他将羌族离婚现象少的原因归结为："羌民因经济贫困，结婚至为困难，男女皆从事劳动，很少有不满，或有不满也尽量忍耐，因为离婚后各方都不可能再嫁娶（经济原因），所以羌族地区离婚很少，但男女双方争吵是不少的。"①

时隔两年，等到分析云南聂苏人的经济状况时，李绍明已经学会运用马克思主义政治经济学原理，从生产关系与生产力的关系入手，分析聂苏社会的经济形态。他认为，聂苏社会是没有实现手工业与农业分离的农业社会，其生产工具和生产技术处于较为落后的状态，因此生产力水平比较低。但是，聂苏人已经处于阶级社会，这一点从该社会土地占有、剥削形

① 李绍明：《羌民的社会与生活》（未刊稿），《华西大学社会学系社会调查报告》1951年10月，第8页。

式以及各阶层生活情况三个方面均能够反映出来。按照政治经济学以生产资料所有制划分阶级的标准来看，李绍明认为，90%的聂苏人属于贫雇农、中农，地主多为汉族，本族地主较少，地主数量虽少但占有了70%—80%的土地，对农民实行地租和高利贷剥削。可以说，在这篇报告中，阶级关系成为李绍明解释聂苏社会的主要切入点。比如，他用阶级关系重新解释了聂苏社会原有的社会等级构成，即元江地区的土司制度。他指出："元江的僾伲族十八土司各据有一个地域，该地域内的各族皆是他的百姓，土司即是大地主，他有很多的田地，土司是世袭的。"① 或者将原有社会关系着重从经济关系的角度理解："凡过年过节，或遇到地主家的婚丧大事，佃户皆要送礼或替其劳动，这种形式繁多，各地不同。"②李绍明认为这是地主以摊派的形式剥削农民，其背后的决定性原因是，地主占有土地这一最重要的生产资料。

尽管李绍明评价两个民族都仍处于较为落后的社会发展阶段。但是，通过新旧社会的对比，他还是要力图表现新中国给少数民族地区带来的巨大变化。

历史上黑虎乡羌族由土司统辖，新中国成立前这里经历过从土司制度向保甲制度的转变。李绍明首先考察了属民对土司应尽的交税、纳贡等义务后，认为"羌民在土司的统治下受着严酷的压迫和剥削"。紧接着他又分析了民国时期取而代之的保甲制度，指出这仍然是一套剥削羌民的机制，着重于经济上的剥削。对此李绍明无不同情地写道："羌民在国民党大汉族主义的统治下，生活一天比一天坏，过着牛马式的生活，与土司统治完全一样。"③ 现在，这一切在他看来都成为了过去，正是解放为羌区带来了新的变化，因而他在文中热情地赞扬道："羌、汉、回多民族成立

---

① 李绍明：《云南聂苏族情况》（未刊稿），《西南民族学院研究班调查报告》1953年10月，第5页。

② 同上书，第3页。

③ 李绍明：《羌民的社会与生活》（未刊稿），《华西大学社会学系社会调查报告》1951年10月，第2页。

了联合政府，在羌族聚居区成立了自治政府……政府的机构是区辖乡、乡辖村、村辖居民小组，在联合政府治下有自治政府，或在自治政府治下有联合政府，这是按照实际情况来决定的，这种由人民直接选举的政府在羌区是空前未有的创举。”①

政治上如此，羌民的经济生活亦如此。李绍明在报告中介绍了羌区的贸易和生产情况，意在强调新中国给羌区经济带来了巨大的变化。他分别叙述了羌族的各项传统产业，并得出结论：“羌民以农业为主，耕种多用人力及一部分兽力。因土地是梯田并且每耕一季必须再开（荒）一次，所以较内地农业区落后。粮食可以自给，但有时仍需外来。以前遍地种大烟，自解放后经人民政府劝说后，羌民大多自觉铲除大烟。羌区鸦片基本上已经肃清。羌民多居半山或山顶，农作物易被野兽伤害，解放后人民政府曾配发火药防止野兽，农作物的损害逐渐减少，羌民的经济经过人民政府的大力扶持已由贫困的情况走向繁荣发展的方向了。”②

关于二者的宗教信仰方面，李绍明将羌族和聂苏人的宗教信仰界定为既是“原始的”，而且信仰本身也是“迷信的”。不过，新中国的成立帮助少数民族逐渐脱离了蒙昧和落后的状态。他描述羌族的信仰时特别提到，解放后“迷信也逐渐减少，有许多进步家庭白石神被除去，火□神亦可移动，由此可见其进步是很大的。”③ 聂苏人的情况也类似，他说道：“在进行了土改以后，青年的觉悟提高，已经不相信（坝母/师娘婆）。”为此他举出一个颇有说服力的来自聂苏族的卫生状况的例子。他写道：“元江坝子虽土地肥沃，但以前不敢下山（开垦），怕得瘴气死掉，以往得病后只有吃草药，或找师娘婆驱鬼，现在有卫生所了，会时常到各地去

① 李绍明：《羌民的社会与生活》（未刊稿），《华西大学社会学系社会调查报告》1951 年 10 月，第 3 页。

② 同上书，第 59 页。

③ 同上书，第 7 页。

治病。”① 卫生所成为一种比师娘婆还厉害的象征物，借助它的力量聂苏人摆脱了瘴气的困扰。卫生所与师娘婆之间的隐喻转换，在李绍明看来是聂苏人不再迷信的关键。

从上述可知，李绍明学生时代的文本中所描述的少数民族形象是，解放前的状况均被视为处于落后状态的，各方面都需要外部先进的技术和理念帮助的。令人感到乐观的是，解放后，在新政府的帮助下，少数民族即使仍旧处于落后状态，但已经或正在发生着改变，它的未来会更好。这样一种“落后”与“先进”“被帮助”与“帮助”“过去”和“现在”的对比不断出现在李绍明早期的文本叙述里面，不难看出，社会进化论已成为他理解少数民族的主要模式，并且基于此，少数民族与汉族不同的发展形象也已深入人心。

两份报告中李绍明也特别留意到民族关系的问题。一方面他认为，少数民族的各方面都受到了不同程度的汉化影响。比如羌族原有的政治制度，他说：“羌人以前皆属本族的土司（或头人）管理”，而这些土司“尤多为汉化的羌民”。这些土司对境内羌民的管理多借鉴了汉人的经验，比如诉讼官司。“（土司）设有衙门及监狱，并有类似司法、官差役的职务来管理辖境内的收租、收税与一切事务，并在每村设有乡约帮助土司管理羌民。”② 总之，他认为从土司的封号、机构设置再到职能，均可看到来自汉族的影响。同样地，宗教信仰上羌族对汉族的借鉴也非常明显。羌族除了白石崇拜外，还掺杂了日月天地山川崇拜，但其中也因为受到汉族文化影响而崇拜祖先，甚至拜佛求仙。这样的多重宗教信仰在李绍明看来恰好说明汉族信仰对羌族的信仰的重要影响。他甚至还指出，羌族在发展过程中也有被汉族同化的迹象，他说：“羌族最初发源于西北陕甘河湟一带，殷商至汉代与汉人发生战争使得他们向南迁徙至蜀滇一带以及川西

---

① 李绍明：《云南聂苏族情况》（未刊稿），《西南民族学院研究班调查报告》1953 年 10 月，第 7 页。

② 李绍明：《羌民的社会与生活》（未刊稿），《华西大学社会学系社会调查报告》1951 年 10 月，第 2 页。

北。后汉置汶山郡让部分羌汉中士族同化，而居住在青康藏者又被吐谷浑和吐蕃同化。川西北的虽然仍保存原有风俗但被汉族同化亦深。”①

另外，李绍明注意到汉族与少数民族间存在着两种不同的关系。一种是融洽的民族关系，以元江各民族（包括汉族）为代表：“解放前各族关系就很好，过年过节各族都互相送礼，聂苏颇过节时傣族会送谷子和甘蔗；反之亦然……解放后各族人民之间的情感更加融洽了。”另一种是不融洽的关系，以峨山和易门地区为代表。他写道：“（峨山）解放前彝族和汉族的隔阂很深，相互不来往，受汉族歧视，受汉族地主的残酷剥削压迫，以及反动政府的压迫。土改以后搞了一次‘搞好民族关系运动’，在这个运动中着重宣传了民族政策，等自治区政府建立后，这样的关系完全改变了，彝汉人民之间现在的关系很好了。”② 不过，意识到汉族和少数民族存在着两种关系类型，在李绍明的书写中只是为了强调党和国家在改善民族关系中的重要作用，因为各族之间和睦相处日渐成为时代书写的主流。

分析李绍明的两篇习作已经能看到，马克思主义唯物论已成为他思考问题、分析问题的指导理论。他开始自觉运用这套理论，观察和解释少数民族及其社会面貌。在他的笔下，经济基础、阶级关系是理解少数民族社会的出发点，他的分析告知读者，正是落后的生产力制约了羌族和聂苏人地区社会发展的步伐。除了运用唯物论揭示少数民族地区落后的面貌并寻找其根源外，在对待宗教信仰的问题上，他也已经接受了马克思唯物主义无神论的思想。正因如此，羌族和聂苏人的宗教信仰在他看来全是应该被革除的“迷信”行为。

报告中涉及大量关于少数民族新旧面貌的对比，意在说明新时期少数民族社会巨大的变化。这番书写背后实际上是李绍明对国家的民族政策方

---

① 李绍明：《羌民的社会与生活》（未刊稿），《华西大学社会学系社会调查报告》1951年10月，第1页。

② 李绍明：《云南聂苏族情况》（未刊稿），《西南民族学院研究班调查报告》1953年10月，第9页。

针、当前民族工作的中心任务的较深的领会。他清楚地意识到，社会改造是实现民族地区社会进步的必由之路，而这条改造之路，必须由国家主导进行，唯此少数民族的社会进步才终将真正实现。此外，也是基于对民族团结、民族平等政策的理解，聂苏人报告中单列“民族关系”一节描述了汉族与各族之间以友好往来为主的互动模式。可以说，国家对少数民族各项政策已内化在李绍明讨论少数民族社会的书写中，最好地诠释了这些政策。

借助这两篇李绍明学生时代的习作，我们清楚地看到，国家意图灌输给年轻学子的思想意识和知识类型在李绍明身上产生了效应。当他即将离开学校、走向工作岗位之时，他已经被塑造成为理想中的国家建设者，随时准备将所学知识运用到具体的少数民族研究和工作中去。

第二章　改造民族的中心工作

第一节　“在实践中去锻炼、去学习”

一　出走阿坝：参加少数民族社会历史调查

1954 年 4、5 月间，20 岁出头的李绍明来到茂县，半年后，又随着整个学校搬迁到了理县的薛城。这里属于多民族文化交融区，生活着羌族、嘉绒藏族、安多藏族、回族和汉族等多个民族。阿坝州民族干部学校负责为这个区域培养、输送区、乡一级的民族干部。这里的生活条件自然是艰苦的，不过李绍明过得倒是挺充实。本职工作之外，他有许多机会接触不同民族及其社会文化。通常他就利用空闲或是家访的机会去做些调查，调查时学生们正好可以临时为他充当本民族的语言翻译。阿坝的两年是李绍明一生中难得的不是出于工作和任务的需要，而是按照自己个人兴趣去从事调查研究和写作的时光。两年之后，他的人生将被卷入国家的一项大型民族工作中去。

李绍明阿坝州民族干部学校工作的两年间，整个国家正在发生着翻天覆地变化：经过新中国成立初期的社会恢复和政策调整，国家制定的第一个发展国民经济五年计划已经顺利地完成。1956 年，绝大多数汉族地区已经实现了从新民主主义阶段向社会主义社会的过渡。至于少数民族地区，第一个五年内最重要的民族工作——少数民族识别已告一段落。到了 1955 年，全国范围内的少数民族区域自治也已基本建立。此时，如何帮助少数民族地区实现共同进步、共同繁荣被提上日程。基于前期民族工作已顺利完成，国家相信，通过社会改造的途径帮助少数民族尽快地与汉族地区一道实现向社会主义直接过渡的时机已成熟。也就是说，对少数民族地区全面进行民主改革的条件已经基本具备了。其实，自 20 世纪 50 年代初起，国家就已经开始对部分少数民族地区进行了民主改革试点，从 1950—1954 年，广西、云南、贵州、新疆、海南等地区已经基本完成了这项改革。

在少数民族地区实施民主改革意味着，曾经处于前资本主义各阶段的少数民族社会将发生巨大的变化，在社会形态上成为与社会主义国家同质的一部分。这个改革的过程也意味着，少数民族社会代表着的所谓“前资本主义形态”也将随之彻底消失。基于此现实，1955 年，一场旨在“抢救落后”的全国性行动应时而生。这就是由全国人大常委会副委员长兼秘书长彭真领导，全国人大民族事务委员会主持的全国少数民族社会历史调查工作。[①]

1956 年的 5、6 月间，全国少数民族社会历史调查的筹备工作已经启动时，远在阿坝州的李绍明刚刚通过“肃反”运动的表现审查回到阿坝州民族干部学校。上一年年底，“胡风事件”的逐渐升级，反对“胡风反革命集团”的“肃反”运动扩大到了全国各地。各单位都被要求必须揪出潜藏在本单位内部的反革命集团，这使得越来越多的人员被卷入其中。李绍明所在的阿坝州民族干部学校也未例外。作为对“肃反”运动的积极响应，学校迅速开展了在学校内部清查反革命集团的行动。由于受单位内部派系斗争的牵连，李绍明被诬为反党集团的骨干成员，集中隔离到理县的刷经寺内被无休止地审查并要求交代问题。几个月后审查结束，李绍

① 学界现有关于全国少数民族社会历史调查的研究，综合性研究的主要成果有：王建民、张海洋、胡鸿保：《中国民族学史 1950—1997》（下卷）第 6、7 章，云南教育出版社 1998 年版，［美］顾定国：《中国人类学逸史：从马林诺斯基到莫斯科到毛泽东》第 8 章，胡鸿保、周燕译，社会科学文献出版社 2000 年版，第 175—193、154—215 页；宋蜀华、满都尔图主编：《中国民族学五十年：（1949—1999）》第 3 章，人民出版社 2004 年版，第 108—142 页；胡鸿保主编：《中国人类学史》第 6 章，中国人民大学出版社 2006 年版，第 132—144 页；魏志龙：《多重情景下的学术发展：少数民族社会历史调查的人类学再研究》，中央民族大学 2011 年博士论文（未刊稿）等。个案研究的成果主要有：谢燕清：《中国民族学田野工作反思——以五六十年代民族大调查为例》，《民俗研究》2004 年第 2 期；定宜庄、胡鸿保：《寻找满族——思考“少数民族社会历史大调查”及其影响》，《清华大学学报》（哲学社会科学版）2009 年第 2 期等。

明被证明是清白的，因而他得以重新回到原工作单位。但此时此刻，他已经心灰意冷，萌生去意，正在伺机寻找离开学校的机会。

关于国家正在组建全国性的少数民族社会历史调查的消息刚见报时，李绍明正在被隔离审查，完全不知道。事隔多月，成都的朋友才告诉了他这个消息，不过他并没有太在意。这时摆在李绍明面前有两条似乎更可行的道路供他选择：第一条路是，阿坝州民族干部学校的原领导吴德让正在极力游说李绍明，想让他和自己一起去阿坝州文教局工作，在那里重新干出一番事业。此外，吴德让还提出了在当时更为诱人的条件：其一是介绍李绍明入党；其二还准备给他连升两级工资。尽管如此，李绍明还在犹豫，因为第二条路吸引着他——继续求学深造。

1956 年，中央民族学院增设历史学系，下设少数民族历史和民族学两个专业，建立该系的目的是培养少数民族历史和民族学的科研与教学人才，尤其是要大力培养少数民族自己的专业人才。除了招考本科学生外，还计划招收副博士研究生，实际上就是今天的硕士研究生，“副博士研究生”的叫法只是照搬了苏联人的名称而已。这是新中国成立后第一次招收民族学方向的研究生，由林耀华教授和苏联专家合作指导，李绍明认为这对自己是个不可多得的机会。林先生的学问他敬仰已久，而且在学术上他和林先生已有交往。

1951 年林耀华参加西藏科学考察队，路过成都逗留期间，曾被邀请到华西大学社会学系为学生作专场报告。由于这个机缘，当时还是学生的李绍明得以结识林耀华。在阿坝教书的两年中，为请教学问，李绍明一直与林耀华保持着联系。两人之间时有书信往来，熟悉程度自然又上了一层。当林耀华准备招收副博士研究生的消息传出后，比起其他选择，这个选择对李绍明而言具有更大的吸引力。在他看来，如果能够考上的话，这不单是离开阿坝州民族干部学校的名正言顺的理由，同时也能圆了自己刚毕业时的愿望——“毕业时，我也想过留在大的城市，我想进一步提高。”[①] 正因如此，李绍明决定给林耀华写一封信，向他表明自己报考副

① 李绍明口述：《变革社会中的人生与学术》，世界图书出版公司 2009 年版，第 139 页。

博士研究生的想法。巧的是，林耀华的回信却意想不到地为李绍明指出了第三条道路。

李绍明告诉我，信上林耀华表达了这样的意思，“林先生说欢迎我来考他的研究生，这是第一个意思。第二个意思是说，你的情况我了解，你要来考我的研究生，我认准了你就会收你。林先生的第三个意思是，不过你现在最好不要来考，因为我马上就要参加社会历史调查组了，我要下去，而且我也希望你到社会历史调查组中去，在实践中去锻炼，去学习。”信的最后，林耀华讲了一句让李绍明记忆犹新的话：“林先生说：‘以后你要是做得好的话，你不是来读我的研究生的问题，而是以后你可以教研究生的问题。’”① 就这样，林耀华的一封信彻底改变了李绍明的想法。他不再准备投考中央民族学院，而开始着手向上级部门申请参加社会历史调查组。林耀华写给李绍明的第二封信里告诉他应该如何申请参加社会历史调查组，并简单地介绍了一下社会历史调查组的情况。调查组由两部分组成，北京方面的由全国人大民族事务委员会负责组织，第一批调查团共分八个组，四川调查组是其中的一个分组；另一部分是地方方面的人员，由各地党和政府组织。他只要向当地党政部门申请即可。于是，李绍明直接给四川省民族工作委员会写了一封自荐信，随信附上自己的简历。很快，李绍明接到调令离开了阿坝州民族干部学校，正式进入四川省社会历史调查组（以下简称四川调查组），开始了他长达八年的调查组生涯。

二 上凉山去：四川调查组的任务

8 月，李绍明前往报到的四川调查组只能算得上完成了一半组建。进入四川调查组后，李绍明并没有立即下乡调查。这年夏末初秋，他待在成都，参与四川调查组的先期筹备工作，为的是要等待另一半调查组成员到来。

一般而言，社会历史调查组组内的人员配置均按照中央与地方统筹协

① 李绍明口述：《变革社会中的人生与学术》，世界图书出版公司 2009 年版，第 156 页。

作的模式构成，一部分成员来自中央直属高校、研究机构以及相关部门，比如：中国社会科学院历史研究第一所、第三所，中国社会科学院经济研究所，中国人民大学，中央民族学院，全国人大民委，中央革命历史博物馆，中央编译局等单位。另一部分则来自当地各单位和机构，比如：四川调查组成员有来自四川大学、四川财经学院、西南民族学院、西南音专、四川省博物馆等单位的。[①] 成员中既有专职社会历史调查这项工作的，也有从各单位临时借调来的。

1956 年 6 月初，北京的四川调查组成员已集中起来学习了相关理论、方法以及民族政策。9 月组长夏康农教授带队率领胡庆钧、杨向奎、施修霖、王晓义、刘炎、陈吉元等一行人抵达成都，与已筹备组建好的四川当地组员会合。至此，完整的四川调查组组建完毕。在正式进入调查地点前，全体成员在成都再次集中学习，重点了解当地情况，并要求掌握简单的当地日常用语。

按照全国人大民族事务委员会规定给各地调查组的任务是："在 4 年到 7 年内基本弄清楚各主要少数民族的社会经济结构和阶级情况……并尽可能收集（各民族）社会历史发展的资料和深入了解各民族的风俗习惯，从而对各民族历史作出系统研究。"[②] 然而，据李绍明回忆，四川调查组等夏康农一行到达成都后才明确地宣布，凉山彝族是四川调查组此行唯一的任务，四川调查组暂时不调查省内的其他如羌、藏、苗等少数民族，必须集中一切力量调查凉山彝族的社会性质。[③] 为此合并到一起的四川调查组成员又集中培训了近一个月时间。在成都期间，四川调查组不仅要筹备物资，而且迫于凉山正在发生叛乱，还必须临时学习枪支使用的基本技

---

① 胡庆钧：《凉山彝族社会历史调查回忆》，载于宝林、华祖根主编《中国民族研究年鉴（1999 年卷）》，民族出版社 2000 年版，第 31—32 页。

② 《几点说明》，载全国人民代表大会民族委员会编印《社会性质调查参考提纲》（内刊），1956 年 7 月。

③ 李绍明口述、王林整理：《我与凉山彝族奴隶制研究》，《当代史资料》2003 年第 4 期。

能，包括枪支管理的基本原则等。除此之外，四川调查组还必须确定凉山社会性质调查的内容。

1956 年春，中央民族学院研究部已经组织学者草拟出一份《社会性质调查参考提纲》，按照不同社会形态分为原始社会调查提纲、奴隶社会调查提纲以及封建社会调查提纲。编写提纲的目的是，让“参加调查工作的人可以通过学习这个提纲，对社会发展各阶段的一般特征，得到一个比较全面的认识”，同时编写者亦指出，“提纲着重在提出一些调查者应当注意的项目。这些项目是就每一社会发展阶段的一般特点提出的，并不完全适合于每个具体社会。因此，只能作为参考。在对某一个具体的少数民族社会进行调查时，还应当另编详细的提纲。……事实上，在我国少数民族中可能已不存在单纯的某一种典型的社会，大多具有不同社会性质的成分，因此，调查者应当掌握全部提纲，不要事先听说所调查的社会是那种性质，而忽略了以为是无关的部分。”[①] 的确，根据凉山实际的状况，四川调查组在研究以往调查资料并听取各方对凉山的介绍后，最终将对凉山社会性质的调查限定在社会生产力、等级和等级关系、土地关系和家支制度四个问题上。[②]

一切准备就绪。10 月，李绍明随组奔赴凉山正式开始了调查生活。四川调查组的总部设在当时凉山州州府所在地——昭觉县县城，这里是凉山的腹心地带。凉山调查的初期由夏康农担任领导工作，大组秘书是陈永龄。第二季度以后凉山调查便交由陈永龄、胡庆钧共同负责，而凉山州委的周全杰负责实际的调查联络，他同时也是四川调查组的副组长。大组之下再分为若干小组，每个小组一般由 3—4 人组成，从中选出一人

① 《几点说明》，载全国人民代表大会民族委员会编印《社会性质调查参考提纲》（内刊），1956 年 7 月。

② 《说明》，载全国人民代表大会民族委员会、四川省少数民族社会历史调查组编《四川省凉山彝族自治州社会调查综合报告》（初稿），1958 年 5 月，第 1—5 页。

担任小组长。[①] 调查组的总部在整个调查过程中起到协调和领导作用，而具体的调查则分由各个小组完成。各小组下到各地后采取和当地人同吃、同住的办法融入社区开展调查。当然住在哪里是有讲究的。李绍明回忆说："一般住在曲诺，劳动人民——就是白彝家里。那个时候不能住在头人家里的，如果住头人家里的话，对民主改革是不利的，群众不满意。也不住在奴隶家里，奴隶家里就没有地方住，很小的房子。"[②] 通常组员们白天进行调查，晚上整理出当天资料。搜集到的原始资料经小组负责人整理后分别写出所在调查点的报告，然后再汇总到昭觉作为总报告的参考。社会历史调查是一项集体性工作，因而一切个人化行为和表述均受到限制。按照当时的调查纪律规定，所有的调查资料连同每个人所写的调查日志，被要求定期上交，由调查组统一保管，绝不允许组员私自保留。调查组成员也不应以个人名义发表与调查内容相关的文章或言论。[③]

四川调查组在凉山的调查分为两个季度：1956 年 10 月下旬至 1957 年 1 月底，期间参加调查的人员共 46 人；1957 年 3 月初至 6 月中旬，共 43 人参加调查。两个季度一共调查了 6 个县 11 个乡。

第一季度的调查在昭觉县城南、滥坝两乡和布拖县的则洛乡展开。据李绍明介绍，调查小组的组长基本上是由教授一级人员担任，此阶段各小组的组长依次是，城南乡陈永龄、滥坝乡胡庆钧以及则洛乡郑次腾。担任各组秘书的则分别是，陈永龄组的秘书是刘炎，胡庆钧组的秘书是王晓义，而郑次腾组的秘书是施修霖和陈吉元。第二季度分为 4 个组，分别进入普雄、美姑两县以及处于边缘地区的甘洛、雷波两县共 8 个乡进行调查

---

① 胡庆钧：《凉山彝族社会历史调查回忆》，载于宝林、华祖根主编《中国民族研究年鉴（1999 年卷）》，民族出版社 2000 年版，第 32 页。

② 李绍明口述：《变革社会中的人生与学术》，世界图书出版公司 2009 年版，第 167 页。

③ 同上书，第 166—167、203—204 页。关于社会历史调查组言论集体化的情况，杜玉亭也专门以"作者署名'共产风'"为题论及。见其《梦回民族田野的非常年代》，载揣振宇主编《伟大的起点：新中国民族大调查纪念文集》，中国社会科学出版社 2007 年版，第 87—89 页。

（即普雄的瓦吉木乡和瓦曲曲乡，美姑的巴普乡，甘洛的斯补乡、宜地乡和阿尔乡，雷波的拉里沟乡和上田坝乡）。此阶段，调查组成员分为两部分，一部分人调查普雄县后继而调查美姑县，组长和秘书仍由陈永龄和刘炎搭档；另一部分人则完成雷波县的工作后又前往甘洛县，组长是罗振庵，秘书由施修霖和李绍明担任。

上述调查的各个县、乡是经调查组精心挑选出来的代表性地区，基本上涵盖了凉山不同地区的社会情况，即凉山的腹地和边缘地区的情况。前者一般指黑彝地区和旧时土司、土目治下的地区；而后者则是没有黑彝统治的所谓“独立白彝”区。之所以如此选择，是希望通过调查，在凉山彝族共同的社会面貌下找出不同地区的差异。

最初，作为小组成员，李绍明被派往布拖县的则洛乡进行调查。1957年凉山调查的第二阶段开始后，他又去到雷波县的马颈子和上田坝，以及甘洛县的腴田乡等地参加调查。可以看到，他的调查足迹从黑彝统治区走到了“独立白彝”区。由于工作表现突出，在第二阶段的调查中，李绍明已不再是普通的调查小组组员，他被任命为小组的秘书。一个调查小组里面，往往组长和秘书是关键人物，他们不仅要参与调查，还要担负一定的行政责任，负责传达调查精神、贯彻方针、布置任务并检查工作进展，并且不时要回到昭觉县内的调查组总部汇报工作，可以说，在调查过程中起到上传下达的中间作用。小组如此，整个大组亦如此，除了上述职责外，整个四川调查组大组组长和秘书还必须经常返回北京向全国人大民族事务委员会汇报调查组的工作进展。①

对凉山社会性质的调查正是在这样的安排下井然有序地进行着。往往每个小组到达调查点后，一住就是3—4个月。为了确保调查的准确性，四川调查组没有采取抽样调查的方式，而是采用挨家挨户逐一普查的

① 以上三段涉及四川调查组的调查时间、地点、人数、意图等的内容，参见《说明》，全国人民代表大会民族委员会、四川省少数民族社会历史调查组编《四川省凉山彝族自治州社会调查综合报告》（初稿），1958年5月，第1—5页；四川调查组组内人员构成、分布、职责等情况来自2008年9月成都采访李绍明的笔记。

"笨"办法。此外，还将典型调查和专题性调查结合起来，通过与群众座谈的方式进一步了解情况。回忆起这段在凉山调查的经历，李绍明今日不无感慨地说道："本来凉山奴隶制解剖一两个麻雀就行了，我们解剖了十几个麻雀，前前后后那么长时间，花了那么大力量，就是为了要最终确定凉山的社会性质。"① 依靠这种方式，四川调查组先后整理出了11个乡的调查报告，正是这些资料有力地支持了四川调查组对凉山社会性质的最终判断。

到了1958年，此时凉山社会性质调查已告一段落。受同年开始的"大跃进"运动的影响，国家民族事务委员会和中央统战部决定，作为1959年国庆10周年的献礼，要求分布于各地调查的各社会历史调查组必须在一年内结束对各少数民族的调查，同时完成编写少数民族"简史""简志""地方自治概况"三套丛书的工作。这个决定事实上终止了四川调查组无论是为搜集研究资料还是应现实民族工作之需意义上的调查。后半期凉山调查虽仍未中断，可惜其中往往充斥着浮夸、呆板甚至于粗制滥造的内容。它们注定只能被束之高阁，而不能再为任何一项工作服务。可以说，除了前期对凉山社会性质的调查外，直到整项社会历史调查工作结束，那种全面而周密的调查风格已经在调查组内消失殆尽。

整项工作的重心转入三套丛书的编写后，其中分配给四川调查组的任务是，编写四川省的《彝族简志》、川甘滇青四省的《藏族简志》以及四川羌族的《简史简志合编》。至于《彝族简史》的编写工作则由云南调查组完成，并要求云南调查组在四川调查组、贵州调查组和广西调查组的协助下完成《彝族简史》的写作。这项突如其来的编纂任务，不仅打乱了四川调查组的步伐，而且也扰乱了李绍明在凉山的调查生活。1959年4月，李绍明在凉山调查的工作还没有完全结束，就被紧急派往昆明。上级要调他去那里参加云南调查组《彝族简史》的编写工作。在云南调查组期间，李绍明担任马长寿先生的学术秘书帮助他搜集、整理撰写彝族历史

① 李绍明口述：《变革社会中的人生与学术》，世界图书出版公司2009年版，第165页。

的材料。同时，他自己也参与撰写了彝族近现代史的部分内容。为了完成这项任务，李绍明需要经常往来于昆明与成都，有时甚至还要跑到贵州去，不仅要与各地调查组应编写之需沟通协调，也要去搜集散落各地的彝族史料。本以为等手头工作一结束便又可以回到凉山继续工作，可令人意想不到的是，直到凉山的调查全部结束时，李绍明再也没有机会重返凉山了。

第二节 凉山的问题:社会性质之争

一 社会性质调查：马克思主义的普遍性与中国特性

1956年3月31日举行的由全国人大民族委员会、中央民族事务委员会和中央民族学院相关负责人参加的会议上，彭真转述毛泽东的讲话时谈道：

> 我国有些少数民族也准备进行民主改革了，需要把少数民族社会历史情况搞清楚，以便采取相应的对策。……现在我国少数民族处于各种不同的社会发展阶段，有原始社会形态、奴隶制形态、封建制形态，及这几种社会的过渡形态。现在世界上还不知道其他哪个国家，都保留这几种社会形态。我国少数民族地区这几种社会形态都还有，是一部活的社会发展史，是研究社会发展和历史唯物主义的活的宝贵的科学资料。少数民族地区在进行民主改革和社会主义改造以后，社会面貌将会迅速变化。因此，现在要赶快组织调查，要‘抢救’，把少数民族地区这些社会历史状况如实记录下来，这些事情，早做比晚做好。早做能看到本来面目；晚做，有些东西就没有了，只能靠回忆了。我看，这件事就请彭真主持吧，由全国人大民委从全国范围内调

集专家、干部进行调查。[①]

毛泽东的谈话表明，之所以要调查少数民族社会性质，是因为他意识到一旦少数民族社会与汉族一起进入社会发展的下一个阶段——社会主义社会以后，一些反映人类社会不同发展阶段的实况将会消失。此外，还在于这项调查与中国共产党关注中国社会特殊性及其价值的思路一脉相承，即在中国这样一个多民族国家内部，通过对不同少数民族社会性质的认识，不仅能够验证马克思对人类社会不同历史发展阶段的科学论断，而且能为全面认识并补充马克思主义经典理论提供具有中国特色的生动案例。这一点尤其被毛泽东看重，在他看来这是中国对完善马克思主义经典理论可能具有的特殊价值。毛泽东的谈话奠定了少数民族社会性质调查的基调：结合现实工作需要和理论研究层面，认识和理解马克思主义普遍原理和中国社会的特性。

社会性质调查如何能丰富马克思主义社会发展理论和历史唯物主义，毛泽东没有更详细的表述。这番谈话不久，作为调查工作负责人之一的费孝通，在 1956 年 7 月第一届全国人大常委会民族委员会召开的关于开展对少数民族地区社会历史调查研究座谈会上，对此作了更细致的阐释。他说：

> 我们现在学习历史唯物主义的时候，关于社会发展史的部分，基本上是利用外国的教材，关于原始社会多根据摩尔根在北美调查的资料，关于奴隶社会不是举希腊、罗马的例子，就是罗列殷墟不完整的资料。……我国各民族社会发展不平衡，保留下来了许多不同发展阶段的现实材料。这些活的材料不仅可以使我们听起来更熟悉、更易接受，而且是更重要的。因为我们还可以进行现场的观察，在很多过去不易解决的问题上，我们还有希望在实际调查中，搜集更完整和更全

① 中共沧州市委党史研究编：《刘格平文集》，中央民族大学出版社 1999 年版，第 430 页。

面的资料。

我们知道，在相同的发展阶段上的各民族社会，它们的性质虽然基本上具有共同特点，但是它们具体的面貌却各有各的特点，比如西藏藏族的封建社会和汉族的封建社会，在形式上就有显著的区别。如果我们只从外国的教材中去学习社会发展的过程，固然可以了解一般的规律，但是对于我国各民族具体发展过程和它们的特点还是不容易理解的。因此我们还须对我国各民族社会发展的具体过程和特点，进行研究，这项研究的结果，可以大大丰富我们对历史唯物主义的知识。

我国各少数民族都向社会主义过渡，但是由于它们原来的社会性质不同，所以过渡的方式不一样，它们当前发生的问题也不同。……我们如果能把各民族过渡时期的具体情况确实详尽地记录下来，就是极可宝贵的资料，也是人类历史稀有的资料。

再说，在我国各民族历史上，由于和汉族封建社会相接触，曾经发生过跨越若干阶段的发展过程。……足以提示我们应当进一步去研究汉族封建社会对各民族发展上的影响，这项研究无疑可以丰富我们对人类社会发展的理论。①

可以看出，费孝通认为，通过社会性质调查工作搜集到的少数民族资料，将使学界对马克思主义经典理论的认识不再囿于西方社会的材料或是古史的材料，而能够从中国社会内部的丰富性出发补正并更加全面地理解马克思主义理论。不仅如此，通过这种非教条化的认识和学习，认识者借此有可能对中国社会本身获得更加充沛、细致和深入的理解。所以说，这项工作的重要性并不简单局限于对认识和补充马克思主义社会发展史和历史唯物主义的一般原理有所裨益，其更重要的价值还在于，这条结合社会发展的一般规律并植根于中国社会的特殊性的认识道路，能够为把握中国

① 费孝通：《开展少数民族地区调查研究工作》，见其《费孝通民族研究文集新编：1951—1984》（上卷），中央民族大学出版社 2006 年版，第 226—228 页。

社会继而为建设新中国提供不可或缺的参考。正因如此，费孝通对自己能够参与这项工作倍感激动。他说："这种和实际密切结合、为社会主义建设服务的科学研究计划，正符合当前知识分子的要求。当前，知识分子迫切要求的是得到能用他们的专长为人民服务的机会，只有国家的需要和知识分子的专长恰当地结合起来，才能真正地发挥知识分子的积极性和创造性，才能充分地把它们的力量用在国家的事业中去。少数民族社会历史调查研究正是这样的一个例子。"①

综上，从初衷来看，少数民族社会性质调查是有多重追求的：首先，验证并且以中国的少数民族材料来丰富和补充马克思主义社会发展史和历史唯物主义的普遍论述；其次，在这个基础之上，突出中国社会历史发展历程的独特性；最后，在进入社会主义阶段之前抢救并保存不同历史阶段的真实状况。尤其这最后一点，其中已经带有了学术的追求。

少数民族社会历史调查前半期以调查全国范围内各民族的社会性质为主要目标，并在不同程度上对少数民族的婚姻家庭、风俗习惯，包括宗教文化均有涉及。② 当时形成的上千万字的调查资料成为后来学界研究少数民族社会珍贵的第一手素材。不仅如此，这批材料的价值在当时便未仅局限在民族研究领域。作为整项调查工作负责人之一的谢扶民在 1957 年的工作报告中说：

> 我们所调查的材料已引起社会科学界广泛的注意。过去我们所付印的各民族的调查材料，每种材料都印了五六百份，发给一百多个有关单位，无论历史学界、哲学界、教育部门、民族工作部门，都对我们的调

---

① 费孝通：《开展少数民族地区调查研究工作》，见其《费孝通民族研究文集新编：1951—1984》（上卷），中央民族大学出版社 2006 年版，第 228 页。

② 见 1956 年 4 月全国人大民族委员会制定的《关于在少数民族地区进行各民族社会历史情况的调查研究工作的初步规划》所规定的调查方针。然而在调查的后半期，社会性质之外的调查就因 1957 年"反右"运动的开始而被阻止，并成为调查组以及一部分调查成员受到"右倾"批判的导火线。

查材料感到极大的兴趣。某些科学研究部门把我们调查的材料作为研究中国古代史、东方民族发展史的重要参考资料。这不是没有原因的。因为从我们的调查材料中，可以研究人类社会发展史的一般规律，同时也可以研究各民族发展的特点，可以研究一般规律中的某些特殊问题。①

这段话触及一个核心论题是，少数民族社会性质调查必须放置在当时大的学术背景之下，考察它与其他领域的学术活动的互动关系，才能对这一历史事件的来龙去脉产生客观全面的认识。这个过程中，尤以少数民族社会性质调查与历史学研究的互动为突出。调查所获的资料不仅为从历史学角度理解社会发展一般规律提供了佐证，而且联合中国古史分期讨论一起为理解中国社会的丰富性和特殊性提供了答案。

二　中国古史分期讨论

作为历史学界热议的“五朵金花”② 之一，新中国成立后中国古史分期讨论始于 1950 年 3 月郭宝钧和郭沫若之间关于殷、周是否是奴隶社会的学术论辩，随后史学界就一系列相关问题掀起了热烈讨论。③ 这场再度

① 谢扶民：《两年来少数民族社会历史调查工作的基本总结》，载《民族研究工作的跃进》，科学出版社 1958 年版，第 11 页。

② “五朵金花”的提法，始于向达 1957 年“五朵花”的讲法，1959 年随着电影《五朵金花》的热映而被冠以此名流传开来。所谓“五朵金花”指的是中国古史分期、资本主义萌芽、农民战争、封建土地所有制和汉民族的形成等五个问题。罗志田认为，这五个问题是“文化大革命”前十七年（1949—1966 年）中国史学最具代表性的特征，反映出 20 世纪 50 年代中国史学一个显著的现象，即大多数人都在思考基本问题和宏观问题。罗志田：《“文化大革命”前十七年中国史学的片段反思》，《四川大学学报》（哲学社会科学版）2009 年第 5 期。

③ 1950 年 3 月 19 日《光明日报》发表郭宝钧《记殷周殉人之史实》，两天后郭沫若发表《读了〈记殷周殉人之史实〉》一文，认为殷、周都是奴隶社会。此事被认为开启了中国古史分期问题大讨论的序幕。1955 年、1956 年掀起了该问题的第一次讨论高潮，但 1957 年的“反右”运动以及 1958 年的“史学革命”一度使讨论沉寂，至 1959 年郭沫若在《历史研究》第 6 期上发表《关于古史研究的两个问题》再度使讨论活跃起来——论争的基本内容及史实部分参见罗志田主编《20 世纪的中国：学术与社会 · 史学卷》（下卷），山东人民出版社 2001 年版，第 193 页。

兴起的古史分期论争[①]，是随着新中国成立后唯物史观的普及，在全国知识界接受思想改造并学习马克思主义理论的热潮下，以社会经济五种形态说为前提，运用该理论的观点、立场和方法，希望通过解决中国古代社会史分期，来把握中国古代社会发展和变化规律的一次努力。其意义绝非仅为还原历史阶段的本来面貌，而是从历史学的角度，通过中国的案例证明五种社会形态发展规律的普世性，以此论证当下中国走上社会主义社会道路的必然性。可以说是古为今用地为当时国家正在进行的社会主义改造和建设提供历史的合法性。

不仅如此，古史分期讨论也触及理解中国历史和社会的特性问题。学者们的讨论主要围绕奴隶社会、封建社会两大社会形态在中国历史上的产生、发展以及特征等展开，其中有关奴隶社会的问题比较复杂，在学界引起了广泛争论。该议题涉及中国社会有无奴隶社会[②]、奴隶社会的特征、奴隶社会形成的条件、奴隶社会的结束时代、封建制取代奴隶制的标志、奴隶制向封建制演变的途径等一系列讨论。其时大多数学者认同奴隶社会是人类社会普遍经历过的历史阶段这一说法，认为中国历史上封建社会不可能由原始社会直接转化而成，其间必定经历了奴隶社会的演化。当然，也有少部分学者，比如童书业、雷海宗、李鸿哲等认为中国历史上不存在奴隶社会，该形态并非每个社会的必经阶段。这种观点虽然在当时受到批判，但也从一个侧面反映出中国学者在阐释马克思经典理论普遍性的同时亦关注到了中国历史与社会的特殊性。不仅如此，学者们很快发现上古文献所反映出的中国社会情况与古代希腊、罗马的经典奴隶社会有着很大区别，比如血缘关系纽带紧密、缺乏土地私有制和大规模奴隶，等等。于是

---

① 1920—1930 年代的中国社会史大论战即已涉及中国古史分期问题，相关讨论包括亚细亚生产方式、奴隶制社会、封建社会、中国社会长期停滞的原因等。相关研究参见温乐群、黄东娅《二三十年代中国社会性质和社会史论战》，百花洲文艺出版社 2004 年版，第 107—186 页。

② 中国是否经历过奴隶社会的讨论同时也涉及中国古代社会何时进入封建社会的问题。当时主要存有三种看法，即西周封建说、战国封建说以及魏晋封建说。由于毛泽东表示赞同战国封建说，因此该说在当时国内最为流行，大中学教材均采用此说。罗志田主编：《20 世纪的中国：学术与社会·史学卷》（下卷），山东人民出版社 2001 年版，第 195—196 页。

即使在赞同奴隶社会为必经阶段论的基础上，学者们也开始讨论中国历史上的奴隶社会是否具有独特性的问题，其中一些人受到苏联史学界提出的“东方奴隶制”概念的影响，认为中国奴隶社会不同于欧洲模式，具有自身的特殊性，属于古代东方奴隶制社会。尽管这样的提法仍带有明显的教条色彩，但亦不失为一种认识中国社会特殊性的有益尝试。

历史学界常用的研究手法多从古代文献出发，或用文献辅之以地下出土的金石材料和甲骨文研究成果来证明自己的观点。但即便如此，已经有学者提出讨论上古社会分期的材料运用应该更为不拘一格，以便更有效地厘清观点上的分歧。比如杨向奎专门谈到扩大文献史料的使用范围：“对于文献上的史料，也有待我们的重新整理与估价。我们书上的材料很多，但许多有用的材料，因为前人给它的评价过低，还少有人使用来讲中国古代史。”随后他一一列举了《左传》《周官》及今文经尚书中的《虞》《夏》《尚书》《大小戴礼记》《逸周书》等史料，甚至包括后人的经解著述，比如孙贻让的《周礼正义》来说明：“古书上的材料不敢用，考古发掘还正在展开，我们的古史研究，只是局限在有限的材料上，翻来覆去，因为各人的理解不一，结论就彼此分歧。如果不丰富我们的史料来源，就原有材料，很难得出大家一致的结论了。……我们希望中国古代史的研究者，从中国历史实际出发，运用历史唯物论的方法结合着丰富的史料深入一步，弄清古代历史上的关键问题，才能解决古代社会性质问题及划分阶段问题。”①

杨向奎提出的问题一方面表明了古史分期研究中的困境；另一方面也指出了扩大证据来源与深化研究的关系，强调丰富材料来源的重要性和可能性。尽管杨向奎对后一点的强调仍然是从历史学内部寻找解决途径，然而当时对此问题的解决其实已经超出了历史学本身，在更大的学术场域中，这正是少数民族社会性质调查所提供的材料对其的贡献，可以说，它为研究古史分期问题提供了另一条论证思路。

① 杨向奎：《“中国古史分期问题的讨论”商榷》，《文史哲》1955 年第 1 期。

（一）借鉴人类学的方法

少数民族社会性质调查的材料如何能为研究中国古代史，尤其是研究古史分期提供参考依据呢？这里关系到新中国成立后学习历史唯物主义过程中由认识论的转变而引发的一次研究方法上的更新。具体而言是进化史观如何处理古与今、时间与空间两对关系，其认识论来源于19世纪广为流行的社会进化论，而方法论则脱胎于同一时代产生的新兴学科——人类学的“文化遗存法”（cultural survivals）。社会进化论将整个人类社会的发展史规范在一个从低到高、从简单到复杂的直线性发展的序列中，现代西方文明社会被看作是社会进化达到顶点的标志。这种以西方社会为中心看待全球人类社会发展史的认识观，导致人们在这种渐进式发展模式之下，将古与今理解为野蛮与文明在时间上的差别，同时把非西方与西方社会理解为野蛮与文明在空间上的差别。同一个时代里，社会进化论催生了人类学的第一个理论流派——古典进化论学派。有别于其他学科，人类学的特殊性在于研究对象是西方社会之外的，被认为是原始落后象征的部落社会及其文化。在研究这些现存的“野蛮”社会过程中，古典进化论学派的学者创造出一套使这些社会能够被理解和研究的方法，英国学者爱德华·泰勒（E. B. Tylor）的“文化遗存法”是其中的突出代表。其方法论的来源基于社会进化论的框架，认为人类社会早期阶段的一些特征仍然会存留至较晚的或当前的阶段，这些遗存物在现实社会阶段缺乏当前的社会根基，已丧失了其原有的意义，但它们是人类社会历史发展的活的见证，通过观察、研究这些遗存物有助于探求人类文明的早期形态及其发展历程。这一方法的诞生意味着，学者们相信，可以通过考察当代“野蛮”社会的诸特征来复原无文字记载的人类社会早期阶段的历史面貌。和泰勒同一时代的摩尔根借助北美印第安易洛魁部落的翔实材料所撰写的《古代社会》一书中也是运用这种遗存法则进行的研究。正如他在序言开篇引用的一段话所表明的：“这些（古代）社会反映了我们数千代以前的祖先的精神面貌。我们在肉体上和心灵上已经度过了与此相同的一些发展阶段，而我们之所以成为我们今天这个样子，正是由于曾经有过他们的生活、他们的劳动和他们的奋斗。”① 显然，这里摩尔根将印第安人当作理解人类早期历史的活材料来加以研究，他通过印第安人的社会政治组织的材料，不仅勾勒了整个人类社会政治组织的发展进程，而且用这些材料论证了古希腊和古罗马社会如何从部落社会向具有近代西方政治组织雏形的政治社会演变的过程。恩格斯对此的评价是：“摩尔根底（的）伟大功绩，就在于他发见了、并且在主要的特征上恢复了我们的成文历史底（的）这种史前的基础，而在北美印第安人底（的）血统联系中找到了一把钥匙，用这把钥匙解开了古代希腊、罗马及德意志上历史上至今尚未解决的最重要的谜。”②

摩尔根这本巨著而后被马克思和恩格斯所重视，恩格斯在该书的基础上运用唯物史观写成了《家庭、私有制和国家的起源》，该书与《古代社会》一道成为中国人学习历史唯物主义最基本的读物之一。随着历史唯物主义在新中国知识界的普及，进化论对社会历史的解释框架，包括摩尔根用“文化遗存法”研究原始社会的解释逻辑都被学者们所熟悉。具体而言，就是把生活在中国社会内部的广大少数民族当作揭示原始社会史、社会发展早期阶段在现代社会的“遗留”加以研究。正因如此，我们经常看到诸如“活化石”“活材料”“活的社会发展史”“活生生的材料”“活的科学资料”等语汇在此时期有关少数民族的文献中被频繁使用。

（二）少数民族社会性质调查材料在古史研究中的应用

虽然将少数民族的资料当作“活材料”在学界广为使用是中华人民共和国成立后的事情，但是运用这些“活材料”解决中国古史上的疑难问题在解放前已被一些熟悉人类学理论知识的学者所实践，比如徐中舒。在研究周代“井田制”的问题上，除了广泛征引古史和古文字材料外，他还使用一些近代以来边疆少数民族的材料，包括1936年李拂一所撰

① ［美］路易斯·摩尔根：《古代社会》（上），杨东莼、马雍、马巨译，商务印书馆1997年版，第4页。

② ［德］恩格斯：《一八八四年第一版序言》，见其《家庭、私有制和国家的起源》，张仲实译，人民出版社1954年版，第6页。

《车里》一书中记载的车里十二版纳田制的资料说明，当时云南西双版纳傣族地区实施的田制正可视为殷商时期井田制的遗存，由此力证井田制的确在中国古代社会存在过。[①] 文后的“跋尾”里他交代了材料使用的原委：“井田制有无，遂成学术上一大问题。[②] ……余今为此文，所据材料，并不能超过彼时所有。惟我国文字中所蕴藏之丰富史料，则往昔尚未能充分利用。而我国边裔部族，至今尚多滞于封建社会中者，仍存计口授田之实。数年前冯汉骥先生告我，滇边之车里及美洲英卡（Inca）帝国之田制，颇与井田相似。在我国边裔及初民社会中，既有此制，则《孟子》《周官》所称之井田，必非向壁之谈。”[③]

与徐中舒使用少数民族材料解决古史研究中的某个具体问题不同，另一些受到唯物史观影响的学者，如郭沫若，则已开始用类似材料来探讨社会发展史的问题了。郭沫若除运用所擅长的历史文献、甲骨文、《诗经》等材料外，还重视用凉山彝族社会的调查材料作为其证明殷、周为奴隶社会的有力佐证。在他看来，“这些兄弟民族的状况正不失为解决中国古代社会的关键。了解得这些情形，回头再去读殷、周时代的典籍，有好些暧昧的地方也就可以迎刃而解了。”[④]

在论证西周为奴隶社会时，他引用了1935年4月中国西部科学院刊登在第1号《特刊》上的《四川省雷马屏峨调查记》对凉山奴隶制的材料，认为：“农业民族的奴隶制与工商业民族的也有形态上的差异，是尤其值得我们注意的。工商业的生产奴隶须有束缚人身自由的枷锁，农业的生产奴隶则可用土地为枷锁。故而在农业民族的奴隶时代已有土地的分割，希腊时代的斯巴达便是这样，我国现存的彝族社会也是这样。……

---

① 徐中舒：《井田制度探原》，原载《中国文化研究汇刊》第4卷上册，1944年9月，见其《川大史学·徐中舒卷》，四川大学出版社2006年版，第304页。

② 笔者注：指胡适挑战井田制真实性一事。

③ 徐中舒：《井田制度探原》，原载《中国文化研究汇刊》第4卷上册，1944年9月，见其《川大史学·徐中舒卷》，四川大学出版社2006年版，第311页。

④ 郭沫若：《由周代农事试论到周代社会》，载《青铜时代》，见其《中国古代社会研究（外二种）》（上），河北教育出版社2000年版，第414页。

（彝族）这样的社会是奴隶社会，自然毫无问题，然而已经有土田的分割了！假使有土田的分割即当认为封建制，那么彝族社会也可以说是封建制吗？这是怎么也说不通的事。因而见西周有土田的分割即认西周为封建社会，也真可以说是'见卵而求时夜'了。……农业奴隶被束缚于土地，离开了土地便不能生存，无须乎加强束缚。你看，连文化程度落后的彝族不也是懂得这一点的吗——'汉人在一二年后自知出山绝望，日就驯服，谨慎执役，亦可自由行动，可免缧绁之苦'，而且忠仆更可以组织家庭，分土而耕，自食其力，居然也就像自由民了。"①

此外，当论及奴隶社会的等级结构时，他继续用凉山彝族的材料证明到："管理奴隶的人除奴隶领主自己的兄弟亲戚外，愈和奴隶层接近的下层管事，照例是由奴隶提升起来的顺民，普通的官僚在古时称为臣宰，在初都是奴隶的称号。……阶级统治随着历史的进展便愈见隐晦下来。我们为了求得它的本来面目，最捷的途径是从停留在原始阶段的氏族社会里去找资料。在我国这种后进的民族是很多的。如像凉山彝族，有黑骨头与白骨头之分，黑骨头便是真正的彝族，是贵族。白骨头是先后被俘掳去的汉人，是奴隶——'娃子'。……我们根据这个原始的社会，很可借以了解殷、周时代的社会机构。所谓'百僚庶尹，惟亚惟服，宗工，越百姓里居'的内服，其实多半也就是所谓'管家娃子'。还有所谓'侯甸男卫邦伯'的'外服'，那是些酋长族的分家。那些各个的分家，殖民部落，自然又是一些由奴隶的等级所累积起来的金字塔了。"②

新中国成立后郭沫若继续在古史研究中提倡采用上述研究方法，他在1953年10月20日为《奴隶制时代》所写的"改版书后"中写道：

> 要阐明我国的古代社会自当尽力找寻和占有直接的史料。但因时

① 郭沫若：《由周代农事试论到周代社会》，载《青铜时代》，见其《中国古代社会研究（外二种）》（上），河北教育出版社2000年版，第411、413、414页。

② 郭沫若：《古代研究的自我批判》，载《十批判书》，见其《中国古代社会研究（外二种）》（下），河北教育出版社2000年版，第630—631页。

代远隔，直接的史料很有限，因而必须采取权宜的办法——用间接的资料来作比较研究。古代的希腊、罗马固然可资比较，而尤其重要的是我们国内的兄弟民族的情况能够为我们提供很丰富的资料。

我曾注意到彝族社会的情况，在《青铜时代》和《十批判书》中都曾提到过，在本书中也曾提到，但我所依据的资料是已经陈旧了。很庆幸的，是自新中国成立以来对于彝族社会有了更深入的了解。在这里我把胡庆钧同志在凉山彝族的调查[①]扼要叙述一些，补正我书中的不足和不明确的地方，以供读者参考。（原注3：一九五六年至一九六二年，全国人民代表大会民族委员会四川省少数民族社会历史调查组和中国科学院民族研究所四川少数民族社会历史调查组，先后对民主改革前的凉山彝族社会历史进行了比较全面的和系统的调查，获得了关于民主改革前凉山彝族社会形态的大量真实的材料，写出了多种调查报告，可供参考。[②]）[③]

20世纪50年代之后国家对境内少数民族社会的调查日趋重视，特别是随着全国少数民族社会历史调查工作的开展，各少数民族社会性质调查成果得以相继公布，史学界的其他学者，其中既有从事民族史研究的，也有从事古史研究的，都尝试运用各少数民族的社会性质材料来讨论中国古史分期问题。比如，邓子琴的《从少数民族社会的考察和研究来看西周社会性质问题》一文用凉山彝族和羌族的材料区别了奴隶社会和封建社会初期阶段的不同，继而说明西周社会属于封建领主制社会。[④] 再如，马

---

① 笔者注：此处所指胡庆钧的调查报告是其1950年参加中央访问团访问凉山后所撰《大凉山彝族社会概况》。

② 笔者注：该文写于1953年，原注3的内容应该是1973年人民出版社出版改编本时新补注的内容。

③ 郭沫若：《奴隶制时代》，见其《郭沫若全集·历史编》第3卷，人民出版社1984年版，第247—248页。

④ 邓子琴：《从少数民族社会的考察和研究来看西周社会性质问题》，《西南师范大学学报》（人文社会科学版）1960年第2期。

曜、缪鸾和也利用亲自前往西双版纳地区实地调查所获的傣族社会资料，对比了西双版纳和西周的土地制度后提出，西双版纳傣族的社会性质无论是土地所有制的形式、农村基层组织、剥削方式以及阶级结构等方面，既不同于秦汉以后中原地区的封建地主经济形态，又不同于欧洲的农奴制度，而是类似于西周至春秋时期建立在农村公社基础之上的封建领主制，从而再次论证了西周的社会性质非奴隶社会，实为封建社会的早期形态。[①] 此外，杨宽和束世澂之间的论争也属此类讨论之一。

1960 年 8 月 9 日杨宽在《文汇报》上发表了一篇题为“论中国古史分期问题讨论中的三种不同主张”[②] 的文章，称近年来对兄弟民族的社会历史所作的调查将大有助于对中国古史分期问题的讨论和解决。[③] 文中他举出凉山彝族奴隶社会中，占奴隶人数 7% 和 30% 的呷西和瓦加均属于生产奴隶的例子，来论证西周社会不是只存在家内奴隶的“古代东方型”奴隶制社会。此外，他继续利用凉山的家支制度维护本家支成员的等级利益、帮助本家支统治奴隶的例子说明，家支制度的性质与古代宗法制度相同，虽然都是奴隶主维持专政统治的工具，而且所谓宗族长固然对宗族成员有管理权，但同样也有保护其利益的义务。借此杨宽指出，在“古代东方型”奴隶社会中以宗族成员为族长奴隶这一论断是错误的。结合凉山彝族奴隶社会的实例恰恰说明，西周社会并非典型的“古代东方型”奴隶社会，而是一种特殊的奴隶社会形态。[④] 同年，束世澂发表了文章《有关古史分期一些理论问题——与杨宽同志商榷》，针对杨宽提出的论题进行论辩。束世澂着重回答了如何运用兄弟民族历史发展的事例来开展研究的问题。他首先不赞同杨宽用凉山彝族的社会材料来论证西周社会性

① 马曜、缪鸾和：《从西双版纳看西周》，《学术研究》1963 年第 1、3、5 期。

② 笔者注：该文随后收入其 1965 年中华书局版的《古史新探》论文集，其中多有补充和修订。本文所用材料来自该论文集。

③ 杨宽：《论中国古史分期问题讨论中的三种不同主张》，见其《古史新探》，中华书局 1965 年版，第 51 页。

④ 同上书，第 54—58 页。

质的做法，认为其中有对凉山材料的误读；其次他提出了使用少数民族社会历史材料研究古史分期的限度问题。一方面他认为："少数民族的历史发展可以提供研究社会发展史的参考，但绝不能作为根据，用来'解决'中国古史分期问题。"[①] 因为中国少数民族社会和历史发展过程中的复杂性是像北美印第安人这样民族所没有经历过的，使用这些材料的时候应当充分考虑到这一点。但即便如此他也认同，利用少数民族社会发展的研究能够充分证明社会发展的普遍规律，比如民主改革前的西藏社会、傣族社会、布依族社会，作为领主农奴制封建社会，的确可以用来证明初期封建制是领主农奴制这一普遍规律的。[②]

束世澂在利用少数民族材料来补正古史分期研究上采取比较谨慎的态度，但这也并未妨碍他承认这些材料对研究古史分期具有重要的参考价值。正因如此，在自己对西藏社会性质的研究中，他认为西藏社会不是奴隶社会而属于封建社会的早期形态——封建土地所有制时期，此结论可从西藏金字塔形的领主土地所有权形态以及由领主和农奴构成的阶级结构得到证明。与此同时，他也认为这一论断可以印证马克思社会发展史经典理论认为封建社会分为领主所有制和地主所有制两个阶段的正确性。具体到中国历史的发展轨迹上则表明，秦汉直至土改之前均属于封建社会的后期阶段，而前一阶段的实况完全可以从西藏社会的情形中窥得一二。[③] 因此他最后说："我们离开领主农奴制时代已经很久远，已不能理解农奴制的残酷；看到欧洲农奴社会中领主的罪恶行为，也感到不可思议，还认为中国不会有这种情况。西藏农奴社会种种暗无天日的状况，却给我们学历史的人获得一份惨痛的补充材料！当然，也可作为研究古史分期问题的参考。"[④]

---

① 束世澂：《有关古史分期一些理论问题——与杨宽同志商榷》，《学术月刊》1960 年第 9 期。

② 同上。

③ 束世澂：《西藏社会性质的分析——古史分期问题研究的一个参考》，《学术月刊》1959 年第 6 期。

④ 同上。

前述事例说明，1956年展开的少数民族社会性质调查取得的成果，在更大的学术空间中为厘清当时史学界争论的热点问题提供了一份全新的证明材料，结合并运用这些材料，被认为对更准确地把握中国古代史分期问题，甚至于中国历史发展阶段的特征及其总体发展规律创造了新的可能。

三 凉山社会性质之争

应该说，学术界自踏入凉山，亲眼目睹凉山社会固有的一套严格等级制度以及由此生发出来的人身隶属关系起，便已着手讨论凉山社会的特征了。1928年，杨成志首开中国学者调查凉山彝族的先河时注意到凉山社会等级隶属的特征："在酋长统辖下的人民，俱为酋长个人的奴隶，俗称'哇子'（即后人所称'娃子'——编者）。这种'哇子'大多数是捆虏汉人而来的。因如印度的Caste一样，连'哇子'也分起阶级来，其名称有'锅砖娃子''百姓哇子''丫头'（即女哇子）、'汉把'即（酋长的外交官）、'三道哇子''买路哇子'……等类。这些'哇子'各据其地位和身价的高低，统由酋长支配，不能越级高升。即如通婚一事来说，只能限于同阶级的嫁娶，不准越出范围外的。其余尚有所谓'四道''五道''六道'……等哇子的名号，简直是'哇子'中的'哇子'累级而分罢。"① 在他之后，马长寿、林耀华考察凉山彝族的报告里面，也讨论过这个社会的人身隶属关系。② 除此之外，江应樑所写的调查报告中，更直呼凉山为奴隶社会。③

可以说，从研究人身隶属关系的角度出发，学者们都认识到，凉山是一个有奴隶的社会，但与此同时，民国时期对凉山社会的解释尚没有发展

① 杨成志：《云南民族调查报告》，载李文海主编《民国时期社会调查丛编（少数民族卷）》，福建教育出版社2005年版，第24页。

② 马长寿遗著：《凉山罗彝考察报告》（上），李绍明、周伟洲等整理，巴蜀书社、四川出版集团2006年版，第327—340页；林耀华：《凉山夷家》，云南人民出版社2003年版，第64—73页。

③ 江应樑：《凉山夷族的奴隶制度》，载李文海主编《民国时期社会调查丛编（少数民族卷）》，福建教育出版社2005年版，第173—179页。

成单一的马克思主义社会形态论。只有进入20世纪50年代以后，伴随着大规模的凉山调查活动，关于凉山社会性质的研究才真正启动。早在1950年中央访问团访问西康省大凉山时，访问团成员胡庆钧、陈士林二人就已调查研究过凉山的社会性质。而为了响应中央访问团宣传民族政策以及调研民族地区的行动，四川当地也组建了各类地方调查访问团，深入探访并调查了大、小凉山的广大彝区。除了访问团外，20世纪50年代初期还有大大小小的工作团进入凉山调查。新中国成立后西南局在雷波设立了中共凉山工委，并分别在昭觉、乐山、昭通各设了3个分工委，管辖西康大凉山、雷马屏峨四川小凉山和云南永善、巧家以及金沙江一带的彝族地区。受凉山工委的委派，各地工委此时也纷纷派出自己的工作团队调查彝区，其中包括了对彝族社会性质的考察。[①]

然而，历经数次前期调查后，凉山彝族的社会性质一直没有获得统一的答案。四川调查组专门就社会性质问题进入凉山所做的实地调查，实属在前期调查的基础上再确认的过程。从1956年10月下旬到1957年6月中旬，四川调查组持续细致的调查为判定凉山社会性质提供了丰富的资料。1957年3月21日，组长夏康农等人返京在全国人大民族事务委员会的内部会议上，代表调查组汇报的《凉山彝族社会几个方面的情况》表示，调查组的结论支持凉山是奴隶制社会的观点。但是即便如此，四川调查组集体性意见背后，其内部个体成员间对凉山社会性质事实上始终存有不同意见，更不用说参会者们在此问题上莫衷一是的看法了。[②] 据统计，自1954—1964年的10年间，大约有20篇专论文章，从不同层级和角度论证了凉山彝族地区的社会性质。[③] 大致而言，凉山社会性质的讨论焦点

---

① 李绍明口述、王林整理：《我与凉山彝族奴隶制研究》，《当代史资料》2003年第4期。

② 会议报道见高哲《有关凉山彝族社会性质的讨论》，《光明日报》1957年4月5日。1960年9月1日《人民日报》上又以“我国学术界讨论凉山彝族社会经济结构问题”为题对不同的看法加以分析并介绍。

③ 宋蜀华、满都尔图主编：《中国民族学50年（1949—1999）》，人民出版社2004年版，第164页。

集中在凉山是奴隶制还是封建制，在此基础上又延伸出并存论以及过渡论两种观点。主张奴隶制的一派以调查组的集体意见最具代表性，我们留待下节专门讨论。现在先对奴隶制之外的其他三种意见稍作检视。

一是封建制。江应樑认为，区分有奴隶的社会与奴隶社会是判定凉山社会性质的前提，二者的不同在于各自的主导生产关系。在《凉山彝族社会的历史发展》中，他坚持解放前对凉山的基本判断：黑彝占有生产资料和生产者这一点的确表明凉山是有奴隶的社会。[①] 然而若从凉山历史上与以汉族为主的族际互动发展轨迹看，这里从 18 世纪末期就开始向封建社会过渡，因为主体经济关系已转入地租剥削。不仅如此，“曲诺”和“安家”（即瓦加或阿加——笔者注）[②] 的双重性——既是被剥削者又是剥削者——已让二者不再具有奴隶的特性。[③] 此外，持封建论的学者还认为，土司制度的存在也足以证明凉山主导生产方式已不再是奴隶制，而是领主农奴制，因而社会形态应该是封建领主制社会。[④]

二是并存论。根据自己 1952 年的调查，张向千认为，彝族社会经济形态的复杂面貌仅用一种社会形态不足以涵盖。凉山社会同时存在着奴隶制和封建制两种生产关系，前者是彝族自身发展的结果，而后者则由外来影响造成。“外来影响（汉族生产方式的影响）开始于彝族奴隶制最初时期，通过外来影响在彝族社会奴隶制繁荣时代以前产生了封建的生产关系，保存着原始公社残余的奴隶制经济与封建制经济间发生着斗争。虽然在中心区与边缘区二者比例不同，但从总的来看，封建制经济显然在排斥着奴隶制经济。所以彝族社会不是一个什么单纯的形态，而是一个几种社会经济因素（原始公社、奴隶和封建）同时存在并且相互斗争的变态社会。”[⑤]

① 江应樑：《凉山彝族社会的历史发展》，《云南大学学报》（人文科学）1958 年第 1 期。

② 凉山各地对不同等级的称呼略有不同。本书正文部分，若为笔者自述，对各等级的称呼以四川调查组 1958 年发表的《四川凉山彝族地区民主改革以前的社会面貌》为准，若有不同称呼则保留引论者行文用语并做解释。

③ 江应樑：《凉山彝族社会的历史发展》，《云南大学学报》（人文科学）1958 年第 1 期。

④ 束世澂：《论凉山彝族解放前的社会性质》，《新建设》1961 年第 6 期。

⑤ 张向千：《西康省大凉山彝族的社会经济制度——调查报告》，《教学与研究》1954 年第 3 期。

三是过渡论。如果说并存论采用静态视角看待凉山的话，那么过渡论采取的是与之相反的动态视角，二者的结论实则并无二致。施修霖、陈吉元认为："对凉山地区社会经济关系作出奴隶制或封建制的论断，都只是选取了某些适合于自己看法的材料作为立论的根据因而都带有片面性。"①凉山社会无论从生产力、生产关系，还是等级隶属关系都显示出了一种过渡状态，比如娃子无偿耕作剥削转向租佃制剥削，以及等级间从"呷西"到"曲诺"，即从奴隶到农民的上升可能性增大等。因此他们的结论是："凉山社会经济具有比较错综复杂的性质，基本线索是奴隶制正向封建制过渡，边缘地区和中心地区发展不平衡，因而呈现出的过渡状态有所差异。由奴隶制向封建制过渡的基本标志是：隶农阶层（瓦加等级）的出现，租佃关系在代替奴隶制的剥削。推动凉山社会奴隶制向封建制过渡的动力是尖锐的阶级斗争。"②

由前可知，无论是哪种观点，立论的论据都存在很大重合性，比如存在等级隶属关系、劳役与实物地租并行、中心区与边缘区的差异等。而三种观点的理论来源均是马克思主义唯物史观和社会发展阶段论，分析模式都是将社会性质的判断重点放在分辨主导生产关系上。实际上，后面我们将会看到，四川调查组对凉山社会性质的分析也遵循了同样的思路模式。

第三节　学术与政治：凉山奴隶制社会的判定

一　四川调查组的结论

1958年《民族研究》创刊号上发表了署名夏康农等人的长篇文章

① 施修霖、陈吉元：《对民主改革前凉山彝族地区社会性质的探讨》，《民族研究》1959年第9期。

② 同上。

《四川凉山彝族地区民主改革以前的社会面貌》[①]（以下简称《凉山社会面貌》），文章是从凉山社会调查第一年度的综合报告初稿中“抽取”[②]出来的，代表了综合报告的面貌，可谓其浓缩版。该文认为“在民主改革以前，我国四川省西南部凉山彝族地区还保留着人类社会发展史上第一个剥削形式的奴隶制度。”[③] 这是四川调查组首次以集体的名义向外界展示调查成果并正式提出奴隶制的结论。[④]

正式调查前，一份委托中央民族学院研究部编写，由全国人大民委统一编印分发的《社会性质调查参考提纲》（以下简称《提纲》）被列为全体组员重点学习的材料之一。编写者称该提纲是为了帮助调查者尽可能深入地搜集到反映各民族社会经济结构、阶级情况、社会历史发展以及风俗习惯的资料。[⑤]

作为一份指导材料，《提纲》内容囊括前资本主义社会的三大社会形态：原始社会、奴隶社会及封建社会。除了为调查者罗列调查的具体问题外，它的另一个作用是以简明扼要的文字迅速向不同背景的调查者普及马克思主义社会形态论。因此，《提纲》涉及对不同形态社会的定义和解释。在奴隶社会部分，《提纲》回答了什么是奴隶和什么是奴隶社会等问题。

什么是奴隶？按《提纲》的定义，“所谓奴隶就是没有人身自由，可

---

① 该文以夏康农等人的名义发表，但依据文内说明：“本文是集体劳动完成的。”因而可将该文视为四川调查组的集体意见。——夏康农、程贤敏、刘炎、罗运达：《四川凉山彝族地区民主改革以前的社会面貌》，《民族研究》1958 年第 1 期。

② 同上。

③ 同上。

④ 笔者注：《四川省凉山彝族自治州社会调查综合报告》正式出版是 1985 年 10 月，其初稿在当年并未公开发表。发表在《民族研究》上的这篇文章是当时唯一公开可见的四川调查组关于凉山社会性质调查的内容。为说明凉山奴隶社会作为一种被广为接受的知识的生产过程，因此，本书不选择当时未公开发表的综合报告初稿，而选择分析这篇发表在《民族研究》上的文章。

⑤ 《几点说明》，载全国人民代表大会民族委员会编印《社会性质调查参考提纲》（内刊），1956 年 7 月。

以被主人买卖甚至屠杀的会说话的生产工具，是主人财产的一部分。”[①]《提纲》还解释了奴隶社会的一般发展规律：“该社会分为父权奴隶制和奴隶占有制两个阶段。当手工业脱离农业，继而商业发展起来后，父权奴隶制过渡为奴隶占有制。因此，在奴隶社会中，奴隶主完全占有生产资料和生产者——奴隶以及奴隶所创造出来的全部产品。”[②]

依照《提纲》的解释，凉山很容易便能找到与“奴隶”相类比的人群——俗称“娃子”的群体。首先，娃子向来被视为主人的私产。四川调查组成员胡庆钧 1950 年参加中央访问团访问凉山时所写的调查报告中论及此称：“黑彝一般以占有娃子的多少来计量自己的财富。彝族中有这么一句谚语：‘汉人有钱修房子，彝族有钱买娃子。’”[③] 其次，奴隶主通过占有奴隶人身，迫使其从事生产劳动并全部占有奴隶劳动所得。此特征在凉山由“主子与娃子”构成的等级隶属关系中亦能找到对应，即娃子必须为主子负担无偿劳役。[④] 仅以上两点意味着凉山可能是奴隶社会。同时也说明，理解凉山固有等级隶属关系将是判断凉山社会性质的关键。正因如此，调查等级及其关系成为四川调查组的重中之重。

根据对大小凉山六个县十余个乡的调查材料，四川调查组对凉山的等级做了如下归纳[⑤]：传统凉山社会由四组界限分明的人群构成：社会顶端的黑彝（包括“兹莫”和“诺合”）、中间阶层“曲诺”及其之下的“瓦加”，和社会最底层的“呷西”。黑彝之下的等级都可以被称为“娃子”。社会两端的黑彝和呷西人数远少于中间的“曲诺”和“瓦加”，这使得整

---

① 全国人民代表大会民族委员会编印：《社会性质调查参考提纲》（内刊），1956 年 7 月，第 77 页。

② 同上书，第 64 页。

③ 胡庆钧：《大凉山彝族社会概况》，载中央民族学院研究部编《中国民族问题研究集刊》（第二辑），1955 年 10 月，第 31 页。

④ 无偿劳役是指娃子每年向主子服天数不等的生产劳役或是家内劳役。一般曲诺只需服生产劳役，且允许赎取劳役或用自己的呷西代役。瓦加和呷西则不仅需要服生产劳役而且还有家内劳役，劳役天数也远超曲诺。——夏康农等：《四川凉山彝族地区民主改革以前的社会面貌》，《民族研究》1958 年第 1 期。

⑤ 同上。

个凉山社会呈橄榄形结构。① 一般而言，同等级间不会互相从属②，原则上低等级从属于自身之上任一等级，这就是杨成志所说的“‘哇子’中的‘哇子’”现象。③ 此外，只有黑彝能保持等级地位不会发生下降，中间的“曲诺”和“瓦加”都可能等级下降。简言之，凉山四个等级由上而下形成了重叠式的多重隶属关系（见图1）。当地俗语将这种关系表达为：“主人必须有娃子，娃子也必须有主人。”④

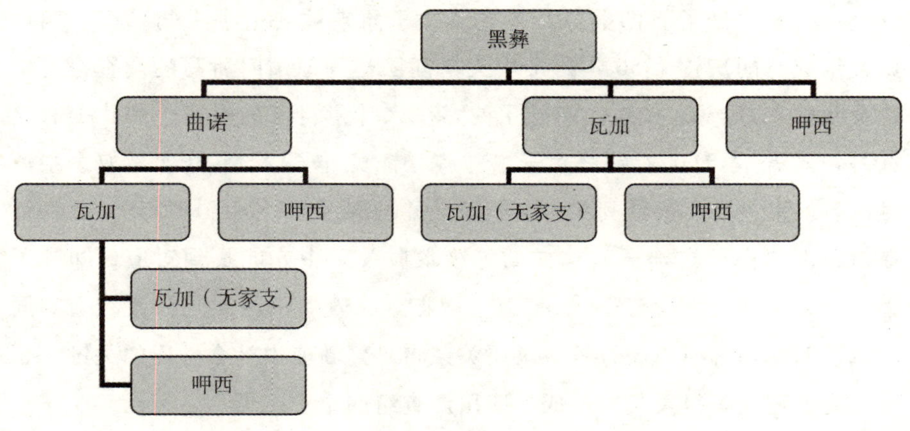

图 1

调查了人身权利和自由限度，隶属性负担和无偿劳役，以及各等级婚姻自主权和子女亲权等三方面传统等级关系，四川调查组指出除黑彝外其余等级的人身自由均不同程度受制于各自的主子。⑤ 例如转让所属娃子的

---

① 据统计黑彝占全州总人口约7%，曲诺占全州总人口约55%，瓦加占全州总人口30%，呷西占全州总人口约8%。——夏康农等：《四川凉山彝族地区民主改革以前的社会面貌》，《民族研究》1958年第1期。

② 瓦加等级情况较为特殊，习惯上允许无家支的瓦加被有家支的瓦加占有，但此情况极为个别。——同上

③ 杨成志：《云南民族调查报告》，载李文海主编《民国时期社会调查丛编（少数民族卷）》，福建教育出版社2005年版，第24页。

④ 凉山俗语。转引自胡庆钧《大凉山彝族社会概况》，载中央民族学院研究部编《中国民族问题研究集刊》（第二辑），1955年10月，第31页。

⑤ 夏康农等：《四川凉山彝族地区民主改革以前的社会面貌》，《民族研究》1958年第1期。

事件时有发生："黑彝恩扎兹哈赌钱输去21户曲诺及4支枪，后又卖出三户曲诺才还清枪账。"[①] 再如买卖和杀害所属娃子亦是凉山的常事，尤其是对待呷西上[②]。呷西不仅能人畜比价买卖："解放前夕一匹好马可卖银230锭，而一个呷西的身价最高也不过十余锭银子，"而且可任意被屠杀："美姑县巴普乡黑彝阿竹鲁提经常生病，后接受黑彝恩托夫也的建议，用枪打死一个呷西送鬼治病。"[③]

当然，四川调查组也注意到曲诺的人身较之瓦加和呷西享有极大自由。比如在主子管辖区能自由迁徙，黑彝也不能任意打骂杀害曲诺，不能任意买卖曲诺个人或全家。即使在上述恩扎兹哈的事例中，转让所属曲诺必须经被转让者同意且其人身地位和家庭、财产均保持无损方可行。[④] 尽管如此，四川调查组仍然认为："（曲诺）对主子服天数不等的无偿劳役，在打冤家时，要承受主子分摊的命价负担，承受主子经济外强制的高利贷（'杂布达'）以及主子强征强借等剥削，绝业归主子，人身权利和对子女的亲权不十分完整，本身及其子女有下降为瓦加和呷西的危险等，都是与自由民身份不相容的人身隶属关系。"[⑤] 也即说曲诺虽"绝不是奴隶"，但也不可能是自由劳动者。曲诺的自由只是凉山整个等级关系内部的微调，并没有改变其隶属的实质。因此四川调查组坚持认为："曲诺对黑彝的隶属关系也是奴隶制性质的隶属关系。"[⑥]

上述事例表明，凉山社会的四个等级都置身在稳定的人身隶属关系中。黑彝集团之外的三个等级虽然人身被占有的程度不同，但被奴役的实质是相同的。可以说，等级关系让它们部分或全部具有了奴隶的特征，尤

---

① 夏康农等：《四川凉山彝族地区民主改革以前的社会面貌》，《民族研究》1958年第1期。

② 对待瓦加上，虽主子出卖或杀害有家支的瓦加会受一定限制，但总体上瓦加人身权利并无保障。例如"巴普一黑彝主子侵吞了瓦加黄张氏的银子后，当黄张氏提出时还骂她：'连你都是我的，那天要卖你就把你卖了，还说这些。你的一切东西都是我的。'"——同上

③ 同上。

④ 同上。

⑤ 同上。

⑥ 同上。

其是瓦加和呷西等级。因此，四川调查组指出，“呷西的阶级地位就是奴隶地位”[①]，而“瓦加绝不是农奴，它的阶级地位和无可置疑的呷西的奴隶地位并无本质的不同。”[②]

然而，存在奴隶只是判定奴隶制社会的必要条件而非充分条件。按照马克思主义社会形态论，社会性质取决于该社会的主导生产关系。于是四川调查组的另一个调查重点落在奴隶制生产关系是否是凉山社会的主导生产关系上。

凉山被认为是一个以农业为主的社会。[③] 四川调查组重点分析了凉山的农业生产资料和生产模式。两项主要的生产资料——土地和生产者——的统计数据显示，一方面按每户人均占有量计算，黑彝的土地占有量远超其他等级；另一方面占有娃子的绝对数和平均数看，黑彝均是各地占有娃子最多的人群。整体的等级结构中，生产资料的占有量自上而下呈逐级递减趋势，其中黑彝最大化地占有生产资料，而呷西则几乎一无所有。[④]

凉山主要的农业生产模式又是怎样的？从已知的普雄、美姑、呷洛、雷波等县境内四乡五村的统计数据看，凉山存在三种土地经营模式——自耕地、娃子耕种地和出租地，其中娃子耕种地和出租地更普遍。[⑤] 若仅比较后两种土地经营模式则又发现，娃子耕种地是凉山各地最主要的土地耕

---

① 夏康农等：《四川凉山彝族地区民主改革以前的社会面貌》，《民族研究》1958 年第 1 期。

② 同上。

③ 同上。

④ 同上。同时，黑彝传统上也是凉山不事生产的等级，他们极端轻视劳动，认为劳动卑贱，日常农业生产完全交由各级娃子完成。1951 年 3 月，牛牛坝的黑彝阿侯家见到中央访问团的团员时就曾表示：“我们黑彝是不做工的，如果谁把我们娃子勾引跑了，要我们自己干，我们就要和他拼。”——胡庆钧：《大凉山彝族社会概况》，载中央民族学院研究部编《中国民族问题研究集刊》（第二辑），1955 年 10 月，第 31 页。

⑤ 四川调查组从中心区和边缘区各自抽取的代表为例说明自耕地之外的两类土地占较大比重。根据美姑（中心区）、雷波（边缘区）两个乡的两个行政村的三类土地的占有量统计，后两类土地占十之六七。——夏康农等：《四川凉山彝族地区民主改革以前的社会面貌》，《民族研究》1958 年第 1 期。自耕地的耕种状况文中并无讨论，不过综合报告的初稿中说明自耕地主要掌握在占总户数 44.69% 以上的曲诺等级手中。——全国人民代表大会民族委员会、四川省少数民族社会历史调查组《四川省凉山彝族自治州社会调查综合报告（初稿）》1958 年 5 月，第 102 页。

种形式。所谓娃子耕种地即是依靠所属娃子进行无偿生产劳动的经营模式。例如普雄的维色、曲等二村娃子耕种地是875亩，出租地是254亩，前者是后者的3.4倍；又如呷洛的乃呷村娃子耕种地是277亩，出租地是77亩，前者是后者的3.6倍。[①] 不仅如此，即便是出租地中，仍然有部分土地是被主子租入后实际用作娃子耕种地的。比如，“雷波拉里沟乡的曲诺奴隶主曲比陆什，自己没有田地，却有呷西五人，他租入了土地21.6亩，完全用来做娃子耕作地”。又如，“布拖则洛乡阿布依德村黑彝吉狄拉黑有地50亩，又租入了25亩，原因是他有两户瓦加和两名呷西”。[②] 再者，从这两类土地的地租收入看，娃子耕种地所获收入也远大于后者。例如昭觉城南乡六户黑彝的出租地数量虽是娃子耕种地的9倍，但出租地的地租收入仅占土地总收入的48%。[③]

那么，如何解释租佃经营“包含某种瓦解奴隶制的因素”呢？四川调查组认为，这种经营模式只是“奴隶主阶级奴役小生产者的一个辅导因素”[④]。因为租佃关系不意味着人身隶属关系松动或解除。无论租佃关系发生在直接隶属关系的主子与娃子间，还是发生在非直接隶属关系的各等级间，承租者的原隶属关系既不会转移也不会消除，甚至极少数情况下承租者还需承担只有隶属娃子才需负担的等级义务。[⑤] 这个问题也恰好说明了等级关系对理解凉山生产关系的重要性。可以说，只要等级关系存在，凉山的生产关系便具备了奴隶制经济的特征。

总之，上述调查印证了奴隶制社会的一般经济生产规律：娃子耕种模式普遍存在，基于等级关系主子们无偿获得娃子劳力，并利用娃子耕种土地无偿获取娃子的劳动所得。因此，凉山的基本生产关系无疑是奴隶制

---

① 夏康农等：《四川凉山彝族地区民主改革以前的社会面貌》，《民族研究》1958年第1期。

② 同上。

③ 同上。

④ 同上。

⑤ 如巴普黑彝出租土地时，无论承租人是自己或是别人的娃子都要给他送猪、送酒，普雄瓦曲曲乡个别黑彝出租土地是要承租者服四五天劳役。

的。

综上所述，四川调查组得出的结论是：等级关系已导致不同等级间形成了剥削和被剥削关系。凉山存在奴隶人口，几乎全部的呷西、瓦加等级都属奴隶阶级。而黑彝不事生产，又最大化占有生产资料并无偿占有娃子的劳动所得，因此基本属于奴隶主阶级。这个社会亦存在“自由”劳动者阶级——曲诺，但曲诺的自由只是相对的，在凉山的等级制度下，“曲诺对黑彝的隶属关系也是奴隶制性质的隶属关系”。[①] 正因如此，凉山符合奴隶制社会的基本特征，是奴隶制社会的当代缩影。

二 判定凉山社会性质：从小组报告到最终结论

四川调查组公开发表的观点支持了凉山奴隶制社会一说，但如前文所述，事实上学界甚至四川调查组关于凉山社会性质内部一直存在不同声音。夏康农、胡庆钧、李绍明等人支持奴隶制说，而认为凉山是封建制社会的也大有人在，比如束世澂。与此同时，林里夫及其弟子施修霖和陈吉元则持过渡论，调查美姑县九口乡的马长寿赞同并存论。

为什么同一批人、在同一时期、对同一地区的调查会出现如此多元的观点？检视当年的论文和调查报告发现，实际上支持不同见解的证据均不出四川调查组所掌握的材料左右。之所以产生不同的理解，一个显而易见的原因是，凉山社会的复杂性与特殊性本身为论者取舍材料提供了较大的操作空间。例如主张奴隶制的一方，在论证生产关系时，会强调曲诺和瓦加的人身隶属性，以及二者户均占有的土地和娃子数量较少；而主张封建制的一方，在同一个问题上则着重强调二者的人身自由度，以及作为等级整体拥有的生产资料总量较大。

不仅个人学术见解如此，事实上，代表四川调查组集体观点的《凉山社会面貌》中，也集中反映了类似的材料取舍问题。王晓义认为，四

① 夏康农等：《四川凉山彝族地区民主改革以前的社会面貌》，《民族研究》1958 年第 1 期。

川调查组材料的整理和保存有着一套科学化的管理机制："组员每天都要把当天调查访问的记录，按小的专题分别整理成若干份小的专题资料。不论调查者是否同意调查对象所讲的内容都要按调查对象所讲的如实记录下来。这是最原始的资料，称为甲类资料。哪怕某一个小专题只有一页，也要单独订成一份材料。每份材料都有统一格式的封皮，写明题目，调查对象的姓名、性别、年龄、等级、阶级成分、居住地点，调查者的姓名，翻译人员姓名，调查时间，调查地点等。到一定时间后，把一个调查点（例如一个乡）的甲类材料集中起来，综合写成某一调查点的调查报告，成为乙类材料。最后把几个调查点的乙类材料综合起来写成全面的调查报告，称为丙类材料。每一个调查小组都要有人负责保管调查材料，并将其编号、登记造册。"[①] 甲类材料包括普查和典型、专题调查所获内容，[②] 其内容过于繁复零散且全貌如今难以复原。因此，下文主要用一份乙类材料——以乡为单位的调查报告——《凉山彝族自治州布拖县则洛乡社会调查（初稿）》（以下简称《则洛乡（初稿）》）为蓝本，分析从小组报告到最终结论之间材料取舍的过程及其隐含的意义。四川调查组下属七个小组，第一年度（1956 年 10 月—1957 年 3 月）的调查遍及六县十一乡，地区涵盖凉山中心区、边缘区、土司区以及独立白彝区。地处凉山腹心地带的布拖县则洛乡是四川调查组率先调查的三个乡之一，属于黑彝吉狄家控制的区域。[③] 则洛乡调查始于 1956 年 11 月 1 日，持续到次年 1 月 11 日结束。则洛乡位于布拖区坝子西侧沿木切勒黑山麓下，全乡分为 6 个行政村，下辖 73 个自然村（当地称"堡子"），共 1042 户，4186 人。则洛调查小组采取普查与典型调查相结合的方式重点调查了其中的 13 个自然村，

---

① 王晓义：《记少数民族社会历史调查》，载揣振宇主编《伟大的起点：新中国民族大调查纪念文集》，中国社会科学出版社 2007 年版，第 80—81 页。

② 《说明》，载全国人民代表大会民族委员会、四川省少数民族社会历史调查组：《四川省凉山彝族自治州社会调查综合报告（初稿）》，1958 年 5 月，第 1 页。

③ 则洛乡 114 户黑彝中，除了 3 户波什家和 2 户乍聂家、尔恩家外，其余 109 户全是吉狄家的 10 支家支。

并抽查了特木里乡和木耳乡的个别户，共计普查了202户，其中复查了119户，普查和复查的对象包括黑彝20户、曲诺75户、萌柱34户、赤黑43户，呷西30人。除了对全乡进行一般性的调查外，期间调查组还举行过八次座谈会听取意见。1957年2月则洛乡调查小组完成报告，于4月内部刊行《则洛乡（初稿）》。[①] 按照四川调查组事先的总体部署，调查的重点放在等级和等级关系、土地关系等方面。

则洛乡自上而下有五个等级[②]，等级之间隶属关系明确。黑彝统领其下四等级，呷西则受制于其上四等级。作为娃子必须为主子承担各种隶属性义务。主子有权限制其活动范围，或有权将其转让、出卖、杀害，并处置其婚配以及后代的归属。[③] 可以说这些方面与在《凉山社会面貌》里呈现出的等级关系几无不同。

除等级关系外，则洛乡的生产关系也与《凉山社会面貌》的分析基本一致。这里的土地类型也分为自有地、耕食地（即娃子耕种地）、租佃地三种。统计数据显示不同类型的土地分布状况如下：1. 自有地“从平均数看，则黑彝所有土地远远超过其他等级。……大土地占有者多数为黑彝，少数为曲诺。半数以上的曲诺、萌柱与赤黑只有小量土地，其每户平均所有地数在全乡平均数之下。赤黑，尤其是萌柱，有大量户数没有土地，曲诺只有少数户数没有土地。”[④] 2. 出租地中黑彝和曲诺才有能力租出土地，但一般黑彝出租地占其自有地的20.5%，而曲诺只占5.6%。[⑤] 3. 萌柱获得的耕食地最多，赤黑其次，曲诺最少，而赐予这些等级土地

---

① 见全国人民代表大会民族委员会办公室编《凉山彝族自治州布拖县则洛乡社会调查（初稿）》，1957年4月，封2信息及李绍明题记。

② 则洛乡的五个等级分别是黑彝、曲诺、萌柱、赤黑和呷西。萌柱与赤黑相当于瓦加等级，二者的根本区分在于萌柱有家支而赤黑无，这使得后者的社会地位低于前者。此外，萌柱只受黑彝等级支配，曲诺无权支配他们。

③ 全国人民代表大会民族委员会办公室编：《凉山彝族自治州布拖县则洛乡社会调查（初稿）》，1957年4月，第4—8、11—17页。

④ 同上书，第22—23页。

⑤ 同上书，第27—32页。

的主子绝大多数来自黑彝等级。[①]

以上材料最大程度地保留了符合阶级分析需要的素材。材料说明则洛乡的黑彝是占有主要生产资料——土地——最多的等级，并且无论在哪种形式的土地经营中，黑彝都是最大的受益者。结合传统等级关系看，黑彝正是凭借人身隶属关系从其娃子身上获得了最大的经济以及经济之外的权益。相比之下，其余等级的权益则被部分或是全部地剥夺了。《则洛乡（初稿）》中尚未直接出现与奴隶制相关的描述词汇，但调查者的态度却是清楚的，即建立在人身隶属的等级关系基础上，黑彝与其他等级间构成了统治与被统治、剥削与被剥削关系。《则洛乡（初稿）》所展现的这些材料后来被充分运用到四川调查组的集体成果《凉山社会面貌》中，为判定凉山社会性质提供了详尽的论据。

在充分采纳上述材料的同时，《凉山社会面貌》事实上也舍弃了反映等级制及等级关系其他方面的丰富素材，通过材料取舍之间的灵活操作，最大程度地实现了判定的逻辑自洽与周整。这些被舍弃的材料一方面包括“等级与阶级之间错动”的复杂表现与深层原因；另一方面也包括等级之间多样的双向互动。

（一）等级与阶级错动

《凉山社会面貌》里指出：“凉山彝族社会中存在过的四个等级不仅是血缘集团的区分，更主要的还是它含有一定的阶级实质，等级关系也就是不同社会集团在生产中的地位以及他们的相互关系，即生产关系。从这个意义上讲，我们认为把等级关系放经济结构中来处理是可以的。”[②] 这一说辞意味着调查组认为将等级关系等同于阶级关系理解是合适的。事实似乎也如此：凉山的黑彝与娃子（包括曲诺、瓦加和呷西）大致对应了

① 全国人民代表大会民族委员会办公室编：《凉山彝族自治州布拖县则洛乡社会调查（初稿）》，1957年4月，第27页。

② 夏康农等：《四川凉山彝族地区民主改革以前的社会面貌》，《民族研究》1958年第1期。

奴隶主与奴隶阶级，且经济财富的占有量大致按照等级结构自上而下递减。

然而，《凉山社会面貌》里也提及另一个问题，即等级与阶级之间的错动。所谓错动是指等级内部出现了不同的阶级分化。《凉山社会面貌》将这一现象理解为“是由于等级内部，尤其是上中层等级内部，占有生产资料和在生产中的地位的不平衡的结果”。[①] 可以看出这种解释仍旧是站在经济关系的角度去理解等级分化。而从《则洛乡（初稿）》下述被舍弃的描述看，单纯用经济基础的标准理解凉山等级制实则并不完全适用，经济关系不应成为理解凉山等级的主要标准，更不能是唯一标准。

凉山的等级结构一方面具有超强的稳定性；另一方面黑彝之外的各等级却具有上下变动的可能。以则洛乡为例，曲诺以下等级均可能降为萌柱至呷西各级不等的身份，萌柱则通过赎身、立约的方式进阶为曲诺；赤黑也可通过相同方式取得与曲诺相似的地位，但地位略低；至于呷西，经由主人配婚，呷西本人便能上升至赤黑或萌柱等级。这些情况普遍存在于凉山各地说明，即使最低等级也存在上升的可能性。[②] 通常导致等级下降的原因有多种，比如贫困、抵债、逃亡、转让或隶属性义务的要求；而等级上升最主要的途径是用钱赎身。

值得注意的是，娃子的财富增加并不必然决定其等级上升，最终的决定权仍握在各自的主人手中。这已说明等级的变动及其隶属关系的实现不是以财富拥有量为第一位的。

第一，富裕的娃子不一定能够赎身成功。比如“特木里乡赤黑且迪，

① 夏康农等：《四川凉山彝族地区民主改革以前的社会面貌》，《民族研究》1958 年第 1 期。

② “赤黑的来源绝大部分是被抢来或贩来的汉人娃子，当了一定时间的呷西之后，经主人配婚（或自己成婚）而成为赤黑。”“‘萌柱’意即为随妻陪嫁带来的人（随主人之妻带来的女呷西），经主人为她安家后，就成为萌柱，所生子女，亦属同一等级。”“曲诺因家境贫困，出卖本人或其子女为萌柱，或卖为呷西然后经主人配婚安家而成为萌柱。”——全国人民代表大会民族委员会办公室编：《凉山彝族自治州布拖县则洛乡社会调查（初稿）》，1957 年 4 月，第 4—5 页。

自己土地达到30架，家庭经济极为富裕，由于其主人不允许赎身，就以自己所占有的呷西去顶替（劳役）。”[①] 又如“日库拉打（堡子）昂格拉黑说，本人愿意出十锭银子为妻赎身，但主人不允，因主人无人为他劳动。”[②] 第二，部分极为富裕的已赎身赤黑虽已晋升为曲诺，但仍要以“赤黑曲诺”冠名，以表示这类人万不能取得与曲诺同等级的待遇或白彝的称号。第三，《则洛乡（初稿）》记载的一些与黑彝财富相当的曲诺、萌柱和赤黑，而且财富超过个别“穷黑彝”，甚至黑彝的曲诺、赤黑的典型案例中[③]，传统的等级义务并未因为娃子的经济地位上升而被废除，相反可能因此需要担负更多的隶属性责任。第四，黑彝的最高地位不是由其经济地位所决定。“他们这种地位又是绝对的，即使失去大部生产资料成为穷黑彝，他们的地位也不会有所影响。”[④]

以上《则洛乡（初稿）》指出的情形，在以往描述凉山彝族社会的民族志中也屡有提及。马长寿记载称：“凉山中之贵者不一定为富者，而贱者不一定为贫者。贫困黑彝绝不因贫而丧失其地位。富之白彝亦绝不因富而崇高其卑贱身份。作者在补支勒陀时，与黑彝首领什达相处最久，彼则为一贫困而有地位之人物。数年前，彼因酒醉之后，纵火焚其住宅，至今未修，而与妻子蜷伏于一微小茅屋之中。又在越嶲河畔遇到阿禄毕摩为严润土司作祢。阿禄年约七十，披破羊皮，状若丐者。然土司家祢，非黑彝毕摩不能作。越嶲河流域毕摩之中无此老尊荣者也。反之，在小凉山卢家寨，遇一富户白彝，耳悬珊珠，手戴银镯，由其衣饰观之，颇似黑彝。一

---

① “赤黑的来源绝大部分是被抢来或贩来的汉人娃子，当了一定时间的呷西之后，经主人配婚（或自己成婚）而成为赤黑。”“‘萌柱’意即为随妻陪嫁带来的人（随主人之妻带来的女呷西），经主人为她安家后，就成为萌柱，所生子女，亦属同一等级。”“曲诺因家境贫困，出卖本人或其子女为萌柱，或卖为呷西然后经主人配婚安家而成为萌柱。”——全国人民代表大会民族委员会办公室编：《凉山彝族自治州布拖县则洛乡社会调查（初稿）》，1957年4月，第17页。

② 同上书，第46页。

③ 全国人民代表大会民族委员会办公室编：《凉山彝族自治州布拖县则洛乡社会调查（初稿）》1957年4月，附录二《则洛乡赤黑曲诺经济上升的概况》，第54—64页；附录四《赤黑富有者赤黑且迪家庭状况》，第69—70页。

④ 同上书，第7页。

日来请作者等赴宴，同行黑彝阻之，曰：‘此一白彝也。赴白彝宴，恐黑彝将蔑吾等。’于是改至一较贫之黑彝家晚餐。”①

那么，什么决定了凉山等级？血缘、族属以及居住时间等亦构成重要环节。② 不仅如此，马长寿的材料还说明，凉山的等级的形成还受到本地财富观、贵贱观、道德观等一系列观念形态的深刻影响。应该说，凉山社会等级的形成是一个复杂的历史过程，其间虽受现实的政治—经济因素影响，但这层影响绝非唯一的。

（二）等级间的双向互动

依照阶级分析的框架，《凉山社会面貌》较为强调等级关系中对抗性的一面，主奴关系被理解为剥削与被剥削关系，如“（瓦加）黄张氏沉痛地说：‘主子对我们就像栽青菜一样，长一片便摘一片来吃。弄得我们无吃无穿。’”③ 然而《则洛乡（初稿）》却一定程度上展现出等级关系中权力与义务的双向性。

首先，黑彝主人会将保护娃子的生命财产安全视为己任。曲诺阿补家和井姆家“打冤家”械斗事件中，阿补家很多成员都一致认为自己的黑彝主人曾经帮过很大忙，尽到保护自己的责任，甚至认为如果没有主人的保护，自己很容易就被捆去降级当了别人的娃子。④ 当然，除了武斗场合，保护娃子的意识也贯穿于彝人的日常生活中。林耀华 1943 年考察凉

① 马长寿遗著：《凉山罗彝考察报告》（上），李绍明、周伟洲等整理，四川出版集团、巴蜀书社 2006 年版，第 342 页。

② 全国人民代表大会民族委员会办公室编：《凉山彝族自治州布拖县则洛乡社会调查（初稿）》，1957 年 4 月，第 4—6 页。

③ 夏康农等：《四川凉山彝族地区民主改革以前的社会面貌》，《民族研究》1958 年第 1 期。

④ 根据记载，实际两家都请自己的黑彝主人帮助“打冤家”。帮井姆家的黑彝主人有吉狄阿什支、波什家、吉维家。帮助阿补家的黑彝主人有吉狄比依支、吉狄苏呷支，苏呷家吉狄俄约提供给阿补家子弹，并曾带三百多人参加助战，吉狄俄约还亲自指挥战斗。据事后井姆家说阿补家自己有 50—60 支枪，还有黑彝百余支枪。——全国人民代表大会民族委员会办公室编：《凉山彝族自治州布拖县则洛乡社会调查（初稿）》，1957 年 4 月，附录十一《白彝家支间打冤家的两件事例》，第 88 页。

山时对此印象深刻：考察团入凉山的保头黑彝里区打吉的两个娃子被人重伤后，打吉因此不愿再率团前行而要留在雷波处理娃子被伤一事。打吉的解释是："我带娃子从凉山来雷，若不带领他们回去，他们母亲问我要人，我有何辞相对?"林耀华评论说："语虽简短，其爱护娃子并负责之心溢于言表。"①

其次，照顾娃子。《则洛乡（初稿）》记有主奴间日常相处的如下场景：

> 黑彝或曲诺主人，为了缓和赤黑对自己的反抗，给予赤黑一些小恩小惠。
>
> 很多赤黑是主人给其配婚安家的，在某些赤黑安家时，主人给予耕食地。在我们了解 43 户赤黑中，有 13 户得到耕食地，占 30%。
>
> 某些主人也给赤黑一些赏赐，如过年时送六七块肉，据说是为了"表示对赤黑劳动的谢意"（赤黑赤拉语）。结婚时，按照习惯送三斤酒、一升荞面。赤黑家里死人时，有的主人甚至打羊、打牛款待赤黑的家门和朋友。
>
> 赤黑生病时，曲诺和个别黑彝主人有时也来帮助劳动一、二天，有的自带伙食，有的在赤黑家里吃饭，赤黑要以肉相待。赤黑缺粮时，有的主人送粮来，或喊赤黑孩子到自己家里吃饭。
>
> 有的主人不打不骂赤黑。赤黑受人侵犯时，主人维护他们的利益（这实际是维护主人自己的利益，因为赤黑是主人的财产）。……
>
> 赤黑母色洛、赤黑玛惹、赤黑阿巴等都认为主人对他们好，"像父母一样"。②

---

① 林耀华：《凉山夷家》，云南人民出版社 2003 年版，第 68 页。

② 全国人民代表大会民族委员会办公室编：《凉山彝族自治州布拖县则洛乡社会调查（初稿）》，1957 年 4 月，附录八《赤黑的阶级斗争》，第 80 页。

上述一系列日常生活的照顾中值得留意的是耕食地。耕食地即《凉山社会面貌》所称娃子耕种地，被认为是凉山存在奴隶制生产关系的证据之一，是奴隶主剥削奴隶无偿劳动并维持地位的重要手段。[①]《则洛乡（初稿）》保存下的零星记载却显示，耕食地或是一种主子经济上照顾娃子的惯用形式。

对主人而言，作为支援娃子经济生活的形式，耕食地的使用权可由娃子后人继承，主人一般不收回。彝族谚语称："吐出去的口水，吃不回去，吃回去害羞啊！"[②] 而对娃子而言，作为带有救济性质的耕食地，娃子不能自行转卖、转租或典当，否则会被认为"忘恩负义"。当娃子已有足够土地，生活能够维持或死亡时，有时主人会收回该地，或由娃子出钱购买。[③] 以上至少说明，除了从阶级剥削的立场去理解耕食地外，还应该看到耕食地的存在和使用受到凉山道德习俗的制约，作为主子对所属娃子应尽的义务被嵌入凉山主奴日常生活中。正因如此，我们方可理解《凉山社会面貌》里提到的一些语焉不详的事例，如雷波曲诺奴隶主曲比陆什和则洛乡黑彝奴隶主吉狄拉黑为何在自己无地或有地的状况下仍然要租入土地并将之赐予所属娃子作为耕食地的内在动因。

《凉山社会面貌》在讨论等级关系时强化了主子特权的一面，从而构成从阶级对立角度理解等级关系的基础。但是从小组报告初稿中透露出的一些信息看，除了特权之外主子也身负义务。对主子而言，正是因为存在权利和义务相制衡的关系模式使得凉山等级结构长久地稳定不变。林耀华对此深有感触："白夷娃子若有困难问题产生，主人必极力谋解决的方法，充分表示娃子事情自己应当负责，使白夷坦心服从，所以凉山迄今从

① 夏康农等：《四川凉山彝族地区民主改革以前的社会面貌》，《民族研究》1958 年第 1 期。

② 全国人民代表大会民族委员会办公室编：《凉山彝族自治州布拖县则洛乡社会调查（初稿）》，1957 年 4 月，第 28 页。

③ 同上书。

未闻白夷对黑夷叛变的事情。"①

最后，等级间的财产转移。《凉山社会面貌》认为娃子无完整财产权或毫无财产权，视其为娃子受压迫受剥削的例证。主子凭借等级特权，通过优先购买、吃绝业或任意侵吞等方式，最终娃子的财产毫无例外会转移至主子手中。② 事实上，财产并非完全自下而上的单向流动，亦存在反向流动的可能。这里再以四川调查组的另一份小组调查报告——《凉山彝族自治州甘洛县胦田乡社会调查报告（初稿）》（以下简称《胦田乡（初稿）》）为例子补充说明。

这份报告来自甘洛县胦田乡，形成于四川调查组 1957 年 5 月及 1958 年 6—8 月两次小组调查之后，1962 年 11 月付梓。不同于则洛乡，这里属于独立白彝区，曲诺为当地最高等级，尔吉、沙呷两个曲诺家支世代生活于此。报告记载各等级财产继承及处置权限变化时，谈到了继承主子财产的问题。所有权的承继方不再是"仗势欺人"的主子，反变为娃子。

例如"洛马村，沙呷阿木补火等七户都死绝了，留下很多田地，阿木补火死前嘱咐说：'我这份绝业，送给木姑守堵（纽戈）和阿木克拉（耶祖节）两家吧。'家门亲戚都没有异议。以致在民主改革时，这两户划成为劳动者成分，因其田地多，又较富裕"③。并且娃子有权处置继承来的财产。"沙呷阿木以哈在 6 岁的时候父母双亡，他便跟随他家的纽戈阿木克拉长大。以哈家有 6 斗苞谷种地，5 斗谷种田都给阿木克拉种，以哈称克拉为父亲。以哈长大后结婚另立门户，克拉同以哈协商将以哈父亲遗留的财产同他的儿子平分，以哈没有意见，家门也不过问，舅父也不干

① 林耀华：《凉山夷家》，云南人民出版社 2003 年版，第 68 页。

② 夏康农等：《四川凉山彝族地区民主改革以前的社会面貌》，《民族研究》1958 年第 1 期。

③ 中国科学院民族研究所、四川少数民族社会历史调查组：《凉山彝族自治州甘洛县胦田乡社会调查报告（初稿）》，1962 年 11 月编印，第 47 页。纽戈、耶祖节为当地称呼，相当于瓦加等级。——笔者注

涉。"[①] 当然，娃子继承财产有一定条件，比如代主抚孤。除以哈的事例外，"洛马村，15 年前，阿木布切死了，遗 4 岁小儿一名，外有田四升，地两升，房一幢，家具、农具等多件。家门将此孤儿交给其所属的马邀阿木夷合抚养，其财产和土地亦交阿木夷合处理。该幼儿称阿木夷合夫妇为父母，并听其教养。该子稍长后，便同阿木夷合之子同样的劳动，吃穿一样待遇。人人称道：'这是最好的娃子'"。[②]

"吃绝业"不一定是主子的特权，在一定条件下娃子亦享有吃主子绝业的权利。等级间处置财产的灵活性恰恰反映了凉山等级关系中权利和义务的相互性。这一点对主子和娃子双方都具有约束力。如前所述，主子享受等级特权的同时亦对娃子承担相应义务，娃子的权利和义务同样也是双向的。对娃子而言，之所以会产生"有条件"的权力，一句"这是最好的娃子"的评语即能道出缘由。实际上娃子的权利和义务互换当中关系到的是身为娃子对自身德性的理解。马长寿曾将此概括为"忠诚"："平时忠于耕作，忠于牧畜，忠于护主，忠于实行主之命令。战时，忠于防守，忠于攻杀，忠于为主人掠掳奴隶，忠于为主家门阀之名、英雄之民、奋斗到底。"[③] 正因如此，在娃子继承财产时，其继承条件本身均无涉利益，更多体现为道义责任。[④]

毋庸置疑，四川调查组充分意识到等级及其关系是认识凉山社会的起点和关键，因此对该问题着力尤深。但从以上被舍弃的材料中可以看出，凉山的等级及其关系的产生和延续是一系列地方观念形态共同作用的结

---

① 中国科学院民族研究所、四川少数民族社会历史调查组：《凉山彝族自治州甘洛县腴田乡社会调查报告（初稿）》，1962 年 11 月编印，第 82 页。

② 同上书，第 47 页。"马邀"即"麻邀"，相当于瓦加等级。——笔者注

③ 马长寿遗著：《凉山罗彝考察报告》（上），李绍明、周伟洲等整理，四川出版集团、巴蜀书社 2006 年版，第 343 页。

④ 主子死后无子（包括女儿），经家支同意，或用遗嘱将财产给予所属娃子。继承的娃子有义务办理丧葬事务、打猪煮酒招待死者的亲族，供奉死者的灵牌，有权处置该项遗产。——中国科学院民族研究所、四川少数民族社会历史调查组：《凉山彝族自治州甘洛县腴田乡社会调查报告（初稿）》，1962 年 11 月编印，第 46 页。

果，并不能纯粹用阶级分析的视角来解释。然而在阶级分析的框架下，《则洛乡（初稿）》及《腴田乡（初稿）》的撰写者都仅将这些材料视为等级关系中主子对娃子的“笼络手段”“小恩小惠”或是“欺骗”等，到了《凉山社会面貌》中更将之彻底忽略或回避掉。事实上，《凉山社会面貌》不仅对调查材料的取舍失之简单粗暴，而且对经典理论中诸如阶级、阶级关系的形成和互动等问题的理解亦是简单化的，这就造成经济结构成为理解等级问题的唯一视角，等级及其关系的实质被完全归结为阶级关系。这些无疑都强化了凉山作为奴隶制社会的一面。在此基础上单向度的凉山奴隶制社会面貌被呈现给了外界。

与此相反，20 世纪 50 年代末国家开展“民改复查补课”，准备按照财产状况，把某些黑彝的身份划分从“奴隶主”纠正为“劳动者”，却遭到部分黑彝自身的极力反对。彝族学者潘蛟认为，黑彝此举是为了避免来自等级内部的歧视。[①] 这一例子表明，在经济剥削和人身支配已经彻底退出历史舞台的社会主义阶段，等级身份维护仍然受到相当重视。而安·麦克斯韦·希尔在独立的民族志调查、考察小凉山地区社会历史调查材料及其他学者的研究后发现，小凉山彝族是“有奴隶的社会”，但不是“奴隶社会”，甚至可以进一步说彝族不是等级社会而是以亲属为基础的社会，家支在其中扮演了最重要的角色。[②] 另一位彝族学者马尔子也持类似看法。[③] 此处辨析的目的不是为了论证凉山彝族究竟是奴隶社会、等级社会抑或家支社会，而是说明在考察更为完整的材料之后，对于凉山社会性质可以产生更多维度的认识。

---

① Pan, Jiao., The Maintenance of the Lolo Caste Idea in Socialist China, *Inner Asia: Occasional Papers* 2.1: pp. 6—7, 1997.

② ［美］安·麦克斯韦·希尔：《小凉山的俘虏、亲属和奴隶》，阿嘎佐诗译，《广西民族学院学报》（哲学社会科学版）2005 年第 3 期。

③ 马尔子：《对旧凉山彝族社会结构的再认识及“黑彝”“白彝”的辨析》，《凉山民族研究（1992—1993）》，民族出版社 2011 年版，第 38—48 页。

三 改造民族：调查中的政治任务

从学术探讨层面看，四川调查组所持凉山是奴隶制社会的观点与其余三种观点之间，争论的焦点集中在“对凉山彝族地区生产力水平的不同估计、安加（即瓦加——笔者注）和曲诺两个等级的阶级属性的不同判断和土地租佃关系性质的不同看法”。[①] 四种观点存在差异的主要原因，是观察者基于各自对马克思主义社会形态理论的理解诠释了凉山社会的具体材料。从现实层面看，身为四川调查组的成员，李绍明等人从一开始就十分清楚，得出凉山社会性质结论的意义不完全是为了在学术层面提出或支持某一派学术争鸣的观点，更在于要解决现实的民族工作问题，用李绍明自己的话讲即，“社会性质是确定社会改革的前提”。[②]

1949 年中华人民共和国成立，中国共产党制定了一系列旨在让中国尽快从新民主主义社会过渡到社会主义社会的改造方案，其中包括对农业、手工业和私营工商业的社会主义改造以及农业合作化运动。大规模的改造运动率先在汉族地区推行，而在处理少数民族地区社会改造的问题上，中国共产党提出，对边疆少数民族地区的改造切忌采取急躁冒进方式，只能在时机和条件成熟的情况下，与少数民族群众充分协商后再推行。[③] 1956 年春天，汉族地区社会主义改造已经基本完成，加之 1954 年 9 月第一届全国人民代表大会上已经制定并通过了《中华人民共和国宪法》，从法理上阐明了民族地区进行民主改革以及社会主义改造的必要性。[④] 因此，如何根据少数民族地区不同的社会状况进行改革，从而引导

---

① 宋蜀华、满都尔图主编：《中国民族学 50 年（1949—1999）》，人民出版社 2004 年版，第 168 页。

② 李绍明口述：《变革社会中的人生与学术》，世界图书出版公司 2009 年版，第 163 页。

③ 国家民族事务委员会政策研究室编：《中国共产党主要领导人论民族问题》，民族出版社 1994 年版，第 44—46 页；中共中央文献研究室编：《建国以来重要文献选编》（第 5 册），中央文献出版社 1995 年版，第 655—658 页；中央文献研究室等编：《邓小平西南工作文集》，中央文献出版社 2006 年版，第 197 页。

④ 人民出版社编：《民族政策文件汇编》第 2 编，人民出版社 1958 年版，第 7 页。

少数民族同汉族一样实现向社会主义社会过渡，成为中国共产党需要着手解决的急务。

1956 年 3 月，毛泽东在中共中央的一次会议上提出，有必要在全国范围内调查少数民族社会和历史状况，同时委托时任全国人民代表大会常务委员会副委员长的彭真主持这项工作。4 月，全国人大民族委员会制定并通过了《关于在少数民族地区进行各民族社会历史情况的调查研究工作的初步规划》，标志着全国少数民族社会历史调查工作进入筹备阶段。筹备阶段主要围绕两项工作展开：其一是组建调查队伍。按照设想第一阶段的调查工作由 8 个组承担，分别是内蒙古东北调查组、新疆调查组、四川调查组、西藏调查组、云南调查组、贵州调查组、广西调查组和广东调查组。其二是委派中央民族学院研究部按照社会发展的 3 个阶段编写《社会性质调查参考提纲》，作为指导各组调查工作的参考文献。8 月，经过短期密集培训，各调查组奔赴不同的调查点开展工作，至此为期 8 年的全国少数民族社会历史调查工作正式拉开了帷幕。①

第一阶段工作的核心是调查少数民族社会性质。对新执政的中国共产党人而言，社会性质调查有着重大的现实意义。在 1956 年 3 月 31 日全国人大民族委员会、中央民族事务委员会和中央民族学院相关负责人会议上，彭真转达了毛泽东提出的要求："我国有些少数民族也准备进行民主改革了，需要把少数民族社会历史情况搞清楚，以便采取相应的对策。"② 少数民族社会历史情况调查包括确定其社会性质，可以说，确定少数民族社会性质被认为能够为制定切实的民主改革方针政策提供客观依据。这一点与中国共产党的革命经验是一脉相承的。中国共产党认为自己领导下的中国革命之所以取得胜利，与准确地把握了旧中国

---

① 本段基本史实参考宋蜀华、满都尔图主编《中国民族学 50 年（1949—1999）》，人民出版社 2004 年版，第 109—114 页。

② 中共沧州市委党史研究室编：《刘格平文集》，中央民族大学出版社 1999 年版，第 430 页。

的社会性质有着密切的关系。正因如此，少数民族社会性质调查从一开始就被认为不是单纯的学术工作，而带有强烈的现实色彩，具有为现实政治服务的一面。

关于少数民族社会性质调查能够为实际的民族工作所用，费孝通和林耀华在联合撰写的系列文章中，对此也有清楚的表述："关于各少数民族社会性质的研究是我国民族学当前的重要任务，也是今后一段时期中的中心工作。目前各少数民族正在或即将进行社会主义改造，而在社会主义改造的问题上，如《中华人民共和国宪法》序言中所规定的，将充分注意各民族发展的特点。各民族社会性质的研究的目的就在于明确他们发展上的特点，因此，这项研究是和当前民族工作密切相结合的。"① 可以说，作为民族工作的一部分，社会性质调查的结论不仅要反映、记录少数民族社会改革前的实际状况，而且也要为制订改革的方案提供负责任的依据。

值得注意的是，前面已提到过社会性质调查并非始于少数民族社会历史调查组。这项工作启动之前，新中国成立伊始，中央政府已采取各种形式摸查民族地区状况。除派出工作组进入民族地区调查外，还邀请专家学者参与调查各民族的社会状况，这些活动中已经包含确认社会性质的内容。不仅如此，少数民族社会历史调查组虽然被认为要为各地民主改革的政策制定提供指导依据，但事实上，一些被调查民族的民主改革工作早在调查结论公布之前（甚至在调查组成立之前），已经按照先期的调查结论制订方案并开始改革了。比如云南省 1955 年 2 月已启动和平协商的土地改革，5 月，德宏傣族景颇族自治州实施了民主改革，紧接着改革推至西双版纳、思茅、临沧及怒江等民族地区。这些改革所依据的是 1953—

① 费孝通、林耀华：《关于少数民族社会性质的研究》，《人民日报》1956 年 8 月 14 日。后发行单行本，见费孝通、林耀华《中国民族学当前的任务》，民族出版社 1957 年版，第 13—14 页。

1955 年社会性质调查成果。[①] 在这层意义上，1956 年少数民族社会历史调查组所从事的多属再调查、再确认的工作。

具体来看四川调查组的情况。1956 年 2 月凉山州人代会第三届第一次会议上已通过《四川省凉山彝族自治州民主改革实施办法》[②]，作为指导凉山彝族社会改革的总体方案，该《实施办法》明确提出改革的目标是："废除奴隶制度，解放奴隶，实行人民的人身自由和政治平等；废除奴隶主阶级的土地所有制，实行劳动人民的土地所有制，解放生产力，发展生产，为实现社会主义改造、开展合作化运动创造条件。"[③] 这说明在 10 月四川调查组到达凉山前，该地区已经被基本认定为奴隶制社会，并按此性质着手进行民主改革了。据胡庆钧的回忆，凉山改革的筹划工作早在 1953 年就已经启动。"1953 年中央民族事务委员会办公厅主任杨静仁衔命前往四川队彝族社会'定性'听取意见。1955 年 9 月中共四川省委、中共西康省委报往中央的《关于四川彝族地区实行民主改革的初步方案》中，就明确提出'目前彝族地区基本是奴隶社会'；并据此在 12 月 15 日制订了《四川省凉山彝族自治州民主改革实施方案》，经由自治州第三届人民代表会议第一次会议通过，报四川省人民委员会批准后公布施行。"[④] 那么，为什么四川调查组仍要举一组之全力再次调查凉山的社会性质呢？李绍明的回忆说，原因是凉山民主改革先期试点刚开始不久，1956 年初，这里就发生了旨在反对改革的叛乱。此时的凉山，成为全国少数民族民主改革工作中一个棘手又必须迅速解决的难题。

这场叛乱打乱了整个凉山民主改革的计划，一方面改革计划被迫暂时搁置；另一方面全国人大民族事务委员会不得不立即派出张英达率领的调

---

① 马曜：《云南少数民族社会历史调查回顾》，载于宝林、华祖根主编《中国民族研究年鉴（1999 年卷）》，民族出版社 2000 年版，第 59—74 页。

② 笔者注：此方案 1956 年 3 月获得中共中央批准。

③ 转引自秦和平《四川民族地区民主改革研究——20 世纪 50 年代四川藏区彝区的社会变革》，中央民族大学出版社 2011 年版，第 64 页。

④ 胡庆钧：《凉山彝族社会历史调查回忆》，载于宝林、华祖根主编《中国民族研究年鉴（1999 年卷）》，民族出版社 2000 年版，第 32—33 页。

查组，于1956年3—9月前往凉山进行调查。调查的目的是进一步核实凉山的社会性质。出人意料的是，张英达一行上报的调查结果却认定凉山是封建制社会。封建制结论的出炉意味着，前期按照奴隶制特点对凉山进行的试点改革可能存在判断失误。鉴于张英达组得出的结论，夏康农率领的四川调查组将所有的调查任务锁定在凉山社会性质上，其目的只有一个——再度核实张英达的调查结论。[①]

正因如此，四川调查组调查凉山社会性质从一开始就与紧迫的现实工作有着直接的关联。作为凉山民族工作的有机组成，四川调查组肩负着评估凉山民主改革前期政策制定正确与否，继而明确下一步改革策略的任务。简单而言，它直接关系到凉山地区民主改革能否顺利有效地推行。在这个意义上，四川调查组的凉山之行不是发现彝族社会性质的过程，而是在已有判断预设的前提下进一步确认的过程。李绍明们即将展开的调查，从一开始就是一项政治目的明确的任务：

> 我们当时在四川做的就是解决凉山彝族社会性质的问题。本来这不是社会历史调查唯一的重点，社会历史调查应该全面的调查，应该解决民族志的问题。前期解决民族志，后期解决民族史的问题，这已经是当时确定的任务。结果四川特殊，全部进到了（社会性质调查）。我一直在讲，（社会性质）不是我们学人类学、学民族学的强项，这是学政治经济学、学前资本主义生产方式或者社会形态的强项，是他们的研究内容，不是我们民族学研究的内容。……我们社会历史调查组是个综合的调查组，里面有学经济学的，（在这方面）他们就比我们能干，他们的理论比我们学得多，我们有点赶鸭子上架的。但是以后我们也做得不赖，那个也没有什么了不起。[②]

① 李绍明口述、王林整理：《我与凉山彝族奴隶制研究》，《当代史资料》2003年第4期。

② 李绍明口述：《变革社会中的人生与学术》，世界图书出版公司2009年版，第170页。

基于此，和其他省的社会历史调查组相比，四川调查组的工作完全按照确立社会性质的要素展开，只围绕经济基础、阶级分析进行，而对与社会性质“无关”的其他环节如宗教、婚姻家庭、亲属制度等方向一概不列入调查范围。

应该说，确定社会性质是新中国在少数民族地区开展社会改造的基础，它决定了少数民族地区向社会主义社会过渡的方式、方法和步骤。如前所述，四川调查组最终的结论认为凉山是奴隶制社会。这个结论再次肯定凉山彝区的社会改造将按照奴隶制社会向社会主义社会过渡的方法进行。作为奴隶制社会，凉山改造的关键不仅是实现土地占有权更替，而且要解放奴隶被束缚的人身自由，废除凉山人身占有的制度。其具体措施有：“没收奴隶主的土地，由政府拨款征购其多余的牲畜、农具、粮食和房屋；废除奴隶主的一切高利贷剥削，所有奴隶主和奴隶同样分得一份土地，牲畜和农具等生产资料，成为自食其力的劳动者；同时采取比汉区缓和的背对背的批斗方式，向奴隶主转告奴隶的诉苦内容。”① 民主改革的继续预示着彻底改造凉山社会的工作已经全面地展开。新中国希望通过执行分地、废除人身依附关系、建立互助协作关系等措施，使凉山彝族社会内部消除等级剥削、等级压迫。通过具体政策的推行，为凉山彝区从未实现的民族内部的平等和繁荣创造条件，继而实现全民族的平等和共同繁荣。另外，通过实施于凉山彝区的社会改造，彝族人民将真正与其他各民族人民共同成为新的社会主义国家中不可分割的一分子。

四　学术与政治之间的距离

晚年的李绍明心里十分清楚，这项完成于20世纪50年代的凉山社会性质调查，却成为后来者质疑这代学者的地方之一。原因在于凉山社会性质调查背后附着上述强烈的政治意图。它让后辈学者认为，调查丧失了学

① 李绍明口述、曾穷石整理：《李绍明谈民族地区民主改革》（未刊稿），2006年10月1日，西南民族大学一教103室报告会。

术研究本应该具有的独立性。[①] 对这样的批评，李绍明是知道的，但他说："虽然现在有些人否定说，（19）50年代这批民族学家就只会跟着共产党后头走，净干些没名堂的事儿，但是我们真正看到底是不是没名堂的事时，我以为成绩仍然是主要的，而问题也是存在的。每个时代都是有每个时代的问题，不能据此完全否定成就啊。"[②] 对于调查服务于政治任务的批评，他并不以为意。在他看来，当时用凉山社会性质的调查结果服务于现实目标，完全具有正当性。学术与政治之间，学术与现实社会之间保持紧密的关系本是一件理所应当的事情。为此他说："你问我是不是民族学一解放就紧接着为政治服务了？是的。我答复你，是的。学问不为社会服务，为谁服务？中国学术传统讲究经世致用，就是学术为社会所用，学术要服务于社会，学术要为社会进步服务。"[③] 不可否认，据前文的分析，调查为论证并服务于现实政治之需而动，离真实反映和认识凉山社会面貌尚有一段距离。在这个层面上，后来者的批评具有一定合理性。

然而，学术研究受制于时代政治的需求，这本身就是一个普遍性的问题，并非仅存在于20世纪50年代的中国。西方人类学学科史上，无论是殖民时代还是后殖民时代，人类学调查和研究中政治权力的潜在影响，让人类学学者和人类学知识本身自觉或无意识与背后的政治意图合谋，因而难以保证所谓科学客观以及言论和价值的中立。这一点已被斯托金等学者充分论述过。当然，肯定政治权力对人类学知识产出的决定性影响外，斯

---

① 主要成果如：王建民、张海洋、胡鸿保：《中国民族学史（1950—1997）》（下卷），云南教育出版社1998年版，第201页；［美］顾定国：《中国人类学逸史：从马林诺斯基到莫斯科到毛泽东》，胡鸿保、周燕译，社会科学文献出版社2000年版，第186—187页；王铭铭：《人类学在20世纪中国》，见李培林、孙立平、王铭铭《20世纪的中国：学术与社会·社会学卷》，山东人民出版社2001年版，第421—422页；谢燕清：《中国民族学田野工作反思——以五六十年代民族大调查为例》，《民俗研究》2004年第2期等。定宜庄、胡鸿保以满族调查和研究的个案说明，当年调查时政治权力过度且无理的干预造成满族调查方向性的失误，其后果至今犹存。见定宜庄、胡鸿保《寻找满族——思考"少数民族社会历史大调查"及其影响》，《清华大学学报》（哲学社会科学版）2009年第2期。

② 李绍明口述：《变革社会中的人生与学术》，世界图书出版公司2009年版，第164页。

③ 同上书，第163页。

托金等人还看到，诸如个人化的人生经历等因素同样影响着创造知识的学者。[①] 斯托金等人的研究已提醒我们注意凉山社会性质调查与现实政治之间的关系。政治环境对学者个人的塑造作用，稍后我们也将会讨论到。不过，我更感兴趣的是，我对李绍明说上述一番话时略带激动的神情依然印象深刻。这样的反应引起了我的注意：这些带有辩解之意的表白所透露出的信息，是否值得用同理之心去理解？事实上，李绍明的案例中我们会看到当事者更主动自觉地与现实政治合作的一面。简言之，在李绍明的身上，学术与政治之间关系，虽不是不可非议之事，却也提示了我们一些其他的理解维度。

正如第一章所示，李绍明这一代学人会自觉地信服于新国家一套新的理念，并且自觉地服从于和服务于国家的需要，是出于亲眼所见、亲身所感新中国成立以后，新的社会带给整个国家的信心和希望。

一方面，在这套国家的新意识形态理念之下，少数民族地区作为落后的象征，是在李绍明上学时期就已经形成的真切印象。对这些“落后”的民族，他认为当然唯有通过彻底的社会改造，方能帮助他们走上进步繁荣的道路。社会性质的判别揭示出，国内各民族正处于不同于社会主义阶段的历史发展各阶段，这样的事实直接表明国家内部各民族之间存在着差异性和多样性。尽管用今天的学术眼光来看，这些差异性和多样性是值得尊重并深刻理解的。然而，对李绍明所处时代而言，他们则相信，在全社会共同进步、共同繁荣的宗旨面前，民族之间体现出的差异，一定是必须消除的落后代表。为此他向我举例表明，破除凉山奴隶制的落后景象势在必行：“我说即使在国民政府的管辖之下，随着社会的前进，他们也要（对凉山）进行改革。不改革行吗？当时所谓‘独立倮倮’四处抓娃子的地方，常抓人去当娃子。西昌有一个技术专科学校，当时是西康唯一的一所高等学校，男女生宿舍的厕所隔宿舍还有一段路，晚上起来小便，奴隶

① George Stocking, ed., *Colonial Situations: Essays on the Contextualization of Ethnographic Knowledge*, *History of Anthropology*, Vol. 7, University of Wisconsin Press, 1991.

主就派人在这里蹲点，把袋子套在你脑袋上，绳子一捆，抓走当娃子。民主改革时我们找到当年的这种被抓走的学生，在那里已经当娃子五六年了，小孩都生了。你想吧，矛盾好尖锐嘛！所以改革是必然的。”①

李绍明讲这个例子，目的是从民族矛盾关系的角度说明凉山社会改革的必要性，更重要的在于从中也反映了他之所以支持国家在凉山推行民主改革的心态。这一行动符合他对实现心目中理想社会的追求。在他看来，追求没有压迫和剥削的社会，实现各民族相互平等、共同进步、共同繁荣，唯有通过对少数民族地区进行民主改革，帮助他们完成社会主义改造，和汉族一起进入社会主义阶段，才是实现这些理想的一条行之有效的途径。他相信，全国各族人民共同迈进社会主义新中国，只有在这样的社会中，消灭剥削制度，消除少数民族各阶级间、各民族间的差异和不平等才成为可能。也正因如此，他会严词驳斥反对者：“民主改革就真的把（彝族）文化斩断了吗？把奴隶制度废除是个进步呀。如果你本人是个奴隶，要是不改革你还在奴隶主家里围着锅庄转呢。”②

此外，若非亲眼目睹民主改革给凉山彝族地区带来的变化，不足以让人相信发生在那里的改革具有必然性。而李绍明恰好作为见证者理解到了这一点。他描述当时的情景是：“（改革后）老百姓不一样，对于汉人、对于共产党是非常感谢。……改革就分土地给他，老百姓是流泪啊，给你跪下表示感恩。他觉得这是对他的恩情。他从来没有地啊，他在奴隶主家里就种奴隶主的地，一天就劳动，有些种地、有些家务劳动，一生没有吃好，没有穿好。现在他有自己的地了，人身又得到了自由，而且分得劳动工具、衣服，还给他救济，他是感恩的心情，的确是这样。那时群众和工作队的关系可以说真是鱼水的关系，这个不是假的，是真的。”③

另一方面，身为“抗战”中成长起来的一代，李绍明和伙伴们的童

---

① 李绍明口述：《变革社会中的人生与学术》，世界图书出版公司 2009 年版，第 164 页。

② 同上。

③ 根据 2007 年 6 月成都采访李绍明的笔记。

年和少年时光是在日军战机的轰炸声度过的。抗日战争在民众中间激起的爱国情感，折射到这些少年身上表现出对国家兴亡的责任意识，并被朴素地表现为“要好好学习，报效国家”[①] 这样的决心中。少年李绍明立下的志向之一是将来要“做点大事”。那时在他看来，所谓“做点大事”按传统的理想状态莫过于出将入相（“做大官，做大事”），而更切实的途径则是力所能及地“对认识和改造社会会有点贡献”。[②] 这一逻辑指导他放弃家庭为他安排的从医道路而选择学习社会科学。并且随着人生履历的变化，少年时代业已形成的观念在国家建设不断推进的处境下得以进一步巩固。

进入大学，尤其是1952年院系调整开始，国家按照苏联式专业化教育的模式，致力于将李绍明们培养成能为国家建设所用的专业性人才。通过专业教育以及课堂之外不断的实践教育，将所学与实际工作联系在一起，全心全意参与国家建设，为建设新中国服务，也成为新时代学人的行动准则。在民族工作和研究领域，强调学科的实用性也让民族研究具有了强烈地为国家民族工作服务的色彩，这一点是身处时代当下学人的共识。正如费孝通所言：“这种和实际密切结合、为社会主义建设服务的科学研究计划，正符合当前知识分子的要求。当前，知识分子迫切要求的是得到能用他们专长为人民服务的机会，只有国家的需要和知识分子的专长恰当地结合起来，才能真正地发挥知识分子的积极性和创造性，才能充分地把他们的力量用在国家的事业中去。”[③]

第一章里我们看到，将专业知识的学习和研究与不同时期的中心工作相联系，是李绍明求学时期已深刻理解的时代要求。在某种程度上，对他这样由新中国培养的知识分子而言，维护国家利益并参与国家建设，在其中所表露出的热情完全是他们内心愿望的真实反映。这种建设热情延续到

---

① 李绍明口述：《变革社会中的人生与学术》，世界图书出版公司2009年版，第35页。

② 同上书，第43页。

③ 费孝通：《开展少数民族地区调查研究工作》，见其《费孝通民族研究文集新编：1951—1984》（上卷），中央民族大学出版社2006年版，第228页。

他们的工作当中，直观地呈现出李绍明所说的面貌："那个时候我们没有认为做这个（指调查）工作是苦的，从没有任何人有过这种想法。那个时候是以苦为荣，到艰苦的地方工作是很光荣的，尤其是以民族学工作者的身份。那个时候的人比较单纯，也不怎么为名、为利，调查后写出了成果就署单位的名字，没有个人的名字。那个时候也不要记工分啊，也不要提职称嘛，那个时候可以说什么都不要嘛。提拔你就是只看你的表现，可以说做的事情与个人前途有关，但不是必然的关系，大家也不太计较这些。……当时能去从事这项工作都是很振奋的一件事，非常愿意去，是去接触实际的。"①

至于自己，李绍明回忆20世纪50年代的经历时慨言道："当时的大学生是全身心投入到国家建设中的。我们所做的事情都是国家的需要。我们相信一定要为此付出，而且付出后肯定是有收获的，所以当时我写过一个座右铭贴在书桌上：'只问耕耘、莫问收获，种瓜得瓜、种豆得豆。'至于收获在哪个方面，我们是不计较的。对我们而言什么叫参与国家建设，就是做好本职工作。"② 有如此的认识，让他能够欣然接受将凉山社会性质调查视作国家建设的一部分，并且使之成为一项他必须做好的工作。

不过，暮年接受采访时，他尽管仍表达了对学术必须服务于政治的深刻认同，同时也表示："问题是应当怎样服务，不是说政府确定一个政策，我就去解释它，说它是正确的，不是；而是制定政策之前做学术准备，科学的准备，这叫科学决策。……随着社会的进步，国家很多政策的确定都是经过充分研究后制定的，这是个民主决策的过程，科学决策的过

① 李绍明口述：《变革社会中的人生与学术》，世界图书出版公司2009年版，第166页。其实不仅李绍明如此，两部针对社会历史调查组成员的回忆实录中，这是这代人共同的记忆，具有普遍的意义。郝时远主编：《田野调查实录：民族调查回忆》，社会科学文献出版社1999年版；揣振宇主编：《伟大的起点：新中国民族大调查纪念文集》，中国社会科学出版社2007年版。

② 根据2008年9月成都采访李绍明的笔记。

程，这个才是真正的学术为政治服务。”[1] 不仅如此，对于20世纪五六十年代学术与政治之间的关系，他会用更中肯的评价道：“（19）50年代以后是把学术应用的一面很机械地套用起来了，学术就要解释政治方面制定的方针、政策，你的研究成果是说明这个问题的正确性，不能有点异议。这哪是学术呢？”[2] 这些话使我意识到，如果说晚年李绍明正处于不断回忆和反思自己学术人生的历程的话，那么，此时李绍明心目中认可的学术与政治之间关系，一定不是后辈学者批评他们所犯问题的样子。事实上，他认可的是二者之间应有的距离。这个距离意味着学术讨论应该有不受政治束缚的自由，唯有如此，学术才能更好地为政治服务。基于这种反思，在他学术人生越往后的时期便看到这样的心路：尽管一直提倡学术的应用性，但又对当下学界应时而作的研究颇为不满，转而极力呼吁加强基础研究的力度，譬如民族志的写作。他称为必补之课。[3]

此外，作为知识分子，李绍明还表现出对自己身份包括所赋予权力的看重。再谈及当年时他会说：“少数民族进步的问题、改革的问题，不听民族学家、学者的意见，不依靠这些人，随心所欲搞一套是不行的。”[4] 这样的言论中我们依稀看到在这位新中国的知识分子身上，或许仍然保留着传统知识人自觉担当国之栋梁的痕迹。国之栋梁不仅在于承认自身作为参与现实之上，也表现在对自身独立价值的坚持上。若此番推测合理的话，我们就不难理解发生在李绍明人生经历中的言与行。他既会坚持凉山社会性质调查用客观结论支持了少数民族的社会改造，也会经历“肃反”运动残酷斗争后，到了1959年又忍不住“多嘴”说出云南巧家“三面红旗”“全民皆兵”的实情，最终落了个“右倾分子”的名衔。

当然，我们试图去理解李绍明的学术人生与政治权力间的关系时，也必须看到所处时代的特殊性——国家化色彩愈加浓厚对这代学人造成的影

① 李绍明口述：《变革社会中的人生与学术》，世界图书出版公司2009年版，第163页。
② 同上书，第107页。
③ 同上书，第236—237页。
④ 同上书，第163页。

响。这个过程中，身在其中的个人除了接受国家规范的规训外，还必须面临随时不断再调试以适应规范本身的境地。

阿坝州民族干部学校教书的两年中，李绍明常会在周末，带上一两个学生，跑到周围村寨去走访调查。李绍明的学生大多是来自阿坝各县各乡的基层民族干部，和他们一同去调查，不但沿途就能了解到当地风物掌故，而且他们本身就是一名好翻译，这些便利因素保障了李绍明的调查得以顺利进行。这段生活里他开始陆续写作了一些探讨当地少数民族的学术文章。此时期他的写作已经开始尝试分析当地羌族和嘉绒藏族的社会性质。这些文章大多都几经修改，但大多数都从未发表过。

通过分析羌族的历史，李绍明指出，隋唐时代由于吐蕃建立了中央集权的封建制国家，使得羌人与吐蕃的接触中，“诸羌在经济、政治、文化各方面都受其强烈的影响，而渐与之相融合，构成近日川甘青藏人之主体，其中小部滞留于岷江上游两岸的山谷间，与吐蕃接触不多，仍保持其固有的文化，即是今日的羌人，他们也从此时进一步地向封建社会发展。”[①] 随后他亦指出，尽管羌族大部分地区在隋唐时期已经进入封建社会，但有的地区至今仍未完成向封建社会的过渡。他根据自己的调查指出，川甘青交界处的若尔盖牧区今天仍分为12个不相隶属的小部落，土地属于部落所有，由世袭的“洪布”（土官）统一掌握。这里氏族制度已解体，出现一定的私有制迹象，民众之间开始出现了区划，但尽管如此，若尔盖牧区的贫富差距仍然不算大。不仅如此，他看到，当地民众与土官之间的阶级关系表现得较为平和。一般情况下，百姓对“洪布”不纳粮、不纳畜产品、也无其他的义务，洪布则有权力代表本部落，维护本部落的利益，以及处理部落内与部落间一切事务。所以说，他觉察到，当地百姓与“洪布”的关系其实甚为良好。因此，结合史实李绍明认为：“他们的政治制度尽管被罩上一层历代封建王朝强加于他们的‘土司制’的外壳，

---

① 李绍明：《羌族的历史及其社会性质之初探》（未刊稿），1955年12月四川刷经寺民干校，第24页。

但其经济基础仍未改变，具体说来正处于氏族社会瓦解阶段——家长奴役制的封建制的过渡期中，即农村公社的阶段。”[①]

此时，李绍明已经开始按照马克思主义社会发展规律的解释模式，将羌族的社会进程划归于特定的历史阶段。但是可以看到，在羌族的个案里面，李绍明所持论点，与奴隶制并非社会发展必经阶段的观点是一致的。他所考察的历史中，羌族没有出现明显的奴隶制特征，却在隋唐这个关键时段，进入了封建时代。不仅如此，以他所见到的现代羌族社会的面貌而言，李绍明也发现了原始社会与封建社会特征相互混杂的现象。因此他有理由相信：“羌族与藏族一样，均是没有经历过奴隶制的阶段而直接由原始公社过渡到封建社会的。”[②] 紧接着，他将羌族的这一社会特性归因于外来政治经济力量的作用。即，历史上羌人和藏人都没有征服和占领过奴隶制的国家，羌人被封建化的中央王朝和吐蕃王朝包围着，一方面不断受到成熟的汉唐封建社会的影响；另一方面被吐蕃征服统治下而逐步完成向封建制过渡。[③]

当然，李绍明认识到奴隶制不是必经阶段，但不代表他不认可存在过奴隶制社会。

同一时期，他根据 1954—1955 年在四土嘉绒藏区的调查所得，于 1955 年写下了一篇关于四土嘉绒地区社会形态的文章，文中就讨论了奴隶制社会的问题。这是一篇典型的 20 世纪五六十年代风格的论文。受苏联的影响，中国学界的学术写作格式上出现了“斯大林式”的风格。一般论文开头要引用马克思主义的哲学概念，然后才切入正题。[④] 依照这样的模式，文中李绍明讨论过马克思主义经典作家对东方奴隶制的界定后，

---

① 李绍明：《羌族的历史及其社会性质之初探》（未刊稿），1955 年 12 月四川刷经寺民干校，第 26 页。

② 同上书，第 31 页。

③ 同上书，第 31 页。

④ 转引自［美］顾定国《中国人类学逸史：从马林诺斯基到莫斯科到毛泽东》，胡鸿保、周燕译，社会科学文献出版社 2000 年版，第 161 页。

才引入了对四土嘉绒藏族社会整体性的描述，最终得出结论："四土地区基本适合于东方奴隶制度，而不是以劳役地租为主，实物地租也占有相当地位的初期封建社会。它符合东方奴隶制的：（一）土地国有制，存在着公社制度的残余，此种残余对社会有严重的影响；（二）家内奴隶制的发达，但从事社会主要劳动的不是家内奴隶，而是公社农民，实际上农民群众受到与奴隶不相上下的剥削；（三）债务奴隶制的长期存在；（四）自然经济占着统治地位；（五）一般是专制主义的政治形态，而不是希腊罗马那样的奴隶民主政体，这几个特征。"①

不仅如此，李绍明亦指出，尽管明清两代对该地区采用土司制度控制，但实际上，嘉绒每一土仍是一个小王国，土司就是国王——最大的奴隶主，土舍、头人仍然是贵族奴隶主。在他看来，奴隶制之所以能够维系，是因为封建王朝册封土司的行为并未动摇嘉绒社会的经济基础。因此，总体而言，嘉绒社会虽长期处于两大部族（汉族与吐蕃）的影响中，这两大部族都已进入封建社会阶段，因此嘉绒社会自然打上了许多封建制的烙印，同时这也意味着封建势力的逐渐深入，但其社会内部仍然是奴隶制社会。

1955—1960 年间李绍明数次改动这篇文稿，但终是没有示人，直至 1987 年才在这篇旧文的基础上沿用"四土嘉绒藏区社会形态"之名发表了一篇新的文章。对比之下，新文的行文删节颇多。翻阅李绍明的这些旧作时，在他写于 1958 年的第三稿《四土嘉戎藏区社会性质》的文后，我发现了一段 1960 年所写的补记，从中或许能够探得这篇文章的夭折命运之缘由：

> （19）60 年 8 月重新审阅一遍，认为此文对嘉戎藏区的观点有以下几个问题：1. 将嘉戎藏区区别出来加以讨论，这与整个民族团结

① 李绍明：《论四土嘉戎藏区的社会性质——古代东方奴隶制之试探》第二稿（未刊稿），1956 年 6 月 19 日刷经寺，第 37 页。

> 精神相悖。2. 嘉戎藏区的土司制与其他若干藏区的土司制相同，要孤立起来讨论，是站不住的。3. 对嘉戎藏区的社会性质，在民改时党委已作出结论，即封建农奴制，并将此与西藏若干地区加以等同起来。认为嘉戎藏区是古代东方奴隶制的提法，不仅是标新立异，而且直接与党委结论相忤，这是错误的和危险的。4. 提出古代东方奴隶制的最有力的讨论是"土地国有制"，但这一点有人又以为嘉戎并非为国，而是从独立之部落发展而来者，认为"国"的提法是与整个伟大祖国之各民族之共同祖国这点相悖的，这点是从学术意义上提出，但并难免于嫌疑。是故学问之道宜慎之者再，切不可急于求成，而之谬误，更不可成为错误之观点、受批判之对象，犯修正主义和政治上之错误！①

原本从第一稿开始，李绍明在这篇文章中一直认为，四土地区的嘉绒藏族虽受到封建制度的影响，但尚不能将其归结为初期的封建社会，其社会主体仍然基本符合东方奴隶制度的特征。因此他的结论是，四土地区属于奴隶制社会。到了修订第三稿时，他已作为四川调查组的成员参加工作一段时间了。1958 年，少数民族社会历史调查工作第一阶段社会性质的调查已经结束，前期调查的各民族，包括他文中所论藏族的社会性质已经公布了官方的结论。在这些民族的社会性质被国家贴上固定的标签后，身为四川调查组一员的李绍明显然意识到，自己坚持嘉绒藏族社会性质的结论已经不合时宜。此外，经过民族识别之后各民族内部的多样性已不再为时下强调。此时若一味指出藏族的地方特性，也明显与国家承认 55 个少数民族的国策以及建构统一的多民族国家的诉求格格不入。雪藏这样一篇被他称为"标新立异"的文章，不可避免地成为他当时唯一的选择。写下这段补记意在警醒自己，学问的探讨必须在国家的规范框架下进行，否

① 李绍明：《论嘉戎藏区的社会性质》第三稿（未刊稿），1958 年 2 月全国人大民委四川调查组。

则于学术和政治双方都谬之千里。这里他意识到，学术的探讨需要的是谨慎的态度，而绝非“独立之思想、自由之意志”。

我们可以把 20 世纪五六十年代视为李绍明一生学术意识和观点的形成期，而参加少数民族社会历史调查，又无疑是其中对他的学术意识和观点的形成影响最为深远的经历。尽管当时他的诸多观点尚在完善中，但从前述对羌族和嘉绒藏族的研究中就不难看到，随着国家规范对学人言论约束的加强，其学术观点明朗化的过程也就是与国家现实高度保持一致的过程。经历了少数民族的社会性质调查后，嘉绒藏族不再是奴隶制社会而应该是封建农奴制社会。到李绍明参与编写完《羌族简史简志合编》，奴隶制阶段对于羌族社会而言，也成了必经的历史阶段。这段经历对李绍明影响之深远，会让我们看到他一生中所写的大量文章，均带有少数民族社会历史调查组形成观点的烙印。

第三章　少数民族的国家书写

第一节　重返阿坝：调入羌族调查组

1957年5月间，和其他调查组一样，四川调查组的大多数成员，尚在凉山各地热火朝天地进行着1957年度的第二期调查。此时，除了继续调查凉山腹心地区以外，四川调查组的工作已经深入了“独立白彝”区以及凉山的边缘地带。就在这时，全国上下正掀起了一股向党提意见的“大鸣大放”之风。很快，四川调查组的组长夏康农等人，和其他组的组长们一起被召回了北京，他们回去是为了参加“鸣放”活动，而组内其他成员随即也被要求全部返回成都开展学习活动。当时的学习会按照单位组织进行，回到北京以后的各组组长，有的在全国人大民族事务委员会社会历史调查组组内“鸣放”，有的则回原单位“鸣放”。地方上的情况也大同小异。在四川，像李绍明这样属于社会历史调查组的人员，直接在组内参加学习和讨论，而与他同在则洛乡小组的郑次腾、李志纯这样的人，则各自回到了原单位四川大学和西南民族学院进行学习，一些来自外地单位的调查成员则就地参加社会历史调查组的学习会议，比如从西北大学来的马长寿一行。

众所周知，这场“鸣放”活动过后不久，在全国性的“反右”运动中，大批“鸣放”者被划为了“右派”，社会历史调查组也概莫能外，且被划为“右派”者不在少数，许多参与了“鸣放”的调查组组长，像费孝通和吴泽霖被划为“右派”，岑家梧虽幸免于“右派”却遭到通报批评。至于四川调查组内部，除了前面提到的曾和李绍明共事过的郑次腾和李志纯二人划为“右派”外，其实并没有受到太大的冲击。谈起四川调查组的“幸运”时，李绍明将此归功于组长夏康农的领导，他如是说：“四川调查组的方向当时被认为是完全正确，因为是由夏康农夏先生掌握，着重是搞经济基础、阶级分析，不搞上层建筑，也不搞文化、家庭婚姻，不搞亲属制度这些调查。当时我们调查是确定要搞社会性质，但是搞凉山，哪怕一个乡的情况，哪能不接触到它的文化与宗教。但夏先生不允许，他这个想法很高明啊。‘反右’时凡是搞了那些东西的都成了‘右派’了”。[①] “反右”运动让社会历史调查组损失了不少重要的成员，不仅如此，由于那些被划为“右派”的成员都有“复辟资产阶级学说”之嫌。接踵而至的是，专门针对“批判资产阶级社会学、民族学”的批判运动开始了。现在，民族学也被扣上了资产阶级学术研究的名号被否定了，这使得它在当时的学术环境内的生存空间变得越来越窄。[②] 在这样的现状面前，四川调查组这条“方向完全正确”的调查原则，从此不仅为四川调查组继续遵循，也成为了整个社会历史调查组一致遵守的准则。在社会历史调查组各组内，社会性质成为唯一被允许的调查内容。不仅如此，随着时局的继续变化，很快整项社会历史调查的工作重心也不再围绕社会性质调查展开了，转而变为以历史调查为主，社会性质调查为辅的阶段。几轮运动过去，1958 年 8 月，整项社会历史调查工作进入它的第二个阶段。

社会历史调查工作转入第二个阶段以后，在数量上，调查组的总数由原来的 8 个扩充到了 16 个。四川调查组内部大组之下此时增加了甘孜藏族调查组、阿坝藏族调查组、羌族调查组以及苗族调查组，加上原有的凉山彝族调查组现在一共有 5 个调查组。在人员上，经历“反右”运动并且随着调查第一阶段的结束，原来的一批成员，已经有人返回到原单位不再参加第二阶段的调查。基于此，社会历史调查组不得不进行大规模的人

---

① 李绍明口述：《变革社会中的人生与学术》，世界图书出版公司 2009 年版，第 188 页。

② 王建民、张海洋、胡鸿保：《中国民族学史（1950—1997）》（下卷），云南教育出版社 1998 年版，第 187—193 页。

员重组。其一，各组组长进行了新一轮的调配，比如，林耀华被派往云南做组长，仇富荣做了贵州调查组的组长，而原属四川调查组的李有义被调到了西藏调查组负责具体工作，陈永龄则调入了青海调查组任组长。

其二，除组长的人事变动之外，具体调查人员的进进出出更是一件平常事。为了配合扩大后的调查工作，北京方面又派出了一批新调查员来增援各地调查组，而各地也相应再集合了一批人员加入调查行列。一般而言，调查组包括两部分人员：一部分人员属于不同的单位，他们是临时被抽调来参加调查活动的；另一部分则隶属于社会历史调查组本身，这些人员的编制受社会历史调查组的主管部门管辖。1958年以后，新成立的中国科学院民族研究所取代了全国人大民族事务委员会，成为调查组的主管单位，于是这些人员的编制便相应地被转入了民族研究所里。通常直属社会历史调查组的这些人，由于人员固定，多为各调查组的骨干成员，因而不比各单位抽调人员的去留相对宽松。

其三，调查组的扩充造成的人员重新配置的情况中更普遍的是，各调查组之间互相进行人员之间的调换。最常见的做法是，一个组的调查工作结束后又整体转移到另一个地方去调查其他民族。正因如此，一些“老”调查员往往一个人就参与过好几个民族的调查，接触到不同的民族。李绍明回忆道：“全国各调查组的模式都差不多，基本上都是搬来搬去的。你像云南有二十五个少数民族，哪能一下去就铺开做，所以先选择了几个重点民族：彝族、白族、傣族、景颇族集中搞。这些地方调查基本结束后，一个组又全部搬到另一个地方去做另一个民族的调查。我去云南时，云南的彝族调查工作刚刚大规模地开展起来，之前在西双版纳调查傣族封建领主制的宋蜀华、曹成章、吴恒、邵献书等人这时又抽调到了楚雄，去参加彝族组的工作。而红河哈尼族组的调查原来只有黄惠焜一人，后来又派杜玉亭前往增援。而我自己也是先在彝族组，后来不仅四川组而且云南（彝族）组、贵州（彝族）组也都去过，最后又到了羌族组。”①

① 根据2008年9月成都笔者采访李绍明的笔记。

固定的一批人在不同地方轮换调查，这种做法保证了调查工作能高效地顺利进展。同时，从客观上，为各组成员的交流和往来创造了条件。李绍明曾经告诉我，当时社会历史调查组内有一条明确的纪律规定——不准成员之间谈恋爱。[①] 这条规定从侧面反映出，调查组内部成员之间互动之密切、相处时间之长久的现实状况。此外，这种调查模式也直接导致了成员会在较短时间内接触并调查继而研究不同的民族。此后我们会看到，这些成长于社会历史调查组中的学者身上，其研究有着很大的共通性，即他们常以某个或某两个民族为主兼及多个民族进行研究，其研究范围正是他们曾经涉足调查过的少数民族。另外，这些固定的人员，依托社会历史调查组形成的一个相对紧密的共同体，日后将在新时期的学科重建中协同合作、相互支持，成为学科发展的中坚力量。对此在下一章中将会展开叙述。

李绍明正式调入羌族调查组工作，已经是羌族调查组成立三年以后的事情了。实际上，四川成立羌族调查组之初，他就已经向四川调查组提出申请，要求去参加羌族调查组的工作。之所以有这样的想法，大概缘于他早年有过在羌区生活和调查的经验。李绍明第一次进入羌区是在大学一年级的暑假，当时华西大学社会学系一行人从成都出发、途经灌县抵达茂县的沙坝区和赤不苏地区，在赤不苏地区的黑虎乡进行社会实践。近一个月的调查中，羌族纯朴的民风、浓烈的民族特色给李绍明留下了深刻的印象。比如，这个黑虎乡素以民风彪悍闻名，相传明代这里出了一位反抗官兵的黑虎将军，他死后当地人为纪念他，纷纷为他吊孝。当时的孝服逐渐演变成了现代黑虎乡羌民独特的民族服饰。当地羌族男性戴的白帽子以及羌族女人挎的白布包，均被当地人视为直接承继于当年的孝服。进一步了解羌区和羌族，是在他大学毕业后，被分配到阿坝州民族干部学校任职时期。这两年的时间，李绍明更加深入地接触到当地羌民，并开始尝试独立对羌族社会与文化的调查和研究写作。与羌族交往的这些经历，无形中增强了李绍明研究羌族的兴趣。他认为羌族不仅文化表征具有独特性，而且

① 来自笔者 2008 年在北京与李绍明的私下交流。

在中国历史上是一个非常古老的民族，有着悠久的历史积淀。正因如此，羌族调查组的成立，无疑给他提供一个绝好的机会，让他再一次深入调查和研究羌族。

可惜的是，四川调查组出于正在编写《彝族简史》的考虑，李绍明的申请并没有获批准。调查组继续将他派往云南调查组协助马长寿等人，参与《彝族简史》的编纂工作。直到1961年，突发的人事变动才让他最终如愿以偿地正式调入羌族调查组。

事情的经过是这样的：羌族调查组自建组以来，组长就一直由北京大学历史系的副教授林乃燊担任。1961年北京大学新学期开始后，历史系由于缺少任课教师，因此一再要求让林乃燊回校授课。由于事发突然，顿时让羌族调查组的日常具体工作陷入被动。这样的局面，促使四川调查组重新考虑，最终决定将李绍明调入该组，由他实际负责编写《羌族简史简志》以及调查工作。不过，名义上李绍明仍然不是羌族调查组的组长。李绍明评述这次人事变动认为，之所以这样安排，一方面他本人当时尚非党员，另外一个更主要的原因是，由于之前在“反右倾”运动中被划为了“右倾分子”，因此这次复出工作对李绍明而言，是四川调查组给他一个“戴罪立功”的表现机会，而非一般意义上的人事变更。事隔多年后，他查看到当年的调动档案记录，上面写道：“李绍明作为业务骨干还是可以用的，但要监督劳动。”① 就这样，李绍明在羌族调查组直到1964年整项少数民族社会历史调查全部结束为止。

李绍明到达羌族调查组之时，组员们仍在各地继续调查羌族的社会性质，并写出了《汶川县雁门羌族乡社会调查报告》《黑虎乡社会调查报告》《理县通化乡社会调查报告》等报告。同时羌族调查组也根据编写少数民族三套丛书的指示，主要的工作已围绕着编写《羌族简史简志合编》

---

① 李绍明口述：《变革社会中的人生与学术》，世界图书出版公司2009年版，第202页。

的初稿展开了。[①] 他们搜集到大量有关羌族族源、历史发展的历史资料，然后分专题整理出《红军长征经过羌族地区及其深远影响》《近代羌族人民反帝反封建斗争资料汇辑》《羌族地区土司资料汇辑》《帝国主义分子在羌族地区的罪恶活动》《羌族地区近代经济资料汇辑》等资料汇编。在这些资料的基础上，羌族调查组正式着手写作《羌族简史简志合编》的初稿，并且不断地修订它。

按照既定的写作要求，简史和简志的编写要求把“大跃进”以来的各民族地区发生的新问题、新情况加以补充。……它们主要表现在人民公社化运动在少数民族中的发展情况和成就、大办工业运动——特别是大办钢铁工业运动在少数民族中的发展情况和成就、技术革命、文化革命、改革风俗习惯问题、废除宗教封建特权与封建剥削、直接过渡问题、各少数民族中的整风运动、“反右”、批判地方民族主义及开展两条道路斗争的情况、民族融合问题九个方面。[②] 也就是说，羌族简志的书写要立足于羌族的社会性质分析，主要突出民主改革前后羌族地区政治、经济上发生的翻天覆地的变化，而羌族简史的书写则本着“以论代史、厚今薄古、以阶级斗争为纲”的宗旨，重点描写解放以后，尤其是在“多、快、好、省”建设社会主义的总路线指导下建设人民公社的当代历史。

---

① 关于少数民族简史简志的研究，综合性讨论以陈述编写事实为主，现有通史类著作中有涉及如：王建民、张海洋、胡鸿保：《中国民族学史（1950—1997）》（下卷），云南教育出版社1998年版，第193—202页；宋蜀华、满都尔图主编：《中国民族学五十年：1949—1999》，人民出版社2004年版，第123—129、140—142页。个案研究的主要成果有：陈波以《藏族简志》为例，批评类似的民族志书写丧失了人类学的他者性。见陈波《李安宅与华西学派人类学》，四川出版集团、巴蜀书社2010年版，第237—240页。相比之下，简史的研究多于简志。以往研究一类以述其成绩为主，代表如杜玉亭《简史丛书非凡说——中国民族史探索40年》，《云南民族学院学报》（哲学社会科学版）2001年第1期；一类以商榷具体史料和内容为主，代表如周伟洲：《关于土族族源诸问题之管见——评〈土族简史〉有关论述》，《青海民族学院学报》（社会科学版）1983年第4期。美国学者李福瑞则关心权力话语对编写造成的影响。他以《瑶族简史》为个案分析简史撰写中的国家化特征。See Ralph Litizinger, *Other Chinas: the Yao and the Polotics of National Belonging*, Durham: Duke University Press, 2000, pp. 61—70.

② 王建民、张海洋、胡鸿保：《中国民族学史（1950—1997）》（下卷），云南教育出版社1998年版，第196页。

规定是规定，落实到实际的写作过程中，却出现了一些令李绍明和同事感到难办的地方。比如“大跃进”变化不断的形势，给羌族当代史的编写造成了极大的困扰。李绍明说，往往是“追踪调查三面红旗，前面在搞三面红旗，我们马上去调查，这个公社怎么建的、这个食堂怎么建的、钢铁怎么炼的，搞这些虚报浮夸的东西，根本不能用。”[①] 1963 年 5 月社会历史调查组内部刊印了《羌族简史简志合编》初稿，在书的后记中羌族调查组这样写道：“本书自 1958 年 9 月开始调查和搜集材料，1959 年初着手编写，于 1959 年底写出了草稿。这几年中相继作了七次较大的修改。……这本书的下限反映到 1961 年底。”[②] 不断改稿的事实从侧面反映出学术“大跃进”的时期，羌族调查组写作面临的窘境。今天来看，社会历史调查组后半期的调查和写作，虽然形成了上百万字的资料，但总体而言，除了见证那个荒诞的时代外，只能被束之高阁，它早已完全丧失了原本应有的学术意义。

20 多年后的 1985 年，国家正式公开出版这批由社会历史调查组编写的少数民族简史和简志。正式出版的这套丛书中，意料之中的是，各民族的简志中补充了文化、宗教、婚姻家庭等方面的内容，而各民族的简史时限也统一只写到了 1949 年解放为止，只字再未提及当年所写 1949 年后的那段历史。新时期的做法，可以看到再编者纠正当年学术缺失的意图，但对于亲历者而言，当年错失的机会却再也难以弥补。晚年李绍明每谈及这段社会历史调查组的历史，总会无不可惜地感慨：“本来那个时候进行的是一件好事，把全国力量组织起来，中央给钱来做（调查）；那个时候也不像现在（安定），有那么多叛乱；那时的人也比较单纯，名利也不抢，出了东西就署单位的名字。本来 1959 年以后应该是正常地真正去做社会历史调查而不单只做社会性质

① 李绍明口述：《变革社会中的人生与学术》，世界图书出版公司 2009 年版，第 191 页。

② 中国科学院民族研究所、四川少数民族社会历史调查组编：《羌族简史简志合编（初稿）》，1963 年 5 月。

调查的了。不做宗教、婚姻家庭、风俗文化，哪还叫民族学？（四川）由于任务特殊，我们前期所做更多的是政治经济学的东西。结果（19）59年以后情况全变了，历史是完成了，民族志一直缺着，至今还欠着这笔账。”① 就整个学科的经历而言，主位视角的缺失以及实地调查单一化使得学科失去了赖以立足的根基，学科的发展一度被中断，这一点令李绍明这样身处学科中的人，在着手清理和反思学科遗产时尤为惋惜。

伴随着民族学被批判和被否定的命运，李绍明这代人的个人学术之路也发生了转向。他们逐渐远离关注少数民族当下社会的一面，而将目光投入少数民族社会的另一面——历史。

自1954年毕业开始独立研究西南少数民族起，李绍明已经尝试着探讨少数民族的历史。在阿坝州民族干部学校任教期间，他曾写下《羌族历史及其社会性质之初探》《岷江上游考古漫记》《论嘉戎藏区的社会性质》等一系列文章，其中都涉及所论民族的历史问题。进入社会历史调查组后，从1959年开始他便开始抓住少数民族历史领域，此时他参加了编写《彝族简史》的工作，不仅参与彝族古代史的整理，而且还执笔撰写彝族近代史中的数节。而1961年调入羌族调查组主持参与《羌族简史简志合编》的编写工作，则标志着少数民族历史成为李绍明个人学术研究的主要着力点。可以说，全面转向历史研究，是伴随着李绍明工作重心的转移而发生的。

不过在李绍明内心中，他并不这么认为。他的理解中转而从事民族史的研究是自己内在学术逻辑的一种延续，所谓“好在本来是通的”②。研究历史的学术旨趣，不仅被他归因于在四川大学历史系所受的史学训练，而且也被认为是缘于华西人类学少数民族研究的传统。

---

① 根据2006年10月曾穷石、舒瑜等人成都采访李绍明的笔记以及2007年6月笔者成都采访李绍明的笔记。

② 原话是：“我们这代文章的风格都一样，以后我们对这些东西（社会形态）也不搞了，也只写历史的了，不过好在本来是通的。”根据2008年9月成都采访李绍明的笔记。

第二节　统一国家历史中的少数民族

总体而言，这个时期李绍明的民族史研究，内容上关注少数民族的历史渊源和阶段发展，方法上的显著特点是史志结合，即在历史叙述之外，结合民族学的实地调查所得来讨论问题。至于研究范围，除了参与编写《彝族简史》和《羌族简史简志合编》外，探讨羌族的历史及其族源是他用力最深的地方。

早在1951年，从黑虎乡调查归来写下的习作《羌民的社会与生活》中，李绍明就已初次发表了自己对羌族的名称及来源的看法。报告说："羌族自己称'羌'，别的各族也称他们为'羌'。羌族是一个起源较古而日益衰弱的民族。（关于起源）论者甚多，最普通的说法是氐羌同源说。其最初发源地大概在西北陕、甘，河湟一带亦有游牧到西域去的羌族。与中国发生关系，很可能在殷商时代，在汉时常与汉人战争，其后渐向南迁至蜀滇，所谓武都羌、广汉羌、越嶲羌等是在川西北的羌区。后汉时曾设置汶山郡，入□诸羌大概与汉中诸土族同化，其居青康藏者，先后与吐谷浑、吐蕃同化。近代学者还有以为康（唐古特）即羌后裔的。而居川西北的羌族只与汉人□□，仍保存其原有风俗，而受汉族同化亦深。"[①] 此时，李绍明对羌族族源的认识，基本是建立在对历史文本的理解上，这里他论述的两点内容值得注意：其一，古羌人从西北南下进入四川的过程；其二，羌族历史过程中与汉族和其他民族的关系。10年以后，当李绍明进入羌族调查组负责编写并修改《羌族简史简志合编》[②] 时，在他负责修

① 李绍明：《羌民的社会与生活》（未刊稿），《华西大学社会学系社会调查报告》1951年10月，第1页。

② 此处讨论的羌族简史是依据1963年内部发行的《羌族简史简志合编（初稿）》（中国科学院民族研究所，四川少数民族社会历史调查组编，1963年5月）。该书末尾李绍明写的题记简述了自己参与工作的过程："余1961年11月抵羌族组后，先后二次去茂汶参加县委审稿。返蓉后，担任本书一、二、三、四等章的修改工作，1962年将此书重写一遍，修改数遍，1963年春始脱稿。该年4月付印，印前曾将全稿再改一次，校样五次，11月8日由成都印制厂印成。绍明附记63－11－9蓉。"

订的第一章《羌族的族源》中，我们仍可以看到上述两点的重现。不过，此时的写作中，羌族进入四川的历史以及与汉族的关系被进一步细化，但是羌族与其他民族的关系却做了弱化处理。

1963年春，《羌族简史简志合编》脱稿，由他独立写作的《关于羌族古代史的几个问题》一文随后发表在《历史研究》第5期上。从李绍明的学术经历看，严格来说这篇文章应该是他进入民族史研究的标志性作品。该文是他专门针对胡昭曦的观点而作的一篇驳文，文章的立意与《羌族简史简志合编》一致，重申了自己在简史中，对羌族起源的一些基本认识，并且他通过对岷江上游羌族族源的梳理，一再表达了对四川羌族历史悠久性的认可。

不同于胡氏“四川茂汶地区的羌族是隋唐时期青海东向地区的党项羌的后裔”[①] 的观点，李绍明认为，“岷江上游一带自秦汉以来即有羌人由西北迁来居住，因此探讨岷江上游羌族的来源，必须与古代羌人的南下相联系。”[②] 通过对历史文献的梳理他指出：“岷江上游现今的羌族源于唐宋时当地的羌人，而唐宋时，当地的羌人则可溯源于其地魏晋时的羌人，魏晋时该地的羌人则是战国以来，由西北南下定居于该地的一支羌人之后。”[③] 继而用考古发掘资料佐证后更明确地提出：“羌人早从新石器时代起即由西北向西南迁徙，这一活动至迟不得晚于秦献公时（公元前384—前362年）；岷江上游一带在秦灭巴、蜀时（公元前316年）即已有氐羌人自西北迁来，至迟亦当在西汉初期的文帝时（公元前179—前157年）该地即有羌人定居，这支南下并定居岷江上游的羌人，是现今羌人的主要来源。同时，在历史进程中，西北的羌人部落曾不断南下，迁入岷江上游一带，比如魏晋南北朝时的宕昌、邓至，隋唐时的党项都有这种情况。但当他们迁来时，该地已有羌人居住，因此其后遂与当地羌人逐渐融合，而

① 转引自李绍明《关于羌族古代史的几个问题》，《历史研究》1963年第5期。

② 李绍明：《关于羌族古代史的几个问题》，《历史研究》1963年第5期。

③ 同上。

成为现今羌族的一个构成部分。”①

和胡文所持的观点一样，李绍明亦赞同是古羌人的南下形成了今天的羌族。但是在岷江上游羌族形成的具体时间上二者各有主张：胡文认为四川羌族形成于隋唐时期；李绍明则坚持《羌族简史简志合编》中根据考古材料和文献记载提出的说法：“从发现的新石器时代文化来看，可知数千年前的原始公社时期，该地已有人类栖息繁衍。……在岷江上游一带，还发现一种石棺葬文化，这不是羌人的墓。……羌人由西北向西南迁徙的时间，远在秦汉以前就开始了，但史书记载羌人南下最早的时间是公元前4世纪秦献公时。此时南下的羌人，估计即有一部分定居在茂汶一带。……目前我们尚不能断定石棺葬人的族属，以及究竟是羌人先来或石棺葬人先来该地等问题，但可肯定，至迟在汉武帝前，羌人已定居岷江上游一带。”② 此说法较为笼统，不过却进一步在承认战国（即秦献公）时已有羌人入川的基础上，运用相同的考古证据欲证明：新石器时代即原始公社时期，南下的羌人是今天岷江上游羌人的主要来源。

不难看出，李绍明的这篇文章，无论是观点还是立意，都明确呼应着当时一些重要的学术观点。一方面，关于四川羌族起源时间的讲法，体现出20世纪五六十年代学术界集合历史学和考古学方面的研究成果，共同探讨中华文明起源的时间以及少数民族起源和形成的诸论题。

其一，关于中国文明何时起源的问题。当时对这个问题的讨论与阶级出现、国家产生等问题紧密相连，讨论最终产生出商代说和夏代说这两种主要的观点。不过，随着两部权威性的通史著作——郭沫若的《中国史稿》和范文澜主编的《中国通史》分别都把夏代作为中国国家兴起的起点后，“中华文明起源于夏代”遂成定论，随即被写入了各等级的历史教科书中，一时间成为学界的主流观点。③

---

① 李绍明：《关于羌族古代史的几个问题》，《历史研究》1963年第5期。

② 中国科学院民族研究所、四川少数民族社会历史调查组编：《羌族简史简志合编（初稿）》，1963年5月，第11—14页。

③ 转引自叶文宪《中国国家起源问题研究综述》，《中国史研究动态》1991年第3期。

其二，尽管夏代作为一个历史分期，是中华文明的起源，此说已为当时学界大多数学者所接受。但是对于如何判定夏文化的年代上，学界尚争议不断，由此，在解决这个问题上，考古学的年代判定，就显得极为重要。学者认为，关于中华文明起源讨论中，文明时代的标志不仅是一个质的问题，而且还是一个量的问题，这个问题的解决只有依赖于大量的细致的田野工作。① 因此，1954—1960 年代初，新石器时代的遗迹发掘开始采用大面积揭露的发掘方法，不限时间，以完成发掘任务为目的。这样做可以揭露出遗迹的全貌，以便学术讨论。可以说，当时大量新石器时代文化遗址的发现，不仅解决了上述问题，而且有效地支持了中华文明起源于夏代的主张。②

其三，不仅整个中华文明起源问题受到当时学界的热烈讨论，作为中华文明一分子，各少数民族的起源和形成问题，同样也引起了学界的关注。实际上，自 1958 年社会历史调查组着手编写少数民族简史工作时，这一问题就已经凸显：如果照搬斯大林“民族不是普通的历史范畴，而是一定时代即资本主义上升时期的历史范畴”③ 的定义，那么中国没有任何一个少数民族能够称得上“民族”。因为调查组前期的社会性质调查已显示，国内各少数民族在新中国成立之前几乎都处于前资本主义阶段。因此斯大林有关“民族”的界定，被认为极有可能造成影响汉族与少数民族关系，继而影响国内民族团结的诱因。面对这个难题，各省的社会历史调查组一边着手进行编写各民族简史的各项准备，一边中国科学院民族研究所里紧急展开对马克思、恩格斯、列宁、斯大林关于民族起源和民族形成的理论研究。在花费了近 5 年的时间后，1962 年，研究最终得出结论：恩格斯在《劳动在从猿到人转变过程中的作用》里已说明，民族最早起

① 陈星灿：《文明诸因素的起源与文明时代——兼论红山文化还没有进入文明时代》，《考古》1987 年第 5 期。

② 王东平：《中华文明起源和民族问题的论辩》，百花洲文艺出版社 2004 年版，第 45 页。

③ 斯大林：《马克思主义和民族问题》，载中央民族学院民族研究所民族理论和民族政策教研室编：《马克思恩格斯列宁斯大林民族问题著作选》，中央民族学院（内部发行）1982 年版，第 486 页。

源和形成于原始社会的部落时代，这一观点与斯大林所讲“现代民族”的形成并没有冲突。[①] 至此，中国学界解决了关于中国各民族是“民族”而非“部族”的问题。从此时起，各民族起源于原始社会时期便成为讨论相关问题中公认一致的一般表述。

毫无疑问，上述这些讨论所形成的观点，直接影响到李绍明在这篇文章中关于羌族起源的探讨。可以说，他将羌族的起源上推至新石器时代的观点，是从民族史的角度，表达了对中华文明起源于夏代这个观点的认同。此外，将南下古羌人所处的社会阶段定义在原始公社时期的说法，又可以被视为是对民族起源与形成讨论结果的响应。文章将夏代、新石器时代以及原始社会时期这三个要素有机地联系在一起，通过历史学、考古学以及民族学的三重证据共同论断：“羌族是祖国大家庭中具有悠久历史的兄弟民族之一。”[②]

另外，李绍明的文中重申了《羌族简史简志合编》叙述整部羌族发展史的基本主张。同样，这些表述也回应着当时的民族史叙述上的惯用表达。

李绍明等人所编写的《羌族简史简志合编》，其写作框架延用的是传统史学的中国朝代更替史。在此基础之上，以马克思主义社会形态发展论为指导，将羌族社会的历史进程嵌入5种社会形态发展的顺序中，从原始社会时期一直写到民主改革以后的社会主义建设时期。按照朝代史的顺序，《羌族简史简志合编》认为，岷江上游地区的羌族自战国时期被秦国的封建统治者统辖后，就与中央王朝之间开始了长期的彼此接触史。[③] 正是在这个意义上，简史中描述的羌族历史，实际上就是一部中央王朝对羌族地区的治理史：从汉武帝派司马相如安抚西南民族，将这一地区正式纳

---

① 王东平：《中华文明起源和民族问题的论辩》，百花洲文艺出版社2004年版，第183—185页。

② 中国科学院民族研究所、四川少数民族社会历史调查组编：《羌族简史简志合编（初稿）》，1963年5月，第8页。

③ 同上书，第16页。

入封建王朝的统治之下，到唐以后设立羁縻州，再到明朝设置土司制度，最终清代实现改土归流。[①] 整个过程意味着中央王朝对羌族的控制不断加强。不仅如此，在编写者眼中，中央王朝所采取的每一次控制行动，其结果都被视为是“巩固了国家的统一和民族关系的改善，对促进羌族地区的生产发展起到了积极作用”[②]。此外，若将羌族与中央王朝的交往从关系史的角度理解的话，这部羌族的历史又可以被认为，是一部羌族人民与中央王朝统治者之间的阶级斗争史：“羌族人民反封建统治斗争，推动了历史前进的车轮，成为我国各族人民英勇反抗封建统治阶级斗争历史的一个组成部分。”[③] 当然，在这部交往关系史中，虽然被统治者与封建统治者之间是一部斗争史，但这并不妨碍编写者同时又将羌族历史视为是一部羌、汉人民经济文化密切交往的友好关系史：“汉羌人民密切的经济联系和大批汉族人民的移入，给羌族地区经济的发展起了积极的推动作用，他们带来了先进的生产技术和生产工具。”[④] 总而言之，《羌族简史简志合编》的编写者不断在重申的主题：是阶级斗争和人民间友好往来的关系，推动了羌族地区经济的发展，从而成为自古至今羌族社会从原始社会逐渐演变成封建社会的原始驱动力。

从书的编写背景来看，李绍明等人编写的这部《羌族简史简志合编》，带有以往官修史书的写作风格，在内容上直接表达了当时民族史学界的一系列主流观点。其一，由范文澜与吕振羽为代表的学者提出“我国自古以来就是统一的多民族国家”，这一主张已为学界所接受，并且学者们一致认可要将所谓“古”的时间范围设定在“秦汉”时期。[⑤] 因此，《羌族简史简志合编》重点要描述西汉王朝大一统的历史事实。其实不仅

① 中国科学院民族研究所、四川少数民族社会历史调查组编：《羌族简史简志合编（初稿）》，1963 年 5 月，第 18—32 页。

② 同上书，第 18 页。

③ 同上书，第 21 页。

④ 同上书，第 28 页。

⑤ 王东平：《中华文明起源和民族问题的论辩》，百花洲文艺出版社 2004 年版，第 262 页。

是《羌族简史简志合编》中把“秦汉”作为大一统中国标志性的开端，而且在其他民族的简史中，这一观点也一再被强调。比如《彝族简史》中，编写者也如是写道：“公元前135年、前111年和前109年，西汉王朝在彝族地区相继设立了犍为郡、越郡和益州郡，将彝族地区划入西汉王朝的版图。自此以后，彝族的命运就和整个祖国的命运更密切的联系起来，彝族的历史也进入了一个新的发展阶段。”①

其二，民族史学界对待历史上民族政权的主流意见认为，活动于今日中国境内的古代民族都属于中国人，因而，其政权也属于中国。正因如此，20世纪60年代以后，在民族史的撰写中，学者们开始把少数民族建立的国家称为“政权”或“地方政权”，认为“如果承认这些政权为国家，那么民族政权之间的关系就是一种“国”与“国”的关系，少数民族建立国家相对于中原王朝就是“外国”与“外族”。② 这样的表述和学术讨论，显然是不利于现实的民族关系以及民族工作的进展的，自然会被弃之不用。正因如此，我们看到，《羌族简史简志合编》在着力描述羌族与中央王朝的往来关系的同时，淡化了吐蕃与羌族的关系。此外，将历史上民族政权林立的魏晋南北朝阶段，统统解释成为各民族阶级矛盾激化的时期。

其三，一般而论，学界坚持认为，包括汉族在内的全国各民族都是中华民族大家庭的成员，历史上民族关系的主流应该是各族人民在历史上长期友好往来、互相合作的关系。③ 这一观点也构成了《羌族简史简志合编》写作时，着重要表现汉、羌二族人民友好往来史实的重要依据。

《羌族简史简志合编》的叙述完全符合当时规范的民族史叙事模式，借助这种模式，不仅要体现国家在民族问题上的一贯主张，比如各民族团

---

① 中国科学院民族研究所、云南少数民族社会历史调查组编：《彝族简史（初稿）》，1963年10月，第29—30页。

② 王东平：《中华文明起源和民族问题的论辩》，百花洲文艺出版社2004年版，第266、341页。

③ 同上书，第282页。

结友好、反对大汉族主义等，而且更为关键的一点还在于，通过将汉、羌人民以及羌族与中央王朝交往史设定为历史的主线条，一再强调中国自古以来的国家一体性。其历史叙述的目的是，说明中国各民族关系形成的发展过程与内在的规律，以及中国各民族如何发展成为统一的国家。[①] 在这层意义上，《羌族简史简志合编》连同各省社会历史调查组所编纂的其他民族简史，都在从单个民族发展史的角度，为建立统一的多民族国家，为这个新成立的民族国家的一体性提供了恰当的历史证据。

这些主流观点自然也影响到了学者个人的表述。在自己的文章《关于古代羌族史的几个问题》中，为统一的国家论述境内民族发展历程，也是李绍明撰写的深层意涵。文章中，他展现了羌族作为单一民族共同体形成的过程：古代南下定居岷江地区的羌人，不断融合历代迁入四川境内的诸羌部落，比如宕昌、邓至或党项后共同形成了今天的羌族。[②] 他描述的融合过程体现出的正是《羌族简史简志合编》编写中建立起来的历史图景：羌族是诸羌部落与周边各族的交往过程中逐渐形成的民族。这种族际间的交往表现为几个层次：第一层次有羌族与历代中央王朝的交往，第二层次有与其他民族部落如吐谷浑的交往，甚至第三层次有与少数民族政权如吐蕃的交往。层次中当然又以和中央王朝的交往接触最为重要和密切。和《羌族简史简志合编》一样，李绍明也认为历史上诸羌与中央王朝的交往通常会导致两种结局：一部分羌人部落内附于中央王朝后，接受汉族先进文化逐渐被同化；另一部分如岷江流域的羌人则保留了原有的民族特征，但同时亦受到中央王朝的羁縻控制。这种羁縻政策发展至明代演化成土司制度，直至清末才基本废除。李绍明通过这样的描述，意在表达这种交往史正是一部中央王朝治理羌人的历史。这个过程正是《羌族简史简志合编》所持的主导观念，即诸羌部落自古就是活跃于中国境内的少数民族，在历史上已经成为中国的一部分。他说：“他们（古代羌人）

① 王东平：《中华文明起源和民族问题的论辩》，百花洲文艺出版社 2004 年版，第 258 页。
② 李绍明：《关于羌族古代史的几个问题》，《历史研究》1963 年第 5 期。

都与我国各兄弟民族一样，为开拓祖国的疆土，缔造祖国的历史，做出了伟大的贡献。”①

第三节　史志结合:一条研究少数民族的路径

一　“向苏联学习”：苏联民族学的影响

从材料的使用上讲，李绍明这篇探讨羌族族源的文章，不是一篇严格意义上运用传统文献材料完成的论文。在论证羌民族的形成过程时，在利用历史文献之外，李绍明增加了现代民族志的材料，意图联合考古学的材料，借助三重证据来支持自己的论点。文章中，他用岷江上游及其支流杂谷脑河岸发现的众多新石器时代的文化遗址以及灌县以北、松潘以南及茂汶境内发现的石棺葬遗迹，并结合对该地区社会组织、风俗、语言等的实地调查所得共同论证羌族的形成历史。晚年李绍明和我谈及这篇写于50多年前的旧文时，告诉我：“有些学生问我，李老师1962年您怎么就写出这么深刻的文章了啊？我说，我们的老师就是这么训练我们的。……说岷江上游的羌族怎么来的，这必须要用考古的资料和民族志的资料来说明，不然就没法说明它怎么来的。”② 一句“我们的老师就是这么训练我们的”看似谦虚，从中仍然能体味出他的几分自得，自得于自己曾经的教育经历。这句话是我们谈到早年所学对他的影响时说起的，他认为擅于综合多学科解决问题代表了华西人类学学派的一个特点。的确，每每聊到这样的话题，我们的谈话便会很自然地又回溯到了华西大学的经历上。

对于华西受教的印象，李绍明会说：“我们大概还是赶上了末班车，虽然后来被改造了，但是我们的学术理念，之前已经形成了，”③ 话中所说的“末班车”“学术理念”，一直以来在他的理解中有明确的指向，即

---

① 李绍明：《关于羌族古代史的几个问题》，《历史研究》1963年第5期。

② 李绍明口述：《变革社会中的人生与学术》，世界图书出版公司2009年版，第111页。

③ 同上书，第124页。

华西大学参照美国人类学的训练模式教授给学生的理念——综合运用四部类的人类学知识研究中国的边疆民族。第一章中我们已经谈到，20 世纪 50 年代初的华西大学社会学系仍然保留着按照美国人类学四部类的架构设置课程的些许印迹。两年的华西大学经历给李绍明留下了“英美这个体系比较完整”的印象。即使华西大学遭受撤销的命运，在李绍明心里也并不意味着此前所受的学科训练，甚至包括教育模式也一同消失了。四川大学历史系的经历没有让他感到学业上出现了明显的断裂，相反他却觉得新的学习其实是一件接续了华西大学人类学传统的事情：四川大学历史系整体保留了这批华西大学社会学系“民族学组”的学生，并且在他们的课表里出现了与语言学和考古学相关的课程。课程的安排恰好回应了美式人类学四大部类的格局，李绍明以为，这样正好补充了华西大学念书时还没来得及涉足的领域。此外，原华西大学社会学系的教师此时也被调入四川大学历史系，继续为同一批学生授课。如此切实发生过的事实留给李绍明的深刻印象，足以让年轻的他对正在经历的求学之路产生了强烈的延续感。而记忆随着岁月的流转和涤荡并没有褪色，反而变得愈加坚固，当晚年的李绍明开始系统反思自己学术人生的脉络时，这些记忆帮助他很快地寻找到了学问的根源——华西大学美式人类学的训练，并让他深信之后所受的教育在精神上继承了华大理念。

事实上，“我们的老师就是这么训练我们的”中，除了李绍明甚为认同的华西大学四部类人类学训练外，来自其他方面的影响也不容小觑，甚至说它们对李绍明日后学术作为的影响更胜于华西大学。历史文献之外利用地下考古材料，本就为历史学研究的一种方法论，在民族史研究中运用该方法，实为对王国维上古史研究提出“二重证据法”思路的扩充。[①] 除此之外，强调考古学材料并同时利用民族志材料来研究少数民族史，实际上更应该看作是 20 世纪 50 年代以后“苏联模式”影响中国学术研究的

① 历史学界对“二重证据法”的界定、适用范围、局限等问题已有讨论。参考李锐《“二重证据法”的界定及规则探析》，《历史研究》2012 年第 4 期。

产物，是苏联民族学的部分理论与方法影响一代中国学人的具体表现之一。

“民族学是历史科学的构成部分，其任务在于用直接观察、科学记述和历史分析的方法，来研究世界不同的族在人种和民族特征上，在他们的变迁发展上的文化的、生活的特点，从而解决各族的起源问题，使他们的迁移史和分布史得以复现。”① 这是苏联民族学家托尔斯托夫给出的学科定义。苏联民族学认为把握各个具体民族的文化特征、民族特性，是基于对这个民族历史形成过程的理解而实现的，也就是说了解一个民族，就得理解从它的起源开始一直到现代的整个阶段。因而苏联民族学必须而且只能是历史学科。李绍明从华西大学社会学系进入四川大学历史学系正是这一历史机缘下的产物。

在苏联民族学中，族源问题的研究和原始社会史的研究一直是该学派的两个重要研究领域。② 可以说，它们共同构成理解某个民族形成过程、文化特征的起点。对它们的把握，苏联民族学认为这有赖于与其他学科的知识互惠方能实现，譬如考古学。“苏联民族学家也依靠考古学的材料从事于每一个族的（现代的或古代的）文化的研究，同时研究那从远古时期直到现代为止的某一民族文化形式的历史传统。我们只有用这种方法才能正确肯定某个族的起源问题的莫大的重要性，不肯定这个重要性，该族历史是写不出来的。”③ 而在原始社会史方面，“考古学为原始社会发展过程的研究梳理了坚实的基础，使得物质文化和技术发展阶段的交替有被我们发现的可能。”④ 苏联民族学认为二者联合起来可以共同论证马克思主

---

① ［苏］托尔斯托夫：《苏联民族学的任务》，载中央民族学院研究部编《民族问题译丛（民族学专辑）》，民族出版社1956年版，第1页。

② 林耀华：《苏联民族学近年来的成就》，《民族研究》1956年第10期。

③ ［苏］托尔斯托夫：《苏联民族学的基本任务和发展途径》，载中央民族学院研究部编《民族问题译丛（民族学专辑）》，民族出版社1956年版，第8页。

④ 同上书，第9页。

义社会发展规律的正确性。[①]

至于民族志的材料，则无论是起源研究还是原始社会史研究本就是苏联民族学的根基所在。该学派认为，“了解原始社会的内在的社会生活，原始意识形态，原始艺术则完全不可避免地要广泛利用民族学的材料。……原始社会史和氏族制度问题过去与现在都是民族学研究的重要方面之一。在这里，民族学的工作可以进行，而且不仅根据之前尚存在各个族的材料去进行，并且还根据现在还存在着的氏族制度的材料去进行。目前还在现代各族的婚礼及其他仪节中被保存着的遗迹的研究，可以对于原始社会史和氏族制度问题的解决提供很多材料。”[②] 从学理上讲，苏联民族学研究原始社会史的思路，延续了人类学古典时期进化论学派的理论和方法。进化论学派广泛地运用“文化遗存法”和“比较法”研究现代社会之下的原始部落社会。该学派认为，所有的文化均受到普遍规律的支配，不同的文化能够按时间排列来理解。在这个时间序列里面，西方文化被排列在进化的最前端，而非西方文化则被认为是人类文化发展的初始阶段。因而进化论主张利用比较法，通过研究现代非西方文化来复原西方文化发展由低到高的整个过程。进化论的上述主张被苏联民族学继承，从而作为研究原始社会的准绳，在苏联民族学研究中继续发挥着效力。大家认为可以依靠民族志的材料去复原文献不可考的原始社会阶段的历史面貌。《关于羌族古代史的几个问题》里面，李绍明根据自己在岷江上游地区调查羌族和嘉绒藏族的实地材料，对比史书对冉、駹习俗的记载，看到现今岷江上游的嘉绒藏族和羌族风俗习惯，与史书中的冉、駹习俗有诸多相似之处。因而他认为，从这一方面，很难确切地分辨出究竟哪一个族是冉、駹的后裔。古代的冉、駹并不是一个单一民族的族称，而是对汉代生活在汶山郡的两个部落或部落联盟的合称，也可以说是对这一有着多族系聚居

① ［苏］勃罗姆列伊：《民族与民族学》，李振锡、刘宇瑞译，内蒙古人民出版社 1985 年版，第 300 页。

② ［苏］托尔斯托夫：《苏联民族学的基本任务和发展途径》，载中央民族学院研究部编《民族问题译丛（民族学专辑）》，民族出版社 1956 年版，第 9 页。

的地区的泛称，冉、駹是其中两个最大部落的族称。[①] 李绍明对冉、駹问题的讨论，其论证的内在逻辑正是上述进化论式的：通过现代羌族与嘉绒藏族的风俗习惯与古史记载冉、駹习俗的比较，在二者之间建立了现代与古代这对时间上的联系。若二者之间表现出相似性，则可以推出，二者之间存在着必然的亲缘联系，并且各自处在时间发展的先后顺序中。

中国学术界向苏联民族学直接且频繁地学习以 1956 年为标志。这年 5 月中国学者组成代表团参加了在列宁格勒举行的全苏民族学会议。同年 7 月，苏联民族学学家切博克萨罗夫教授受邀来到中央民族学院历史学系，开始为研究生班讲授《民族学基础》《原始文化史》等课程。不过在此之前，中国的教育体系中，连同新中国对马克思唯物主义史观的兴趣，苏联民族学的部分理念和研究领域早已落户于中国。院系调整的一个直接结果是，作为苏联民族学的一个重要研究方向，原始社会史的教学被正式纳进中国大陆地区各高等院校的历史系课堂。李绍明说起自己的川大求学经历时会谈到，彼时，《原始社会史》与《民族学通论》已是系里为学生开设的基础课之一。“胡鉴民先生给我们讲这个就是完全按照苏联学派的理论框架来的。……这个课是从苏联的课移植过来的，是苏联的大纲。我们学的体系就是苏维埃学派的体系”[②]。至于考古学，虽然我们并不能将当时各高校历史系重视发展考古学视为是受苏联民族学影响的必然结果，但是这一局面从客观上确为宣传苏联民族学起到了推波助澜之作用。以李绍明就读的四川大学历史学系为例，在四川大学历史学系《1952—1958 年的教学计划》中看到，《考古学通论》已经是该系的常设课程之一。[③] 不仅如此，在系里上报学校的《1951 年度上期概况调查表》中也已明确表示，要将“培养社会史资料、发掘、整

① 李绍明：《关于羌族古代史的几个问题》，《历史研究》1963 年第 5 期。

② 李绍明口述：《变革社会中的人生与学术》，世界图书出版公司 2009 年版，第 123 页。

③ 四川大学校档第 169 号：《文科三系教学计划 1951—1958/7》第 2 号《历史系 52—57 年教学计划》。

理的考古组”列入该系逐步建立并发展的三个专业组之一。[①] 这里，“社会史”指的正是“原始社会史”的研究。

以上这些让我相信，在日后的口述访谈中，李绍明不断地推崇自己学科综合运用的风格，这种观念的形成，当然有认同华西大学代表的美国人类学训练框架的一面，但是对他日后研究风格产生实质影响的，主要来自中国民族学历史科学化的过程。在这个过程里面，苏联的影响至关重要。苏联民族学作为当时中国学界唯一被允许学习的方向，它的族源问题以及原始社会史研究，其方法上的思路就是要求借助多学科材料去理解民族形成过程，这无疑成为年轻的李绍明的主要思想资源。

二 照搬苏联经验可以吗？

20 世纪五六十年代，在“向苏联学习”的口号声中，中国人类学的学科性质、学科理论、方法以及研究领域无疑均受到了苏联民族学的左右。不过在学者看来，1957 年反右斗争开始的一系列政治运动发生，让 1958 年切博克萨罗夫回国这件事成为苏联民族学影响中国民族学鼎盛期结束的标志。[②] 随后苏联民族学被当作资产阶级化的学术代表也被列入了批判行列。不仅如此，事实上，苏联民族学也从未真正实现完全改造中国民族学的目的，这一点不仅为中国学者提及[③]，而且苏联学者在论述这段历史时也认为，中国从没有照搬过“苏联模式”。相反地，“绝大多数中国学者那时就已经创造性地吸收苏联民族学家的观点了。”[④] 论及此，我留意到访谈李绍明时的一段对话：

① 四川大学校档第 354 号：《历史系关于教学工作总结 1951/8—1954/6》第 1 号《1951 年度上期概况调查表》。

② 此金天明的观点，来源于王建民对其本人的访问。参见王建民、张海洋、胡鸿保《中国民族学史（1950—1997）》（下卷），云南教育出版社 1998 年版，第 105 页。

③ 王建民举例说明中国民族学没有全盘采纳苏联专家对学科建设的意见。在是否研究汉族的问题上，中国学界认为汉民族不应该成为民族学研究的对象。同上书，第 104 页。

④ ［苏］列舍托夫：《苏联民族学在中国》，贺国安、王培英译，《民族译丛》1991 年第 4 期。

问：您以前说过，中国民族学者后来撰写的民族史志，是苏维埃学派在中国本土化后一种产物，它已经“本土化”了。这个意思是不是说，苏维埃学派也不像中国这样写民族志？既然苏维埃学派就是一个强调把历史的东西引到人类学当中的学派，那为什么写出来的东西不一样呢？

李：苏维埃学派是历史学的一个部分，但是他们不用文献。

问：它用什么呢？

答：它就用田野（调查资料）。

问：那它的历史性是怎么体现的呢？

答：它的历史性就是用民族志文本形成的东西来解释历史的现象。

问：就是说只是一种解释历史的工具，而不是把历史作为一种方法。

答：对，就是这样。它本身不做民族史的研究，不用文献结合田野的调查来全面看待民族问题。我们看苏维埃学派做了那么多民族志，大量的，他们做得很好，但是就是一个现实的、当前的，就是一个横面，没有纵的东西，没有历史的脉络。第二，它没有使用记载这些民族的古文献，它不使用。它认为最可靠的就是见到的东西、观察到的东西，它不相信古文献，这和中国传统的搞历史学的不一样。①

在苏联，民族学被归为历史科学的分支，但始终保持着共时性研究的兴趣。“（民族学）在研究原始时代时（不同于民族史），首先是以那些在对古老现象的直接观察，而常常是以这些过程中所收集的材料为基础；他通常只是把文字史料的证据，像考古学和人类学的资料一样，用来作为补

① 李绍明口述：《变革社会中的人生与学术》，世界图书出版公司2009年版，第125页。

充。”① 苏联民族学对原始社会史的研究更是明确指出，原始社会史研究的史料范畴不包括文字史料（着重点为笔者加）。

> 研究任何时期的历史都需要史料。对原始社会来说，这主要不是文字史料，因为在那遥远的时代，还没有文字。原始社会史史料分成三种：(1) 遗物，(2) 残存，(3) 遗风。遗物是遥远时代各种各样物质文化的残物，例如：工具、武器、陶器、古代住民地及住所的残迹等等。残存，照恩格斯的说法，就是活化石，即不久以前还保留着氏族制度的那些落后的部落与部族。……遗风不仅在落后民族那里保存着，即在文明社会中也可能保存着，例如宗教及其多种多样的迷信和偏见便是上古时代的遗风。②

这段阐释清楚地表明，在方法论上原始社会史研究所赖以解释远古时代的材料来源于可直接观察到的当代诸现象。这里被称为“活化石”的当代诸民族，是学科传统的研究对象——他者社会。不过，在进化的时间观里它们只代表着落后的过去，成为建构远古时代社会面貌的依据。由此看来，原始社会史的研究完全不同于历史学依靠对文字史料的考证、辨析解释过去的路径。这样的研究取向正是李绍明口中对苏联民族学历史性特征的归纳：“用民族志文本解释历史现象。”

中国的原始社会史无论是教学还是具体问题的研究无疑深受苏联经验的影响。即便如此，我们也能看到，中国人在学习的同时，也开始意识到照搬苏联经验在处理国内原始社会史诸问题上存在着不适，其中就涉及原始社会史的史料问题。1956 年出版了面向全国综合大学历史专业四五年制高等教育使用的《原始社会史教学大纲（草案）》，这个大纲明确将有

---

① ［苏］勃罗姆列伊：《民族与民族学》，李振锡、刘宇端译，内蒙古人民出版社 1985 年版，第 304 页。

② ［苏］阿·尼·格拉德舍夫斯基：《原始社会史》，东北师范大学历史系翻译室译，高等教育出版社 1958 年版，第 3—4 页。

文字记载的历史学列入原始社会史可供史料范围。[1] 为什么列文字史料为原始社会史可用史料之一呢？从这里恰好可以看到苏联经验与中国现实之间微妙的分歧。

原始社会史研究中，研究当代民族作为理解远古时代社会面貌的参照系一向得到重视。中国的原始社会史研究也不例外，始终将活跃于境内的少数民族视为理所当然的研究对象之一。研究少数民族一方面是为没有文字的少数民族书写本族历史的过程；另一方面也是建立以少数民族社会比拟人类社会演化史的过程。对待这些无文字的民族，中国同行的看法有别于苏联人，即基于直接观察所获经验不能完全理解少数民族社会，继而也不能完全为理解远古时代服务。通过少数民族社会研究原始社会史需要历史学介入。关于历史学方面的史料，中国学者的解释是这样的：

> 本来原始社会是没有文字的，当然也不会有自己的史籍。但由于每一原始民族都不是孤立的，并必然要和其他民族发生关系，或是和平的关系，如通礼（“来而不往非礼也”）和通婚，或是战争的关系，如互相仇杀，或打冤家，或是平等的关系，或是征服和隶属的关系。因此，在本民族中没有的记载，在其他民族中或许可能有。譬如说，我们要研究云南各种兄弟民族的历史，他们有些并没有文字记载。但在我国的史籍，方志和其他杂记或游记内，却有着不少的记录，可供我们参考。我们如果想将云南少数民族史搞通，而中文的历史资料，却是最重要的。另有其他国家的旅行家、探险家、传教士等等，他们用西洋文字或印度梵文或其他文字所留下的记载，亦是不应忽视的。[2]

---

① 中华人民共和国高等教育部审订《原始社会史教学大纲（草案）》，高等教育出版社1956年版，第5页。

② 杨堃：《原始社会发展史》，北京师范大学出版社1986年版，第6页。

这是杨堃1986年出版的专著《原始社会发展史》中的一段话，书稿基于他1954年在云南大学历史系民族史专业讲授原始社会史的讲稿整理而成，经过1956年、1958年和1979年三次修改后出版。这段话具有一定的代表性，代表了中国人类学学者处理同类问题时的研究经验，以此说明即使中国少数民族自身无文字、无历史，但中国社会历史上多元一体的发展特性决定了，对少数民族的理解可以从汉族浩瀚的文字史料中获取资源，从而让这些“汉族古史记录下来的民间口头传说、歌谣、故事、神话等，经过科学分析，成为研究原始时代的史料”。[①]

的确，中国拥有丰厚的历史资源，如何处理这些资源，从一开始中国就面临着与苏联不同的研究场境。在中国，原始社会史研究所面对的少数民族，传统的汉文历史文献中已经大量涉及他们的社会、风俗、对外交往等，更不用说一些民族本身亦有文字，在其历史记载中也能找到关于自己和他者的记载。对于中国学者而言，这些事实决定了他们在接受苏联影响时必须作出适当的调整，中国学者的研究不可能回避这些需要梳理的少数民族历史文献。不仅如此，当民族学/人类学的“文化遗存法”与如此众多的文献材料遭遇时，现代民族志的材料疏证历代史书中的民族史实，实现古今材料的互勘也很快成了中国学者研究中常用的法则之一。

较之其他领域，原始社会史研究可谓是苏联民族学植根于中国最深的一个分支。甚至于当苏联民族学在中国业已遭受批判之时，对原始社会史的讨论仍然是中国学界的一个重要话题，这种热烈的态势似乎一直延续到1988年，彼时童恩正首次撰文以“摩尔根的模式与中国的原始社会史研究”为题对已有学术遗产进行了直接的批评。即便如此，在这个领域，从史料的选择上苏联和中国学界的差异已是显见的了。中国学者基于对自身社会历史性的理解，包括对境内族群间互动关系历史性的理解总结出了研究经验，按自己的方式接纳了苏联对中国民族学的影响。

在这段中国民族学与其“苏联老大哥”的历史公案里面，另一个例

---

① 林耀华主编：《原始社会史》，中华书局1984年版，第21页。

证也说明了中国人适度地甚至创造性地接受着苏联民族学的“改造”。这个例子就是中国民族学自 1952 年院系调整后更为彻底地，或者说是真正地历史学化。原始社会史研究的引入除了有助于认识整个人类社会发展史之外，中国学者还认为它对理解整部中国历史同样有益：“然而到现在为止，我们的中国史却仅是汉族的历史，未将国内各少数民族的历史包括在内，这就讲不通，不能叫作中国通史，必须予以改造才行。而原始社会史这门课，在这一方面是能起些补救作用的。”① 借助直接观察到的少数民族资料以及中国丰富的文献史料资源，原始社会史研究很自然地被转换为对国内各少数民族历史的研究。研究少数民族历史的过程中，除了利用可观察的材料外，还包括按照传统历史学的方法解读文字史料。正是这个过程，让史志结合成为李绍明这代学人共同的学术训练。

三 历史的维度

史志结合的研究风格，对李绍明而言是一件值得自诩的事情，在他的口述访谈中，他多次提到并讲述过这种风格形成的过程。除了前述关于华西大学四部类人类学教育理念的记忆外，进入四川大学接受史学训练是其中尤为重要一环。当然，他自认历史意识的培养则远早于四川大学求学之时。第一章已述，自少年时代起，他不仅翻过二十四史，而且由于其父游历川滇边务的关系，那时的李绍明也已经接触了家藏的康藏地区文献史料。年少时期的阅读在经历了系统的历史学训练后更得以深化。不仅如此，李绍明一再强调的还有一个至关重要的影响，就是整个求学道路上接触到一批以史志结合研究西南少数民族见长的师长们。向他们请益的过程中，他认为自己逐渐形成了史志结合的研究风格。晚年，当李绍明着手梳理并总结区域人类学——华西人类学的时候，他如是陈述了这样一段学科史：

---

① 杨堃：《原始社会发展史》，北京师范大学出版社 1986 年版，第 2 页。

中国人类学华西学者的学术背景中，不仅有着欧美的人类学训练，而且有着深厚的中国传统学术底蕴，尤其是历史学功底的深厚以及对历史资料的充分熟悉与掌握。这大约与当时的中国文化和历史背景有关。因为中国是一个拥有数千年文明的多民族历史大国，拥有丰富的历史资料，其中包含着历史民族志资料，加以在当时的社会传统中，国学尚有很大影响。因此，在华西的人类学者往往既具备了西方人类学的素质，同时又具备了中国历史学，尤其是中国民族历史的素质。这种情况反映在他们人类学的研究方法中，必然是将二者有机地结合起来，而非仅注重于当前田野调查资料的单纯研究。现以其著作来分析，李安宅的人类学代表作《藏族宗教史之实地研究》，不仅是以拉卜楞寺为代表的藏传佛教的田野调查，而且还是一种藏族文化的历时研究。它首先阐述了藏族的文化背景与历史概况，然后说明藏传佛教以前的信仰与早期佛教以及整个格鲁派佛教的状况，最终才针对拉卜楞寺进行了深入的个案研究。郑德坤的代表作《四川古代文化史》不是一般的历史著作，而是充分运用了历史文献、民族志和考古学资料相结合形成的一部新型的学术著作。冯汉骥的代表作《驾头考》《前蜀王建墓内石刻使乐考》《云南晋宁石寨山出土文物的族属问题试探》皆是考古学出土文物、民族志资料与历史资料相结合进行研究的显著成果。马长寿的《凉山罗彝考察报告》是一本迄今最为科学、系统、翔实的典型的凉山彝族民族志，但与西方所写民族志大不相同，其中专门写了《罗彝之起源神话》《罗彝古史钩沉》《罗彝迁族》和《凉山罗彝系谱》等4章。他不仅运用田野实地调查资料，而且还运用了不少彝文文献与汉文文献史料对比勘合，解决了历史上未能解决的一些认识问题。梁钊韬的《祭礼的象征和传袭——民族学的文化史研究》、任乃强的《汉藏民族文化交流的历史印痕》等均是民族志与民族史结合研究的佳作。闻宥是著名语言学家，但他的著作绝不仅限于此，如《乌蛮统治阶段的内婚及其没落》一文（与杨汉先合作），即是民族志与民族史相结合的又一佳作。以上研究方法，不仅反映在华西的中国学者身上，即令外国学者对此亦不例外，如葛维汉代表作《羌族的习俗与宗教》一书，即引用了大量的汉文历史资料进行比较研究。

正由于华西人类学的同仁在研究方法上有这样的努力，故其科研成果往往显出新意而有创见。这一举措同样受到历史学界的关注与支持。当时在四川历史学界的代表人物如徐中舒、蒙文通等即对此十分赞赏，并且带头在他们的研究中运用这些新的研究成果以及新的田野民族志资料，从而促进了人类学与历史学的良好互动。宋蜀华于1946年从燕京大学社会学系毕业后赴澳大利亚悉尼大学研究院攻读人类学，1949年获硕士后回四川就职于华大博物馆。他深受华西人类学这一研究方法的影响，毕生不仅在治学中身体力行，而且撰文多篇倡导这一方法。他在这方面著有论文多篇，如《论中国民族学的纵横观》《中国的民族学研究必须与历史学紧密结合》和《论历史人类学与西南民族文化研究——方法的探索》等，堪称从理论上对此的总结。应该说民族志与民族史相结合的研究方法亦可称为历史人类学研究，是中国人类学华西学者的又一特点。①

研究当代少数民族时加入历史维度理解，从学科训练的角度看，在李绍明入学华西大学社会学系的时候，其实并非社会学系对民族学组的学生专业训练的一部分，甚至于从李绍明日后的回忆看，当时站在不同学科的立场上，学科之间是没有互动，甚至是有隔阂的："华西的体系还是英美的体系，它怎么会开这个课（指民族史方面的课程——笔者注），其实当时还是隔膜很深的。我在社会学系的时候，我感觉社会学系的老师是看不起历史学系的人，（觉得）学历史学的就是古书里面搬来搬去，找来找去，一句古话解释过去解释过来，不从实际出发。他们看不起他们（学历史的），认为是老古董。……我先在社会学系也受这个偏见的影响，但

① 李绍明：《略论中国人类学的华西学派》，《广西民族研究》2007年第3期。

以后进了历史学系，觉得这个（看法）也是有偏见的，其实两方面都应该懂（这个道理）。”[①] 从这段讲述可知晓，作为非传统人类学学科训练的一部分，与历史相关的内容并没有纳入李绍明在华西大学的课堂中，非但如此，二者之间尚存在的认识分歧，还深深地影响过年轻的李绍明。如果是这样的话，那么，晚年李绍明重提华西学派的史志研究风格以及强调这种风格对自己的影响从何而来？

前面所引文字里，李绍明提到的人物大都于20世纪上半叶活跃在中国西南少数民族研究的舞台上。他们利用历史文献分析西南少数民族的社会和文化，李绍明将此总结为华西人类学的显著特点之一——研究方法中的史志结合。其实，不仅华西人类学如此，实地田野调查与历史文献研究并重同样也是当时整个中国民族学/人类学研究的一个重要特点。[②] 学者们普遍意识到，中国历史文献中保留下的少数民族记述是学者研究不可多得的财富："我国民族，夙以喜治史学闻于天下——二十五史，两通鉴，九通，五纪事本末乃至其他别史，杂史，省志，府志，县志，家谱都计不下数千万卷，是皆吾祖宗闭户自精，辛勤积累而仅得之文化史料，其为研究我国民族文化最优价值之宝藏。”[③] 至于西南地区少数民族的研究，从《史记·西南夷列传》开始同样留下了一批被日本学者鸟居龙藏称为“可与近代民族志比美”[④] 的历史文献。该地区历史的丰富性还表现在：“除了二十五史总的民族传记与有关人物事迹外，还有许多关于少数民族及地区的专书，如晋人常璩的《华阳国志》，唐人樊绰的《云南志》，又称《蛮书》，元人郭松年的《大理行记》，明人钱古训、李思聪的《百夷传》

① 李绍明口述：《变革社会中的人生与学术》，世界图书出版公司2009年版，第89页。

② 据王建民的研究，他将民国时期中国民族学/人类学注重历时分析的学者归入“中国历史学派”中。参见王建民《中国民族学史（1903—1949）》（上卷），云南教育出版社1997年版，第153页。但后来亦承认此特点是当时整个中国民族学/人类学的特点（同上书，第320页）。

③ 黄文山：《民族学与中国民族研究》，载中山文化教育馆编《民族学研究集刊》（第1期），商务印书馆1936年版，第1页。

④ 转引自黄文山《民族学与中国民族研究》，载中山文化教育馆编《民族学研究集刊》（第1辑），商务印书馆1936年版，第11页。

等等。”[①] 文献史料的丰富性恰恰说明一个事实，即西南地区各民族并非西方人类学意义上“无历史”的原始部落。正因如此，当代西南少数民族研究必须观照到历史的层面。在一定意义上，正是这样的研究对象决定了学者的研究必须与历史学相结合。也是在这个意义上，我们可以推断，无论是民国时期的华西学派诸学者，还是他们的学生辈如李绍明者，即使学科训练之初未涵盖历史的内容，但是当他们切身开始从事西南少数民族研究的时候，在不断的学术实践中，意识到了理解当代少数民族必须寻求历史维度的援手，方能充分而准确地把握他们的研究对象。

2007 年李绍明发表了这篇《略论中国人类学的华西学派》，并在不同场合的会议上宣读过它，曾引发过学界的不同反响。文章总结了 20 世纪上半叶中国人类学一段不为人熟知的学科史，第一次明确提出中国人类学存在华西学派这样的观点。从李绍明个人的角度看，这篇文章更是一篇寻根问源自己学术之路的作品。毫无疑问，华西学者的研究特点是他为自己史志结合的风格寻找到的源头所在。李绍明对华西人类学风格的认同，是情感的，也是理性的。我们不能否认这种认同感不间断地对李绍明产生着影响，并不断在他的学术人生中发酵、沉淀，在以后的岁月发挥着真正的效力。但是，仅从他形成史志结合的研究方法来说，如前文所述，这实为新时代学科改造下的直接产物。不过，我们仍然可以问：这两代学人身上共同的研究特征，在经历了时代涤荡之后，是否保留住了一脉相承的内容？抑或者是已经改变了？下面我先以李绍明文中提过之人——马长寿的部分研究为例，简要说明 20 世纪上半叶中国民族学/人类学学者如何运用历史材料研究西南少数民族。

四　一种风格、两个时代

结识马长寿是李绍明 1957 年参加凉山彝族社会性质调查时。当年马

---

① 宋蜀华：《论历史人类学与西南民族文化研究》，载《中国民族学纵横》，民族出版社 2003 年版，第 575 页。

长寿被派往美姑县九口乡调查当地彝族阿陆和马家两个家支，这时距他上次调查凉山彝族已隔16年之久。之后，二人又共同参与编写《彝族简史》，李绍明作为马长寿的学术秘书，在相处的数月中得以有更多机会亲聆教诲。

据王建民的研究，马长寿被归入为“中国历史学派”的代表人物之一。[①] 民国时期他已经凭借实地研究西南地区的彝族、嘉绒藏族等少数民族引人注目。其研究的一大特点即实地调查兼顾运用大量中国古代民族志资料，通过对民族历史的分析来解答当代少数民族社会文化诸现象。

1937年初，马长寿作为中央博物院筹备处民族组的研究人员被派往四川调查，从此旅居四川近十年。此行众人从雷波进入大小凉山，从西昌取道越嶲、汉源、雅安等地，调查了当地彝区以及彝汉杂居区，同年夏秋之交，一行人又向四川西北部的茂县、汶县、理县、松潘等地进发，调查羌族、番、嘉绒，年底返回成都。1941年他再次参加川西北的考察活动，经灌县、理县、杂谷河、梭磨、绰斯甲，大小金川，进入当时西康省的巴底、巴旺和康定地区。至1946年离开四川之前他先后多次辗转于川南、川西各地进行考察，根据历次调查所获完成了《凉山罗彝考察报告》的手稿，并撰写出《凉山罗彝的族谱》《嘉绒民族社会史》《康藏民族之分类体质种属及其社会组织》等文章。

从他的论著看，马长寿的学术思想明显受美国人类学文化历史学派（也称“美国历史具体主义”）的影响。究其源或得益于他的求学之处——中央大学社会学系的学术传统。当时的中央大学社会学系由孙本文执掌，孙氏留学美国时受其老师奥格本（Ogburn）的影响，提倡要在中国建立文化社会学。此文化社会学的部分理论和方法来源于博厄斯（Boas）等人开创的美国人类学文化历史学派，因而马长寿很有可能在校期间就有机会接触到该学派的某些思想。文化历史学派认为，决定文

① 王建民：《中国民族学史（1903—1949）》（上卷），云南教育出版社1997年版，第153页。

化形态的主要因素不是地理环境而是文化自身特殊的历史。但是美国人对历史的关注仅停留在通过全面细致地搜集文化资料研究文化特征的分布上，而对文化被改变的过程不予考察。可以说，美国人所指的历史只是文化自身的历史。因为他们认为，文化变迁动力正是文化自身的交流和借鉴。对此马长寿的理解完全不同于美国学派。其关键是，马长寿认为不是文化本身导致文化的改变，而是一部族群交往史导致了文化的变迁，文化背后的历史事实才是文化变迁的真正动力。正因如此，他主张把文化特征放入文化传播背后的具体历史过程中把握。这样的分析路径充分展示在其不同的研究中，比如《凉山罗彝考察报告》中对凉山彝族社会组织的分析。

凉山的社会组织中，黑彝内部以亲属关系和宗法制度维系，实行宗族外婚制；而黑、白彝之间又以等级制度相区分，严格履行等级内婚制。整个凉山围绕黑、白彝的贵贱区分构成一个等级森严的社会。马长寿分析到，黑白彝贵贱等级制形成的基础源于黑彝自命贵胄的牢固观念，此观念又是古代游牧狩猎的黑彝与周边定居农耕的白彝[①]在交往接触中逐渐被塑造而成的。一句话，这是一个历史塑造的过程。历史上彝族与周边各族族际间的军事、政治、经济交往过程显示：彝族先民——活跃于云南东北部的游牧部族东爨乌蛮（黑彝）发迹后，从南至北一路挺进四川凉山，好战的东爨乌蛮征服了当地原来的统治阶层西爨白蛮（白彝）。入主凉山以后，黑彝继续凭借强大的军事力量俘掠当地的僰夷、苗、汉等各族，迫使这些民族成为黑彝的奴役对象。不仅如此，强悍的黑彝也使得中原王朝仅能用土司制度羁縻凉山。[②] 民国时期凉山彝区仍处于半独立状态，凉山彝族也被时人冠以“独立倮倮”之称，这些事实或许就证明了彝族的古风尚存。

---

① 马长寿认为白彝不是指同一个民族，而是“非黑彝民族”的总称，由被黑彝掳掠的各民族构成。参见马长寿遗著《凉山罗彝考察报告》（上），李绍明、周伟洲等整理，四川出版集团、巴蜀书社 2006 年版，第 332 页。

② 同上书，第 327—331、344—346 页。

认识社会组织如此，马长寿论证少数民族的体质亦通过把握历史事实完成。当时西方的体质人类学学者端纳（W. Tuner）和毛伦特（G. Morin）根据测量数据指出，康藏人的体貌特征明显与印欧人种更为相近，因而认定康藏人属于印欧人种。[①] 马长寿则根据历史史实指出，导致康藏人形貌与一般中国人有差异的原因是：一方面康藏人是历史上（北方）汉藏、蒙藏各族间由于政治、军事关系诱发的历次混血后产生的人种，因此体形与汉人类似；另一方面之所以康藏人表现出不丹人和尼泊尔人的血统特征，只是因为经济往来以及共同的宗教信仰，使得康藏人与生活在喜马拉雅山麓一带的这些人群不时会互动往来，从而产生了一定的血统融合现象。[②] 当然，不是说西方学者体质分析完全没有留意到人群接触会带来形貌变化，但是他们只把人群接触的可能局限在一个狭小地理范围。[③] 但如果对中国历史有一般性了解的话就会明白，中国历史上民族间的交往是如何超越地理限制而实现的。这一点正是马长寿借分析具体中国历史希望指出的西方学者研究中国少数民族的误区。

类似的错误还出现在有关少数民族分类的研究中。英国学者戴维斯（H. R. Davies）注意到，大理民家周围已经不存在蒙古语系的民族语言里却存有蒙古语因素，于是他认定蒙古语就是民家的原始语言，因此把大理民家归入了蒙古语系民族。马长寿指出，戴维斯的分类难以解释为何民家语汇中是汉语占了最大比例。他认为民家之语言疑问其实是民族交往的结果，唯有语言接触才能让民家语言里沾染上蒙古语汇：元代瓦剌等蒙古诸部曾长期屯军于大理，让蒙古人逐渐与当地人融合，最终成为当地“土著”的一员。因此戴维斯调查时的现代大理地区，虽早无蒙古族的踪迹，却在语言中保留下了蒙古语素。民族交往会导致语言变异，因此不能全凭实地语言调查划分民族类别。为此马长寿评论道：“中国西南民族，本族

---

① 马长寿：《康藏民族之分类体质种属及其社会组织》，载周伟洲编《马长寿民族学论集》，人民出版社 2003 年版，第 232—233 页。

② 同上书，第 239—244 页。

③ 同上书，第 234 页。

无历史记载，赖中国历代有史志以传述之，史志记载之价值直接可辨正语言分类之真伪，其功能远在诸文化物质之上。”①

马长寿的研究说明，20世纪上半叶，中国的学者自觉引入历史的维度研究西南少数民族，背后是基于对中国现实的理解——中国是一个文明社会而成。这些被研究的民族不同于西方人类学史上的经典研究对象——“没有历史的人民”。相反，在历史的进程中，他们不断地互动往来彼此塑造，社会、文化诸特征如此，生理特性亦如此，若不明白这一点就很难对中国的少数民族作出准确判断。

不管是马长寿的西南少数民族研究，还是李绍明的羌族史研究，我们都不难发现二人在研究上都综合了历史学和民族学/人类学方法。不仅如此，他们都将此法运用到了共同的关注点上，这就是族源的研究。前文已谈到李绍明对羌族族源的解释，马长寿对凉山彝族、嘉绒藏族的研究中族源讨论也占据了可观位置。比如，他通过古今比较辨析现代嘉绒藏族文化的特征与史书上关于冉、駹与唐代嘉良夷的记载，从而论证三者是不同时代的异名同族。②

族源研究在20世纪上半叶，尤其是在20世纪三四十年代的中国民族学/人类学学界极受重视。推其原因，一方面可以说是与当时上古史研究热带动历史学界对古代民族史研究的重视互相辉映，古史研究的兴起不仅反映史学对追根溯源的兴趣，而且也体现了近代西方新史观、考古学传入中国，以及清代中叶以来疑古学兴起等诸方面影响。③另一方面则与20世纪上半叶民族—国家的建构设想有着密切关系。

晚清以来在内忧外患之下，如何推进民族—国家的建设成为中国学术界关心的主题之一。1937年“七七事变”之后，内固民族、外御国亡的

---

① 马长寿：《康藏民族之分类体质种属及其社会组织》，载周伟洲编《马长寿民族学论集》，人民出版社2003年版，第64页。

② 马长寿：《嘉绒民族社会史》，载周伟洲编《马长寿民族学论集》，人民出版社2003年版，第126—131页。

③ 顾颉刚：《当代中国史学》，上海世纪出版集团2006年版，第121页。

现实焦虑显得更为迫切，这使得从19世纪中叶起就困扰中国的边疆危机到了此时变得更加尖锐。一时间，认识边疆地区及其民族的边疆研究对国家统一和国家建设的意义完全被凸显了出来。面对边疆危机带来的压力，为建构民族—国家提供必要的学理依据此刻就成为了中国知识界必须完成的任务之一。

以研究“人类起源、种族的区分”[①] 为己任的中国民族学/人类学在20世纪三四十年代，受国民政府的大力资助，开始对边疆少数民族地区，尤其是西南地区展开了大量的调查与研究[②]，即可视为学科对时局的一种积极回应。此时调查研究的目的不仅是要直接为国家的边疆建设服务，而且也是为了证明在“五族共和”的前提下，中央政府将原中华帝国版图及其人民纳入新的民族国家框架具有合法性[③]，这就需要学者回答国家一体性何以可能的问题。为了建构民族国家的一体性，除了通过体质测量论证并强调现代中国境内各民族属于同一种族外，学者在此基础上，也会运用史料文献和实地调查相互印证，探讨现代少数民族的族源问题，从而证明现代少数民族与历史上中国境内古老民族一脉相承。抗战爆发后，这种学术研究热情，随着整个国家由抗日激发出来的爱国主义被进一步加强。和众多学者一样，马长寿也确信边疆少数民族属于中国境内的少数民族，少数民族问题是中国的内政问题，而不是国家间的问题，中国的边疆地区不是中国的殖民地而是其不可分的主权领土。[④] 这促使他在学术研究中不

---

① 林惠祥对人类学学科定义的完整表述是：“人类学是用历史的眼光研究人类及其文化之科学，包含人类起源、种族的区分，以及物质生活、社会构造、心灵反应等的原始状况之研究。”参见林惠祥《文化人类学》，上海文艺出版社1991年版，第7页。

② 王建民：《中国民族学史（1903—1949）》（上卷），云南教育出版社1997年版，第1—13页；马玉华：《国民政府对西南少数民族调查之研究1929—1948》，云南人民出版社2006年版。

③ 王铭铭：《人类学在20世纪中国》，见李培林、孙立平、王铭铭《20世纪的中国：学术与社会·社会学卷》，山东人民出版社2001年版，第400—415页；王建民：《中国人类学西南田野工作与著述的早期实践》，载《西南民族大学学报》（人文社会科学版）2007年第12期。

④ 马长寿：《人类学在我国边政上的应用》，载周伟洲编《马长寿民族学论集》，人民出版社2003年版，第8—9页。

断重申："吾人必须基本承认中国民族属于一个种族，然而仍有汉、满、蒙、回、藏、苗族之分者，仍由于文化模式不能尽同之故。"①

正因如此，理解马长寿当时的族源研究，就不能够回避其学术研究与政治间的密切关系。族源研究之外，实际上对不同少数民族独特社会文化的探讨，马长寿的研究也是基于中国一体性的前提下完成的，比如他讨论康藏人种是为证明其与汉人同属蒙古人种。所以不可否认，他的学术探究背后明显有着为当时民族—国家建构服务的一面。

不得不说，在学术研究与民族—国家建构深刻关联这点上，马、李两代学者的研究达成了一致。上一节已经讨论过，李绍明20世纪60年代羌族史研究的意义也在于为新中国建构统一的多民族国家提供了证据。羌族的族源探讨不仅揭示了该民族的历史悠久性，而且也证明了自古以来羌族已活动于今天的中国境内，早已是中国不可分割的一部分。

另一方面，即使两代学者之间的研究存在某种延续，但同时也必须承认，20世纪50年代以后，以史志方法研究西南少数民族的内涵已经有了新的内容。如果说两代学者都运用了史志结合的研究方法的话，那么马长寿的研究是立足于当代少数民族，希望通过历史的维度获知对其全面的理解，而李绍明的研究则是着眼于古代少数民族，希望借助民族志的维度把握少数民族的历史变化过程。20世纪三四十年代，马长寿基于要讨论现代各民族文化和社会生成的内在机制引入历史分析的角度，认为只有通过树立历史上民族社会文化的变化，才能彻底弄清现代民族的文化特征和社会面貌。他的研究旨趣仍然是关于"在场"的研究。此外，通过历史的分析他看到，这些民族"历代建国称王者凡十余次，诸族复居中国与印度两大文明之间，往往能采撷众长，为其养息蕃孳之助"②。可见，一方面他揭示了西南民族历史的复杂性；另一方面也意在解释这些民族具有的

① 马长寿：《人类学在我国边政上的应用》，载周伟洲编《马长寿民族学论集》，人民出版社2003年版，第10页。

② 马长寿：《中国西南民族分类》，载周伟洲编《马长寿民族学论集》，人民出版社2003年版，第49页。

独特性。正因如此，马长寿的论述会从宗族和婚姻的纵横交往史出发解释嘉绒社会内部的组织形态，同时也会通过族际间政治、经济、文化、宗教等方面的交往关系去看待现代民族的文化特征。①

遗憾的是，这种从研究对象内部出发的视角以及所揭示出的丰富性，到了 20 世纪 60 年代，在李绍明关于羌族历史以及族源的研究中已很难看到。在文本中，历史上的羌族与周边各族、与中央王朝的交往互动过程以及互动中对羌族文化和社会的影响均被极简化。文本仅以展示汉、羌两族人民经济上的友好往来、中央王朝对羌族的治理史以及阶级斗争史来解释少数民族材料，致使我们只能看到羌族社会单线进化的解释逻辑，原本多元的少数民族文化和历史发展线路被排列在了社会形态进化序列的落后阶段。

对比两代学者的研究我们发现，意识到历史对现代少数民族社会文化面貌的塑造作用，马长寿在少数民族研究中引入了历史过程的分析，是为了更好地理解少数民族社会文化多元发展的面貌。到了李绍明生活过的 20 世纪五六十年代，这种历史化的少数民族研究在全面转向民族史研究后，仅仅保留了进化论“文化遗存法”的思考角度，而放弃了原本对历史过程分析的丰富内涵。其结果是，此时的民族史研究仅成了单线社会形态进化论的最好注脚。

---

① 马长寿：《嘉戎民族社会史》，载周伟洲编《马长寿民族学论集》，人民出版社 2003 年版，第 158—164 页。

第四章 “大西南”的民族研究

第一节 旧问题的新讨论：再论社会性质与族源

时光荏苒，转眼已是20世纪70年代末。极“左”思潮在社会中的影响已逐渐消散，各项国家建设的事业又开始热火朝天地推行开来，人们再一次以无比的热情投入其中。过去的十几年，单位上每天有各式各样事务性的工作需要李绍明处理，还有不停歇的运动等着他参加，日子依旧是在忙忙碌碌中度过。这样的日子离他心目中真正的理想状态当然还有距离，但也不妨碍他始终以乐观的心态坦然接受。不过现在不一样了。整个国家重新步入正轨，而他的学术人生也随之掀开了新的一幕。

1977年，中国科学院（同年5月，中国科学院哲学社会科学部组建为中国社会科学院——笔者注）民族研究所提出，要把20世纪50年代中期通过少数民族社会历史调查揭示出的三种社会形态——原始社会、奴隶制社会和农奴制社会——各自写成专书，用以向知识界之外的大众社会普及，以期将有关少数民族社会形态的知识常识化。为了完成这项工作，分别成立了编写组专门负责。有意思的是，这个编写组，完全复制了旧日社会历史调查组的模式，集不同地域、不同单位的人共同参加：“除北京的以外，四川省抽一批人，加上云南小凉山还有一块，所以云南也要有人参加进来，还有贵州黔西北的也应加入，这都是我一手策划。……调人，北京的由他们自己决定，四川、云南、贵州的由我来经办。所以我把云南杜玉亭请到这个组里来，他搞过小凉山的调查；把西南民院冯元蔚请来，他搞过彝族民间文学；把贵州余宏模请来，他那时正在一个中学教书。因为我对他们很熟悉，所以请他们来了。”① 不仅如此，各编写组的大多数成员正是昔日社会历史调查组的同事们，通过这件事，以这样的方式，他们再次聚集一堂：“凉山彝族奴隶制的只写一本书；原始公社的要写几本书，由吕光天、满都尔图他们来做；农奴制的，西藏的由李有义、吴从众、姚兆麟他们来写，新疆的由谷苞他们来写。”② 作为参与凉山社会性质调查的旧人，奴隶社会的编写工作自然落到了李绍明身上，并且，他在其中担任秘书，发挥他长于统筹规划、协调合作的特点，负责全组的行政和学术组织。最终，这本由他担任总纂的《凉山彝族奴隶社会》，从重返凉山调查、整理资料、写作到校订历经3年的时间，1982年正式出版。

在书的前言里面，编写组表示，这本书不仅要描写解放前凉山彝族的奴隶制社会形态，对凉山奴隶制的形成、发展和演变作出一些研究和探索，而且书中还要集中探讨学界一直以来争议的两个问题：其一，解决凉山彝族社会性质时，对社会生产关系和阶级关系的理解，包括曲诺和阿加（即瓦加或安加——笔者注）等级的阶级属性、租佃关系的性质问题；其二，解决凉山奴隶制的类别是古代东方的奴隶制，还是古典的奴隶制，还是其他的问题。③ 对于前一个问题，编写组的结论是，尽管阿加在经济生活或物质待遇上比呷西好，但是该等级仍然是与呷西奴隶相互联系着的另一种类型的奴隶。此外，作为凉山社会的中间层，曲诺也并非自由民，更不是农奴。他的身份应该是黑彝奴隶主的隶属民，享有一定自由。至于后一个问题，关系凉山彝族奴隶制社会的类型。编写组的意见是，凉山社会既存在于古代东方奴隶制以及古典奴隶制的特征，但也有特殊之处，因此在某种程度上可以说自成一种类型。④ 通览全书便可知道，这本书的主要

① 李绍明口述：《变革社会中的人生与学术》，世界图书出版公司2009年版，第223—224页。

② 同上书，第223页。

③ 凉山彝族奴隶社会编写组：《凉山彝族奴隶社会》，人民出版社1982年版，第2—4页。

④ 同上书，第4页。

观点与20世纪50年代所下结论几无二致，只是更加明确地提出，凉山社会是奴隶制社会的一种特殊形式。

20世纪70年代末，这本凉山社会性质的重写之作，尽管加入了20世纪50年代凉山社会性质调查时忽略的文化、宗教、婚姻家庭等方面的内容，但书的基本内容仍然沿袭了20世纪50年代凉山彝族社会性质调查报告的结论。应该说，这本书的问世确实比较全面地展现了凉山社会的完整面貌，而出版它的意义更在于，借助大众读物的形式，再次肯定了凉山彝族奴隶制社会的性质。

自20世纪70年代开始，大约10年时间里面，在中国民族学内部，尽管出现了一些新的研究视角，比如少数民族地区现代化和经济开发研究，但总体而言，20世纪50年代以来形成的研究思路以及如社会形态等原有的研究议题继续受到学界重视。以少数民族现代化研究为例，事实上，在某种程度上，此类研究仍然是在从现代化的视角，继续坚持着新中国成立以后所提倡的社会进化论。① 不仅如此，这个时期借出版《中国少数民族社会历史调查资料丛刊》系列丛书之机，学界投入了相当大的精力去重新整理、编写20世纪五六十年代的少数民族调查资料和调查成果。这些举措也在用实际行动表明学界主流对新中国成立后学术遗产的认可与继承。可以说，这个阶段应被视为是新时期学界对20世纪五六十年代学术传统的一种直接延续。

在这约10年的时间内，李绍明的个人学术研究开始进入丰产时期，以他独立署名的作品相继面世。从整体上看，这个阶段李绍明的研究大致围绕着20世纪五六十年代原有诸议题展开。一方面他发文讨论凉山彝族的社会性质；另一方面在民族史领域，在原有探讨羌族起源的基础上，他开始涉足讨论西南各少数民族的族源。一定程度上，通过这样的方式，李绍明一度中断了的学术人生与自己的过去又连接到了一起。

---

① 王铭铭：《人类学在20世纪中国》，载李培林、孙立平、王铭铭《20世纪的中国：学术与社会·社会学卷》，山东人民出版社2001年版，第430页。

一 特殊的奴隶社会：再论凉山社会性质

第一次注意到凉山彝族的社会性质时，李绍明还是华西大学社会学系的学生。1952 年，当时的川南行署组织了川南民族访问团，着手要对雷马屏峨地区的彝族社会情况展开调查。那年夏天，华西大学社会学系的部分学生作为该团的工作成员，在玉文华、陈宗祥两位老师的带领下，前往乐山峨边地区调查当地彝族。峨边属于小凉山地区，位于整个凉山彝区的边缘地带。如第一章所述，华西大学社会学系一行人去小凉山的目的当然不是只为调查彝族社会，更没有特别留意彝族的社会性质，他们主要的任务是开展争取地方彝族头人的宣传动员工作。指派给李绍明等人的工作地点位于峨边县的西河，由于靠近汉族聚居区，这里当时已经汉化较深。近距离观察彝族之后，回到成都的李绍明为此行写了一篇调查心得，文中他表达了自己对当地彝族社会性质的看法认为西河地区已经封建化。①

尽管作出了封建制的判断，但当地彝族社会固有的人身隶属关系，还是给年轻的李绍明留下了极其深刻的印象。他告诉我："我们当时去了两个女同志，一个黑彝奴隶主就要用钱来买她们。我们跟他们开玩笑问，那么怎么个买法？他说胖一点那个钱多一点，五十锭银子，瘦一点四十锭银子。"② 对于这些外来人，当地彝族很自然地按照自己的分类标准去理解他们。谈到此处，李绍明一直津津乐道着："那个时候他们是这么分的，穿绿军装的是朱总司令的娃子，穿灰色干部服的是毛主席的娃子。那时候一般着绿军装的是解放军，一般的干部穿灰色的制服，我们都穿灰色的，上面有四个包的工作服，当时是发的。毛主席（他们）也不知道是毛泽东，朱总司令（他们）也不知道是朱德。那个时候有照片嘛，他们认为毛主席就是个大奴隶主，朱总司令也是个大奴隶主，不然他们怎么下边会

① 李绍明口述、王林整理：《我与凉山彝族奴隶制研究》，《当代史资料》2003 年第 4 期。

② 李绍明口述：《变革社会中的人生与学术》，世界图书出版公司 2009 年版，第 99 页。

有这（么）多的娃子呢?”[①] 在当地彝族的观念中，外来人也被用“娃子”和“主子”两个级别区分开来，他们认为，所有人和自己一样都处于等级隶属的关系体系之中。

有关凉山彝族人身隶属关系的强烈印象，当时并没有让李绍明直接与奴隶制社会联系起来，但随着他参加四川调查组调查凉山社会性质的时间日久，这一点终将成为他理解凉山彝族社会奴隶制的出发点。作为四川调查组的一名成员，他的观点已经蕴含在了四川调查组的结论中。直到新的时期到来，在承认奴隶制社会的基础上，李绍明才真正发声阐述自己的看法。

前述《凉山彝族奴隶社会》一书所提到的两个争议性问题，李绍明在自己讨论凉山社会性质时也根据自己的理解具体地解答了它们。可以说，这个时期李绍明对凉山彝族的研究，是将自己从20世纪50年代接触凉山彝族后一系列的思考，第一次以个人的名义系统地呈现了出来。在这些研究里，他既再次辨明凉山社会性质的实质，又希望解释清楚凉山社会的特性所在。

首先，凉山土地所有制形态的问题。一般而言，学界认为奴隶制生产关系的基础，除了看剥削者是否对劳动者的人身直接占有外，土地所有制也是一个重要的衡量标准。一般而言，根据马克思主义经典理论，典型的奴隶制土地所有制有两种形式：其一，古代东方的公社所有制；其二，古典社会的自由土地所有制。但是，20世纪五六十年代对凉山社会性质的讨论已经揭示，若按照这一标准去看凉山社会的话，凉山则不属于其中任何一类，因此当时就有学者认为凉山不应该是奴隶制社会，而是封建制社会。

对此，李绍明认为，如果仅套用典型奴隶制土地所有制的方式去理解奴隶制的话，则过于教条。他根据马克思主义对社会发展规律的认识——土地从公有制变为私有制是一切民族社会发展的规律提出，在西方，土地公有制形式也曾是社会发展的必经阶段，而在东方，不是没有土地私有制

① 李绍明口述：《变革社会中的人生与学术》，世界图书出版公司2009年版，第99页。

出现，只是因为各自历史发展的条件不同导致了发展道路不同。[①] 因此他指出："和世界各民族一样，凉山彝族奴隶社会土地所有制的发展，同样经历了从公有制到私有制的发展过程，无疑，中间也经过若干过渡阶段。"[②] 他在这里想表达的是，在历史上，凉山可能有过符合上述两类典型奴隶制特征的时期，只不过现阶段我们所看到的，可能只是其中的某个过渡阶段。这就使它的奴隶制特征不明显，但绝不代表它的性质不是奴隶制。正因如此，李绍明提出："判断一个社会的性质，当然要考虑作为主要生产资料的土地所有制形式，但更主要的是要看究竟哪一种生产方式占该社会主导地位。"[③] 根据 20 世纪 50 年代所做的调查材料，他考察了土地占有、买卖、典当以及经济方式后认为，"在凉山旧的公有制残余和封建因素的萌芽也比较显著，但凉山土地私有制的主要形态是兹莫、诺合的大土地所有制以及曲诺的小土地所有制形式……这种所有制形式是生产资料所有者既占有主要生产资料，又占有生产者的奴隶主所有制形式。它在凉山整个社会中占据主导地位，因此凉山是奴隶社会。"[④]

其次，讨论租佃制作为凉山土地经营方式之一。在学界，坚持主张凉山是封建制社会的学者，其关键的证据是看到凉山普遍存在着租佃制这一现象。针对这个观点，一方面李绍明认为，不能简单从经济因素的数量上分析社会性质，而应该重视决定社会本质的经济关系。[⑤] 他所看到的是，基于人身隶属关系的奴隶制生产关系，才是凉山主导的经济关系。在凉山，所谓地租剥削虽然占有一定地位，但他却认为这只居于从属地位，是对主要生产关系的一种补充形式。另一方面据亚里士多德对雅典早期租佃

① 李绍明：《论解放前凉山彝族社会土地所有制形态》，见其《李绍明民族学文选》，成都出版社 1995 年版，第 166—168 页。

② 同上书，第 169 页。

③ 李绍明：《凉山彝族奴隶制研究中的几个理论问题》，见其《李绍明民族学文选》，成都出版社 1995 年版，第 104 页。

④ 同上书，第 108 页。

⑤ 李绍明：《论民主改革前凉山彝区租佃制的性质》，见其《李绍明民族学文选》，成都出版社 1995 年版，第 185 页。

制的论述，以及阿甫基耶夫对古代东方历史的研究，他还指出，实际上租佃制并非封建社会的专有，不仅封建社会存在，而且奴隶社会也存在租佃制。因为“租佃制度产生于原始社会末期，它是随着剥削制度的存在而存在，发展而发展的。只有到剥削制度消亡以后，租佃制度才会随之消亡”①。由此可见，在李绍明看来，租佃制不能构成凉山社会性质判定的充分条件，只有抓住凉山的主体生产关系，才能准确辨析凉山社会性质。在他看来，这个主体生产关系建立在人身隶属基础上。

最后，是曲诺和阿加（即瓦加或安加——笔者注）阶级属性的争论。由于这两个阶级的实际情况相当复杂，因此学界对此的看法一直相持不下。在一定意义上，厘清了曲诺和阿加的阶级属性，对判定凉山社会性质至关重要。否认奴隶制的观点认为，作为凉山主要生产者，曲诺和阿加能够占有生产资料，这一事实已经说明，二者不是奴隶而只是隶农或农奴。李绍明的观点是，对于曲诺，他认为他们属于奴隶社会下的被保护民。至于阿加等级，他仍坚持认为阿加的人身隶属关系依然存在，因此他们不可能是农奴或隶农阶级，只可能属于奴隶。对此他指出，不仅阿加人身完全被主人占有，他们没有人身自由，而且即使持有财产，但阿加只拥有不完整的支配权。当然，他更指出，阿加拥有财产现象的实质在于，阿加只是奴隶主财产的暂时持有者，而不是财产的所有者。② 此外，在生产资料所有制方面，无论是土地占有，还是土地买卖典当，以及土地经营方式中，即使这两个等级具有某些经济地位和权利较高的迹象，但是，由于二者对各自主人的人身隶属关系仍然没有改变，因此他们的经济关系仍受到人身关系的制约。可以看到，李绍明在这个问题上的讨论，其立足点就在于对人身隶属关系的强调。这也就等于说，他认为只要这种关系还在，那么凉山社会性质讨论就不可能离开奴隶制来谈。总而言之，上述分析可知，通过辨析

① 李绍明：《论民主改革前凉山彝区租佃制的性质》，见其《李绍明民族学文选》，成都出版社 1995 年版，第 186 页。

② 李绍明：《论民改前凉山彝族社会的等级结构》，见其《李绍明民族学文选》，成都出版社 1995 年版，第 126 页。

凉山奴隶社会判定中的诸难点，李绍明坚持已有凉山是奴隶制社会的观点。

毫无疑问，李绍明的这些讨论在基本观点上，实际上重申了当年自己参加凉山调查时所得结论。然而，在这些文章里面也可以看到，尽管他对凉山社会性质的讨论，依然围绕着20世纪50年代判别凉山社会性质时的基本要素进行，即分析凉山的生产关系。但与此同时，不难看出，这个时期他已经尝试在有限的范围内，着力展示凉山社会的特殊性了。这一点，通过不断地强调凉山社会稳固的人身隶属关系，即凉山社会的人身占有性或依附性来实现的。他认为对凉山问题的讨论，“不仅要注意他们的经济地位，还要重视他们的法权地位。……在凉山，阶级地位的变动仍未能改变原有等级的法权地位”①。可以说，李绍明讨论凉山奴隶制社会形态的过程，实际上也是在不断承认凉山社会特殊性的过程。正因如此，这个时期，他对凉山社会性质的讨论，是交织在理解凉山奴隶社会的一般性与特殊性中而完成的。

关于凉山奴隶制社会的特殊性何在的问题，他支持《凉山彝族奴隶社会》编写组的意见认为凉山是一个特殊的奴隶制社会。他认为凉山奴隶社会至少在两个方面表现出了与马克思主义经典奴隶制论说不同的地方：一、注重血缘，保持了强烈的氏族社会色彩；二、没有形成奴隶制国家的奴隶社会。具体而言，他对此的论述主要包括以下三个部分。

第一，辨别等级和阶级的关系。李绍明认可“等级”与“阶级”是既区分又联系的关系。虽然他认可：“阶级主要是以财产和劳动力为要素，即人们对生产资料的关系决定的，而等级指的主要是由上述原因取得的法权规定的特权，两者是有区别的。……实际上，在前资本主义社会，人们等级地位的高低，归根结底是受他们的经济地位、受他们生产资料的关系制约的。”② 但是，此时他已开始着重解释二者的区别并明确指出，

① 李绍明：《论民主改革前凉山彝区租佃制的性质》，见其《李绍明民族学文选》，成都出版社1995年版，第183—184页。

② 李绍明：《凉山彝族奴隶制研究中的几个理论问题》，见其《李绍明民族学文选》，成都出版社1995年版，第98页。

20 世纪 50 年代所划定的阶级成分，的确与等级划分有一定的重合，但“各等级的经济地位和法权地位是完全不同的……习惯法规定，统治等级的兹莫和诺合即使丧失原有的经济地位，甚至贫穷潦倒，仍不丧失原有的贵族身份”[①]。在李绍明看来，凉山五个等级表现出的稳定性，与凉山彝族注重血缘关系，并且血缘关系是判别等级归属的重要依据有关：“严格的血缘关系制约着等级地位的高低。”[②]

在凉山，与五个等级相适应的是五个血缘层次，即兹伙、诺合、曲伙、麻邀和龙节，这五个层次的血统纯正性依次递减，也就意味着五个等级的血统属性不同。凉山彝族对血缘的强调使得相同等级内部也会因为血缘是否纯正，而出现“骨头”好坏的差别，这决定着不同人群的地位高低。正因如此，即使仍将凉山彝族的血统观念归结为“凉山彝族奴隶社会生产力发展水平十分低下的缘故”，但仅这一点就已说明凉山奴隶社会的特殊之处。对此，他说：“在古代许多国家和民族的等级制度中，即使主要以职业和财产作为划分等级的标准，也同时非常重视血缘关系。但像凉山彝族奴隶社会的等级制度那样，严格以血缘因素来制约等级地位的情况，确实是突出的。”[③]

第二，凉山的政治统治形式，即家支组织。[④] 按照马克思主义社会发展一般理论认为，国家是阶级出现后的产物，奴隶制国家作为第一个阶级社会，其国家职能从一开始就在为奴隶制的经济基础服务，对内管理奴隶，镇压奴隶和其他劳动人民的反抗，维护奴隶剥削制度，对外职能是进行战争，目的是扩大领土、掠夺奴隶和财富。对此，他坚持了 20 世纪 50 年代的一贯看法，即“凉山虽然没有统一的政权组织，但诺合家支实际

---

① 李绍明：《凉山彝族奴隶制研究中的几个理论问题》，见其《李绍明民族学文选》，成都出版社 1995 年版，第 99—100 页。

② 同上书，第 101 页。

③ 同上书，第 102 页。

④ 李绍明关于彝族家支的论述，集中在《凉山彝族奴隶制研究中的几个理论问题》和《略论凉山彝族家支》两篇文章中，本文引用二文中相同的内容时以《凉山彝族奴隶制研究中的几个理论问题》为据。

上起着奴隶制专政的政权作用。”① 在他看来，黑彝奴隶主的统治是通过其家支组织实现的。对内黑彝家支根据习惯法维护奴隶制的生产关系，对外黑彝家支发动掠夺战争，俗称“冤家械斗”，其主要目的是掠夺奴隶和土地。当然，李绍明同样也承认，家支毕竟不是严格意义上的政权，它还具有父系氏族组织的一些特征。

针对黑彝家支的双重性，李绍明指出这正是凉山奴隶制社会的特殊性所在：“我们从凉山彝族奴隶社会的诺合家支制度中看到作为国家特征的公共权力已经基本具备……但是作为国家特征的另一点，即以地域来划分国民，却一直没有完成。整个诺合家支是父系血缘组织，而且是以这个血缘组织所管辖的范围来行使诺合奴隶主的统治权的。”② 在他看来，这一特殊性不仅对认识凉山有益，而且也能够带来理论上的启示：其一，为详尽论述恩格斯指出的氏族组织怎样在阶级社会中保留的观点，提供活的案例资料，并且说明“原始氏族组织不仅可以保留下一些形式和内容，而且通过改变其实质成为奴隶主专政的工具”；其二，说明“奴隶社会中，作为上层建筑的政治统治机构，除了统一的国家行使外，还可能以其他形式出现。”③

第三，曲诺等级的阶级属性也反映出凉山奴隶社会的特殊性。学界对曲诺等级的理解始终存在争论。其原因在于，曲诺等级的复杂性增加了认识的难度。比如，按阶级划分的话，曲诺分属于奴隶主、奴隶以及劳动者的情况都存在；但是按人身隶属关系理解的话，即使已被划为奴隶主阶级，曲诺仍然受到黑彝主子的统领，要履行作为娃子的各种义务。

文中，李绍明梳理了学界对曲诺等级的五种认识，曲诺等级的复杂性由此可略见一斑；其一，曲诺不是人身完全被占有的、从事家务劳动的一般奴隶。曲诺不仅不能被任意屠杀，而且具有一定的财产所有权和人身自

---

① 李绍明：《凉山彝族奴隶制研究中的几个理论问题》，见其《李绍明民族学文选》，成都出版社 1995 年版，第 112 页。

② 同上书，第 114 页。

③ 同上书，第 113—114 页。

由。因此，他们与黑彝主子的关系只是一种人身依附关系而不是占有关系。[①] 其二，曲诺不是古代东方奴隶社会中，由原始公社时期的公社成员分化而来的普遍奴隶。在东方奴隶社会中，保存公社残余形式、出现专制国家机构是理解构成普遍奴隶的核心，但是在凉山，却没有土地国有制和公社残余形式的限制，因而曲诺才可能获得部分土地所有权。[②] 其三，曲诺不是古典社会中来源于外来征服的希洛特型种族奴隶。从曲诺有部分财产权、自由迁徙权和人身自由等特征看，曲诺不具有希洛特型奴隶那样成为国家奴隶，受奴隶主任意处置而不能随便迁徙等特征[③]，而且“曲诺的来源亦应以从本族内部分化出的成员为主，而不是以外族后裔为主”[④]。其四，尽管曲诺有上述三点特征，但曲诺也不是奴隶社会中属于统治等级的自由民。大量调查资料已经显示曲诺与黑彝主子之间始终存在着人身隶属关系，而且二者之间根本差别在于曲诺一直处于被统治阶级的地位。[⑤] 其五，曲诺也不是封建农奴或封建农民。因为农奴依附封建主是基于土地租佃关系，而曲诺对黑彝主子的依附则是一种直接的人身隶属关系。至于封建农民对自己私有经济具有的完整所有权，曲诺更是不曾有过的。[⑥] 通过梳理，李绍明一一批驳了各种有关曲诺阶级性理解的观点，这些观点的莫衷一是，不仅反映出了曲诺等级的复杂性，而且恰恰也说明，凉山社会不同于以往对一般性奴隶社会的既有认识。

那么，究竟应该如何看待曲诺等级的阶级属性？李绍明提出了自己的看法，“曲诺是隶属或依附于黑彝贵族奴隶主的保护民或农民。”[⑦] 他辩证地看到，任何社会除了存在对立的两个基本阶级外，还存在非基本阶级。

---

① 李绍明：《论凉山彝族奴隶制社会曲诺等级的阶级属性》，见其《李绍明民族学文选》，成都出版社 1995 年版，第 134 页。

② 同上书，第 137 页。

③ 同上书，第 139 页。

④ 同上书，第 148 页。

⑤ 同上书，第 141 页。

⑥ 同上书，第 141—142 页。

⑦ 同上书，第 151 页。

在奴隶制社会中属于保护民的小生产者即是如此。这种保护民在奴隶社会初、中期可能会分化出奴隶阶级，在末期则往往成为封建农奴的前身。[①]在此认识基础上，李绍明明确地指出，从曲诺的形成史、社会地位、发展方向上均可以证明他们是古典奴隶社会中的保护民。绝大多数曲诺被阶级划定为属于“劳动者”亦可被视为“代表了曲诺原先所处的依附于黑彝主子的被保护民的状况”[②]，恰恰正确地反映出了曲诺的真实地位。通过这样的梳理，李绍明明确地提出，“既不能把凉山社会归结为古代东方社会，也不能完全将凉山概括为古典奴隶社会，它是在凉山特有的条件下形成的”[③]。

前述可知，李绍明在讨论凉山奴隶社会特殊性的时候，开始触及如何理解凉山固有等级及其关系的问题。关于等级及其关系，我们在第二章中已经分析过，四川调查组当年对凉山社会性质的判定，其基础正是建立在理解等级及其关系之上，但是四川调查组碍于时代所限，仅从单向的维度对这一问题作出解释。不仅如此，判别过程中，还大量充斥着对等级及其关系调查内容的删节或简单化诠释。这些都成为全面而深入理解凉山社会的阻碍。在新的历史时期，看得出李绍明此时已经有意回应一些当年被简单化理解的问题并作出解释，比如曲诺和阿加的阶级属性，血缘观念与等级构成的关系。另外，无论李绍明如何强调凉山的特殊之处，但最终他仍然强调：“大小凉山彝族地区，解放前还比较完整的保存着人类社会发展史上的第一个阶级社会——奴隶社会形态，这是当今世界上在较大范围内仅存的奴隶制度的活标本。”[④]

可以说，囿于认识框架的固定，李绍明新时期对凉山社会的论述，仍

---

① 李绍明：《论凉山彝族奴隶制社会曲诺等级的阶级属性》，见其《李绍明民族学文选》，成都出版社 1995 年版，第 142—145 页。

② 同上书，第 150 页。

③ 同上书，第 151 页。

④ 李绍明：《凉山彝族奴隶制研究中的几个理论问题》，见其《李绍明民族学文选》，成都出版社 1995 年版，第 98 页。

然是以凉山是奴隶社会的结论为基础而作。不过，此时，他已经开始伺机向外界展示凉山社会的特殊性，并在有限的范围内使用更为充分的调查材料以论证这一特殊性。凉山，是怎样的社会？直到今天对这一论题的讨论仍未结束。对于李绍明这一代的学者而言，他们的使命是对凉山作出奴隶制的判定。这是一个时代的学术，身在其中无法超越。

二 西南民族的族源：氐羌入川说

接续20世纪60年代开始探讨少数民族族源的研究关注，自1978年起，李绍明尝试将此议题的关注范围扩大至整个西南地区的主要民族身上。同年，他写下一篇名为《关于凉山彝族来源问题》的文章，系统阐释了自己对于凉山彝族族源问题的认识，这可视为他此后一系列西南少数民族族源讨论的开端。

写作《关于凉山彝族族源问题》，正值李绍明参与《凉山奴隶制社会》的编写之时。为此，编写组针对凉山的社会性质召开过大大小小一系列的研讨会，会上同时涉及了对彝族族源问题的讨论。这篇文章应该说是这项编写工作的一个副产品，借机李绍明表达了自己对彝族族源的理解。1959年参与编写《彝族简史》时，彝族族源的问题已经进入李绍明视野。当时的简史编写组认为，今天彝语支各族有着共同的来源，他们都与古代西北地区的古老氐羌部落有关。虽然缺乏直接的历史文献证据，但通过语言、文化特征、彝文文献记载都能清楚地找到二者之间的联系。至于这些氐羌部落何时迁到西南地区的，编写组留下空间没有进一步探讨。[①] 关于彝族的族源问题，李绍明赞同氐羌说，并且通过自己的分析进一步对彝族的源流史给出了自己的看法。

讨论彝族族源时，李绍明沿用了曾经探讨羌族族源时的分析模式：综合运用历史文献、考古学和民族志所得材料，按时间顺序梳理并分析了古

① 中国科学院民族研究所、云南少数民族社会历史调查组编：《彝族简史（初稿）》，1963年内部刊印，第4—7页。

代彝族不同时期的迁移、融合的历史，最终目的是揭示出所有差异背后彝族自古以来的发展线索。以下我们将看到，这种分析模式在李绍明讨论各族族源中也随处可见。

隋唐时期，史书上出现有关“东爨乌蛮”的记载，学界一般承认这支乌蛮正是现代彝族的祖先。在唐代，唐将汉、晋时代所设越嶲郡改置嶲州，该地区主要的民族是被统称为“乌蛮”的勿邓、两林、丰琶三大部落。其中勿邓由云南东部、贵州西部的乌蒙山迁至嶲州，称为“东爨乌蛮”。当然，在承认东爨乌蛮与彝族同源说的基础上，李绍明的论述并没有就此停止，他要做的研究是继续深究乌蛮的族源与族属，希望从中明晰彝族更古老的源头所在。

在李绍明看来，东爨乌蛮也都是由古羌族南下后裔——入滇叟人演变而来的。[①] 关于叟人的来源他认为，最迟在西汉武帝时期，古羌族中被称为“牦牛羌”的一支已南下进入四川，其活动范围以今天的汉源（古笮都旧地）为中心，延伸至今天的西昌（古邛都旧地）一带。东汉魏晋以后，关于该地区的史籍中出现了“叟人”一族的记载，实际所指同样是这支羌人，其活动范围在凉山越嶲地区及其与犍为郡交界的小凉山一带。“叟人”之所以被归入氐羌系民族，李绍明从名称混用出发解释道，汉魏乃至西晋以前的史籍中氐与羌，氐与叟、叟与羌经常合称、混用的现象，不仅说明了叟与氐羌之间相互错居的地域关系，而且也说明他们之间的同源关系。另外，从专门记载古代西南民族的历史文献，如《华阳国志》中有关于氐、羌、叟密切互动关系的详细记载也可以推断出，“氐、羌、叟的密切联系说明他们是同源的。其最初原为一族，分布在我国的西北高原，后来逐渐向西南迁徙，其中有的经过白龙江、岷江上游和四川盆地，而达南中一带。因此，在汉魏乃至西晋以前的史籍中，往往将这一同源的族群并称为氐羌和氐叟，或以氐、羌、叟三者混用。可见这不仅由于他们

---

① 李绍明：《关于东爨乌蛮诸部的族源问题》，见其《李绍明民族学文选》，成都出版社1995年版，第256页。

错居在一起的原因。”①

至于两林和丰琶二部，李绍明认为他们都是嶲州当地的居民。其族源一条，远推与勿邓同属南下古羌，近追另一条则是早在汉晋时期已在安宁河流域活动的越嶲叟人，也就是越嶲羌。唐代以后，滇东北和黔西北仍不断有民族迁徙至凉山，这其中除了有滇东乌蛮外，还有一部分是受南诏驱使从云南迁入了凉山的白蛮。据他考证，这部分白蛮是汉代滇国境内以僰人为主，融合了境内濮人发展而来的民族。濮人与百越民族同源，而僰人他却认为仍属于氐羌系民族。僰人原居住在河湟一带，后来南迁至川南宜宾周围，秦汉时其中一部分又继续向南进入云南，最终构成了唐代白蛮的主要成分。②

通过分析三个关键的历史时期，李绍明最后得出的结论是：“现今凉山彝族的来源有两部分：一部分是氐羌南下过程中定居于该地的；另一部分是氐羌南下到达云南，唐代以后又逐渐北上该地的。在历史的长河中这两支远源相同的氐羌人逐渐融合演变并吸收了其他一些部落，发展成为现今的凉山彝族。”③

1979 年，编写《凉山彝族奴隶社会》的工作还没有全部结束，四川省内已经又为李绍明布置了新的任务。省里决定要把 20 世纪 50 年代初期在四川民族识别中，尚未完成和解决的工作继续完成，其中包括恢复或更改一些地区的民族成分，并整合一些有自称的少数民族群体。于是 1979—1980 年间，在研究凉山彝族社会性质和族源历史的中途，李绍明又作为川西南民族识别组的领队，带队前往川滇两省交界地区，对“西番”和“纳日”进行再识别。④ 回到成都后以这次

---

① 李绍明：《关于羌族古代史的几个问题》，《历史研究》1963 年第 5 期。

② 李绍明：《唐代西爨及昆明的族属问题》，见其《李绍明民族学文选》，成都出版社 1995 年版，第 271—272 页。

③ 李绍明：《关于凉山彝族来源问题》，见其《李绍明民族学文选》，成都出版社 1995 年版，第 327 页。

④ 李绍明口述、王林整理：《我的民族学田野调查研究生涯》，《当代史资料》2004 年第 4 期。

识别调查为基础，他完成了对纳日人以及与该人群关系密切的纳西族的族源考察之文。

李绍明调查的纳日人，与云南境内的摩梭人实则属于同一群人。1956年识别少数民族的时候，云南境内的这群人保留了摩梭人的名称并被划归为纳西族的一个支系；而四川地区的纳日人则被分为两个部分：生活于盐源和木里一带的坚持称为蒙古族，而盐边一带的则坚持称为纳西族。[①] 这次民族再识别的工作，原先本着解决名称各异的纳日人族属问题而起，但由于意见不一，最终只能维持原貌。尽管如此，在学理上，李绍明仍然认为有将纳日人作为整体看待并探讨其族源的必要。因此，他写了《论川滇边境纳日人的族属》这篇文章。文中，他最先否定了纳日人属于蒙古人之说。那么，这是否就意味着纳日人属于纳西一族呢？抑或是属于其他民族？解决这个问题，先让我们考察一下，他对纳西族族源的看法。

纳西族分布在云南北部和四川西南部，史书上将其先民称为“摩沙”，后又称为“磨些”。李绍明指出，关于纳西族的族源，前辈学者多赞同其源出于古代羌人，但具体哪一支系并无详论。因此顺此脉络他进一步认为，纳西族的族源与羌人中的白狼人有关。[②] 李绍明从四个方面证明了自己的推论，即藏民至今称纳西族为“羌巴”；汉代《白狼歌》反映出白狼羌语和属彝语支的纳西语有亲缘关系；葬俗相似，这些都说明白狼羌与纳西族之间存在联系。不仅如此，纳西族在自己祖先神话传说中，也表明他们是从北方迁入的，这无疑又是一条纳西与古羌有关的证据。

至于古代白狼羌生活的位置及怎样迁入云南的问题，李绍明借助考古资料给出了解释。1978年以后，四川省西部甘孜州的康定、雅安、新龙、

① 李绍明口述、王林整理：《四川的民族识别》，《当代史资料》2004年第2期。

② 李绍明：《康南石板墓族属初探——兼论纳西族的族源》，见其《李绍明民族学文选》，成都出版社1995年版，第781页。

巴塘等县，以及西藏自治区与甘孜州比邻的芒康、贡觉等县，四川凉山州的木里藏族自治县和渡口市所属的盐边县陆续发现一批石板墓葬。这些康南地区的石板墓一经发掘，其墓主的族属问题便立即引起了李绍明的关注。根据考古发掘报告确定，这批墓葬约处于战国至秦汉之际的年代。由此，李绍明推断康南石板墓的墓主可能与同一时期由河湟一带南下入川的羌人有关系。那么，究竟是哪一支古羌人迁入康南地区定居的？根据《后汉书·西南夷》的记载，他最终确认，汉代牦牛羌所属的白狼部落已经到康南一带定居，因此康南石板墓墓主是汉代白狼人的先民。[①] 不仅如此，从民族学的角度，李绍明也给出了证据：根据康东南的实地调查发现，这里保留着一种对牦牛的崇拜，利用“文化遗存”的古今对比，他认为，“若联系这一带原是牦牛羌部或牦牛羌同种的白狼部落的旧地，那么这一现象就不值得奇怪了。由此也反映出虽然牦牛羌与白狼羌在当地早已成为历史陈迹，但他们有关牦牛的崇拜却一直延续下来，保留在康东南一带的各族人民中。”[②]

综上所述，李绍明总结道：“汉代的牦牛羌与白狼羌属于同一族系，牦牛羌的一支以发展到筰都、邛都地区，即今雅安地区南部与凉山彝族自治州一带，而白狼羌仍主要居于今康南一带。白狼羌一部分后来沿金沙江、雅砻江进入今川滇边境一带，其后裔即晋代的摩沙淤积唐代的磨些以及现今的纳西。”[③]

再回到纳日人的问题上，李绍明梳理文献以后指出，“纳日人是古代麽些人的一支，源于从河湟不断南迁的古羌人。”[④] 进一步而言，他们属于被称为“牦牛种越巂羌”的一支。由此可见，纳日人与纳西族属于同

① 李绍明：《康南石板墓族属初探——兼论纳西族的族源》，见其《李绍明民族学文选》，成都出版社1995年版，第774页。

② 同上书，第776—777页。

③ 同上书，第781页。

④ 李绍明：《论川滇边境纳日人的族属》，见其《李绍明民族学文选》，成都出版社1995年版，第828页。

源的民族。不过李绍明强调，虽然纳日人和纳西族同属于牦牛羌，但二者迁入云南的路线则不尽相同。他认为，作为纳西的古麽些人是“从今天甘孜州的南部直接进入丽江一带的”。而作为另一支古代麽些人——纳日人，他们的迁移路线则是：“从今日甘孜州南部向东进入今凉山州，再转入其南部并定居于川滇边境的。”①

尽管做了如上辨析，但遗憾的是，在实际的民族识别过程中，纳日人的族属仍然分歧较大，李绍明的这次民族识别之行并未最终解决纳日人的族属问题。不过，他们对川西南地区凉山境内的西番人的识别，却进展得颇为顺利。西番中的绝大多数人赞同被归入藏族之中，于是问题很快就迎刃而解了。②

西番人的识别问题牵涉到藏族研究本身。关于藏族研究，李绍明最初涉足于此，始于阿坝教书时对嘉绒藏族的调查。③ 但是，纵览李绍明一生的研究所得，关于四川省内藏族的研究一直以来都不是他着力用墨之处。在已有成果中，值得一提的是嘉绒藏族以及白马藏族的族源研究。

1980 年，他发表了《唐代西山诸羌考略》一文，在马长寿“今之嘉戎即汉前之冉駹，唐之嘉良夷”④ 的基础上，对嘉绒藏族的族源提出了自己看法。他认为唐代活动于岷江上游的“西山八国”中的哥邻羌部正是隋代以来的嘉良夷。⑤ 其证据是，一方面，从称谓看，今天阿坝州汶川、

---

① 李绍明：《论川滇边境纳日人的族属》，见其《李绍明民族学文选》，成都出版社 1995 年版，第 833 页。

② 李绍明口述、王林整理：《四川的民族识别》，《当代史资料》2004 年第 2 期。

③ 1952 年，四川省以当时茂县专区的行政区划为基础，建立了四川省藏族自治区。50 年代民族识别时，区域内生活在大、小金川流域以及岷江流域以西（即嘉绒地区，指明清时嘉绒十八土司管辖的区域，目前生活在这一地区的民族以羌族和嘉绒藏族为主）的嘉绒人，经过协商并征得嘉绒代表的同意后，国家将其识别为藏族，为区别藏族的其他分支，通常称其为嘉绒藏族。根据李绍明口述、王林整理《四川的民族识别》，《当代史资料》2004 年第 2 期。

④ 马长寿：《嘉绒民族社会史》，载周伟洲编《马长寿民族学论集》，人民出版社 2003 年版，第 126 页。

⑤ 李绍明：《唐代西山诸羌考略》，见其《李绍明民族学文选》，成都出版社 1995 年版，第 386 页。

理县、马尔康、小金、金川、壤塘及甘孜州丹巴及雅安地区的宝兴诸县仍有十万居民自称 kəru 或 kəra，即是哥邻的对音，而嘉良为他称的译音。[①]另一方面，史籍记载的嘉良夷婚丧之俗、宗教信仰、服饰、建筑等方面与今天嘉绒藏族的习俗均有很多雷同之处。比如他举出《隋书·附国传》载“（嘉良夷）王与酋帅，金为首饰，胸前悬一金花，径三寸”[②] 的例证，这一服饰至今仍流行于嘉绒藏族中，今天的嘉绒藏族胸前通常会悬挂装有灵物的花盒“呷乌”。[③] 除哥邻羌部外，李绍明还认为“西山八国”中的白狗羌部与哥邻羌部实为同族之不同部落，因此白狗羌亦为嘉绒。[④]由上述可知，在李绍明看来，嘉绒藏族是唐代活动于该地区的某些古代羌人部落的后裔，他们的主体，不是隋唐时期由河湟一带兴起后扩张至岷江上游的名为党项的羌人，而是战国以来由西北南下并早已定居于该地的羌人之后。[⑤]

继讨论嘉绒藏族的族源后，李绍明关注到生活在四川的另一支藏族——白马藏族的族源问题，该问题的诱因是来自他对古代氐、羌二族关系的探讨。自 1950 年白马人被识别为藏族以后，关于白马藏族的族属问题，就一直是学界争论的焦点。大致上学界的看法以氐族说和藏族说占主流，此外还有任乃强提出的羌族说，甚至有学者认为白马藏族应该是一个独立民族只是具体族称待定。[⑥] 在这个问题上，李绍明赞同氐族说的看法，他认为：“由于氐族本身发展的不平衡性，以及某些氐人聚居区的地理环境的特殊性，他们的部分后裔一直在外界影响较小的情况下，得以保存至今的情况也确实存在着。在今甘肃和四川交界的文县、平武一带，昔

---

① 李绍明：《唐代西山诸羌考略》，见其《李绍明民族学文选》，成都出版社 1995 年版，第 387—388 页。

② 同上书，第 390 页。

③ 同上。

④ 同上书，第 396 页。

⑤ 李绍明：《关于羌族古代史的几个问题》，《历史研究》1963 年第 5 期。

⑥ 曾维益《白马藏族及其研究综述》，载石硕主编《藏彝走廊：历史与文化》，四川出版集团、四川人民出版社 2005 年版，第 218—228 页。

日氐族活跃的地方，就有此踪迹可循。”① 这里所说的氐族后裔正是生活在此的白马人。那么，氐族又源于何处？另一篇文章中他给出了答案。

推究氐族的远古来源时，他认为氐人是从羌人中分化出来的，此分化自春秋战国就已开始。不过在他看来，氐、羌真正的分野，则要到魏晋南北朝时才明确地表露出来。整个魏晋南北朝时期，氐人在今天川北江油、平武及松潘西北部、甘南的文县、阶县、成县至陕西略阳、秦陇地区的天水、南安、扶风始平、京兆等地均有活动。一方面活跃于西北地区的氐人，受汉文化影响纷纷建立过地方政权，比如略阳一带的前秦、姑臧一带的后凉和武都一带的仇池国、武都国、阴平国和武兴国；另一方面西晋末年，一部分西北氐人往南再次回迁入汉中以至成都平原，与当地汉人和其他民族融合后也建立过地方政权，比如前蜀和后蜀。② 可以说，此时期是氐人作为独立民族在中国历史上最为活跃的时候。尽管如此，唐代以后氐人却在中国的历史上鲜为人知了。其中原因李绍明认为，这些魏晋南北朝时期建立起来的地方政权“促进了本已汉化很深的氐人政权和氐人与汉族进一步的融合。……因此，这就是为什么隋唐以后，氐人之名很少出现的主要原因。”③

虽然李绍明认可历经数代后，氐逐渐从羌中独立出来成为一族，但同时他亦坚持认为，氐、羌实际是同源民族。为此他举出若干古史记载证明，氐作为族称出现在周代，直至两汉时期史料记载中仍经常以氐羌连称或混用的形式出现。④ 不仅如此，依据神话传说，他指出，氐人与羌人各自的传说都表明，二者认同炎帝为先祖，像这样的事例可说明氐、羌为同源民族。⑤ 此外，二者同源的关系仍能从一些相似的文化特征中窥见一

---

① 李绍明：《论氐族的族源与民族融合》，见其《李绍明民族学文选》，成都出版社 1995 年版，第 535 页。

② 同上书，第 527—534 页。

③ 同上书，第 534 页。

④ 李绍明：《关于羌族古代史的几个问题》，《历史研究》1963 年第 5 期。

⑤ 李绍明：《论氐和羌、戎的关系》，见其《李绍明民族学文选》，成都出版社 1995 年版，第 486—487 页。

斑：“首先，语言相近。二者共同构成藏缅语族中的若干亲属语支。其次，二者的历史传说、风俗习惯和宗教信仰等方面都具有若干共同的特点。”①

由此可知，结合对白马藏族以及氐族源流的讨论，李绍明想要说明的是：“今日的羌族源于古代羌族的一支，今日的白马藏族源于古代氐族的一支。古代羌、氐原为一族，其后逐渐演变为两个民族。”② 这样的表述实际上等于说明，今天白马藏族的远祖，同样也是从西北迁来的古羌人。

除了研究前述几个少数民族外，值得一提的是，从这个时期开始，李绍明对本民族——土家族的研究兴趣日渐浓烈起来。在民族史领域，土家族的族源也进入了他的研究视野之内。

土家族1964年被识别为单一的少数民族，潘光旦根据1955年在武陵山区的考察，写下《湘西北“土家”与古代的巴人》一文，首次提出了对土家族的族源看法。潘光旦在文中认为，从巴人和土家族族称的发音、白虎崇拜、语言中的相同词汇、相同姓氏看，土家族系古代巴人后裔。③ 土家族族源问题上，李绍明亦赞同潘光旦巴人之说。在《川东南土家与巴国南境问题》一文中，他首次明确提出，川东南土家族的主要族源是古代的巴人。④ 比对古代巴国辖地与今天民族活动的区域后他认为，先秦时期的巴国辖地包括东至今天的奉节，西至宜宾，北接汉中，南迄川东南酉秀黔彭数县及黔东、黔中、湘西大部分地区⑤，而这一区域正是今天川东南土家族所居住的一块区域。不过，和探讨其他民族的族源问题的旨趣一样，李绍明对土家族的族源研究，也并未只停留于寻找到土家与巴人之

① 李绍明：《关于羌族古代史的几个问题》，《历史研究》1963年第5期。

② 李绍明：《羌族与白马藏族文化比较研究》，见其《巴蜀民族史论集》，四川出版集团、四川人民出版社2004年版，第179页。

③ 潘光旦：《湘西北的“土家”与古代的巴人》，载中央民族学院研究部编《中国民族问题研究集刊》（第四辑），1955年，第1—134页。

④ 李绍明：《川东南土家与巴国南境问题》，见其《李绍明民族学文选》，成都出版社1995年版，第666页。

⑤ 同上书，第659页。

间的关联而已，他更关心的问题还在于，寻根问源地探索巴人的本源所在。

那么，巴人的族源又在哪里呢？广义而言，古代巴国内部的诸民族均可视为巴人，但巴人的主体民族则是由板楯人与廪君人构成。李绍明认为，这两类古人不属于同一民族。[①] 他分析道：若用对板楯人风俗的文献记载与今天各少数民族对比的话，可看出板楯人与今天壮傣语族的各民族风俗相似最大，因此，板楯人应该属于百越系民族。巴国灭亡后，这批人北上定居于略阳一带，与当地氐人、羌人杂居，并受汉文化的一定影响，因此曾在公元 4 世纪初建国成汉。正因如此，板楯人由于受汉文化的影响日深，在历史的进程中逐渐汉族融为一体。[②] 至于廪君人的族源问题，李绍明则坚信，作为巴人主体成分，廪君人正是古代氐羌人的后代。他根据《山海经·海内经》的记载推断，巴人的始祖太皞即伏羲氏出身于陇西成纪，而此地区在殷商时代就是古羌人的聚居区。这支古羌人由西北迁往西南的路线，是从今天陕西和甘肃交界处的略阳至天水一带，沿河谷，顺汉水而下进入今天的鄂西、湘西北和川东一带巴国故地。[③] 所以说，这支羌人不仅成为了巴人中廪君人的祖先，而且由于居住在五溪山区，受汉文化影响较小，因此其中一部分发展为今天土家族的主要来源——廪君人。[④]

通过以上数文的分析可以看出，此时期李绍明的族源考察涉及面甚为广泛，不仅将四川境内的几个主要民族的族源包括进去，而且与这些民族有关的古代民族的族源问题也成为他重点关注的研究对象。

如此表述似乎只说明了李绍明在新时期的研究变得多样化而已。然而，仔细辨析后则会发现，他的所有文章背后实际上都有一条一以贯之的论述主线，把所有讨论串联在了一起。这条主线就是，今天四川境内（包括川

① 李绍明：《论氐和巴、三苗的关系》，见其《李绍明民族学文选》，成都出版社 1995 年版，第 506 页。

② 同上书，第 510 页。

③ 同上书，第 509—511 页。

④ 同上书，第 511 页。

滇交界处、川渝交界处）的几个主要少数民族均发源于西北古代氐羌人。这个观点脱胎于他1963年的那篇探究羌族族源的文章。在文中，他提出：“古代羌人，其中绝大部分早已逐渐衍变为藏缅语系中的亲属各族；而有的则在与汉、藏等兄弟民族长期交往中逐渐融为一体，成为这些族的一个组成部分；仅有岷江上游的少部分羌人，由于多方面的原因，得以相继至今，成为我们伟大祖国各民族团结友爱大家庭中的一个兄弟成员。”①

在1963年旧文的基础上，新时期的李绍明进一步细化了文中所论。他一系列讨论族源的文章向读者勾勒出了一幅古代氐羌人南下入川的清晰图景：自新石器时代晚期（夏商时代），最晚也不迟于秦献公时期，已经有古代羌人从北向南迁入四川，流向五个不同的区域：其一支，向东进入今天川东鄂西一带，成为巴国境内主体民族——廪君人的祖先。而后巴国灭亡，一部分廪君进入五溪山区，由于受汉文化影响较小而得以发展成为今天土家族的祖先；② 其二支，从北一路向南进入今天云南境内，聚居于滇池、滇东或洱海周边，在汉晋时期发展成为叟人及其后裔昆明人等，至隋唐时期又形成东爨乌蛮诸部。之后再由南向北回迁进入四川凉山地区，最终构成了今天凉山彝族的主体；其三支，由西北进入四川后定居与川西北高原，发展至唐代形成了八个古羌部落，即所谓“西山八国”。这些古羌部落中一支成为了今天嘉绒藏族的主要来源；其四支，由河湟地区进入今天的甘孜州境内，然后流入云南丽江一带，成为今天纳西族的祖先；其五支，自北向南迁入四川后，一直定居于岷江上游一带，此正是今天羌族族源的核心。

不仅如此，他的论述还提到，古代氐羌部落南迁的过程中，除了上述这支在新石器时代就南下进入四川、云南等地的羌人外，历代仍不断有羌人部落从北往南继续迁徙进入四川，定居西南地区。比如，隋唐时期以僰

① 李绍明：《关于羌族古代史的几个问题》，《历史研究》1963年第5期。

② 李绍明：《论氐和巴、三苗的关系》，见其《李绍明民族学文选》，成都出版社1995年版，第510页。

人为主的西爨白蛮，受南诏所胁，一支停留在洱海一带，与当地白蛮进一步融合成今天的白族；而另一支进入凉山成为彝族先民另一个组成部分。[①] 此外，羌人南迁过程中，还不断融于其他古族中，构成了这些民族的成分之一，比如，云南滇族的成分中就有氐羌系的叟人和僰人的成分。[②] 正是这些古老民族的后裔，构成了今天西南地区不同的少数民族。

对李绍明来讲，通过探究西南各少数民族的族源，在他眼前一条由北向南，进入四川并延伸到云南的民族迁移线路已经日渐明朗："从西北高原的甘肃、青海一带，经松潘草地而达岷江和大渡河的上游；又沿岷江和大渡河（其后转安宁河）河谷南下，而达到云南的鲁甸、昭通、昆明、大理及贵州的毕节等处，通向西南的广大地区。"[③] 这条线路使他意识到，西北和西南之间自古以来存在着一条民族往来迁徙的通道，正是它将西北和西南两个地区连接在一起，使得西南地区自古以来成了氐羌系民族繁衍、生存和发展的乐土。认识到这一点，对我们的主人公至关重要。因为他接下来的学术人生将与这条通道紧密相连。这或许将成为他的使命所在，但这一次不再是时代赋予他的使命，而是内心。

第二节 学科重建：民族学是什么

20 世纪 70 年代末的中国大陆地区，民族研究所在全国社会科学院范围内相继建立。民族学、人类学专业或是民族学系、人类学系也陆续在国内一些综合性大学或者民族学院系统恢复成立。这一切犹如雨后春笋般呈现出一派欣欣向荣的景象——中国社会科学的重建工作就在这个时候紧锣密鼓地展开了。

学科重建一开始，民族学、人类学便各自要求以独立的学科面貌被恢

---

① 李绍明：《唐代西爨及昆明的族属问题》，见其《李绍明民族学文选》，成都出版社 1995 年版，第 271、284 页。

② 同上书，第 269—272 页。

③ 李绍明：《关于羌族古代史的几个问题》，《历史研究》1963 年第 5 期。

复。民国时期并未完全分野的民族学和人类学，在经历过中华人民共和国后的重组和调整后，此时已经渐行渐远。1980 年 10 月末，中国民族学研究会（后更名为中国民族学学会）成立。时隔半年，1981 年 5 月初，中国人类学学会也正式成立。有意思的是，这两个学会的成员仍多有重合。吴文藻、吴泽霖、林耀华、杨堃、杨成志、李安宅、李有义、江应樑、梁钊韬、陈国强等学者，或是直接参与工作，或是担任学术顾问。这一现象与人类学和民族学以不同名称传入中国后，在中国本土化的过程中的演化史有着密切的关联。

1916 年孙学悟以《人类学之概略》之名发文，首次使用“人类学”一词介绍西方人类学发展之状况。1926 年蔡元培发表《说民族学》，第一次使用了“民族学”一词。当时的中国学者对人类学和民族学的关系，大致都赞同认为：文化人类学、社会人类学和民族学三者等同，均以研究文化为己任。而广义人类学概念之下，还包括研究人的生物性的体质人类学、物质文化的考古学以及语言学。在概念的使用上，以 1945 年“抗战”胜利为分期，之前中国学者更多使用民族学这一概念，而之后，美国对华影响的扩大推及至学术领域则体现为，美国学界习惯使用的“人类学”一词逐渐为更多中国学者所采纳。① 1949 年之后，身为资产阶级学科代表之一的文化人类学被取消，以至于很长一段时间内，人们说到人类学指的是研究古人类化石的体质人类学。被重塑的人类学学科形象在当代中国有着深远影响，对此我自己亦深有体会。当年与友人聊及自己有意转投人类学方向做博士生，友人十分诧异且善意地提醒道：“干嘛要去学这个，成天和骨头打交道，历史学不是挺好的吗？”话说此时已是 2000 年之后，友人是考古专业——一门与人类学密切关联的学科的研究生，却仍对人类学有如此印象，当年学科改造之彻底由此可窥一斑。至于民族学，受苏联学科体系影响，民族学被认为对理解社会主义时期的民族问题有用，

① 王建民：《论中国场景下人类学与民族学的关系》，载王铭铭主编《中国人类学评论》（第 1 辑），世界图书出版公司 2007 年版，第 58 页。

因此1949年后学科名称被幸运地保留了下来，不过学科性质被重新定义为历史科学，从此转变成一门单纯以少数民族为研究对象，探讨民族共同体的起源、分布以及发展规律的学科。学科调整后，原人类学和民族学的研究者，抑或是在读学生，绝大多数随之转入新的民族学之下继续研究或学习，此后的研究与学习的内容随之转向，但对于民族学和人类学之间的渊源他们自然明白。时过境迁，当中国民族学和中国人类学亟待恢复之日，正是这批人既加入了中国民族学研究会，又参加了中国人类学学会，成为二者重建过程中重要的支持力量。

李绍明很快便意识到，未来中国社会科学的格局内，民族学和人类学已经不可避免地走上了各自独立的发展道路。在一篇《论中国的马克思主义民族学体系》的文章中，他明确地谈到这个问题说："由于民族学以民族为研究对象，文化人类学以文化为综合研究对象，二者的对象不同，因而，在我国当前的条件下，在发展我国的马克思主义民族学的同时，应当发展我国的马克思主义文化人类学，并使这两门姊妹学科，分别发展成为具有我国特色的独立的社会科学。"①

不过，我们很快也会发现，就个人的实际作为而言，李绍明却始终穿梭于二者之间。

1980年，他首先加入中国民族学研究会。一年后又加入了新成立的中国人类学学会。对于民族学，这么多年自己一直身处其中的各项事业间，参加它当然是情理之中的事情。至于人类学，应同仁之请参加其筹建的学会的事业，本是圈内人之间表达互相支持工作的惯常方式。不过，这也符合他的性情和行事风格。李绍明本性随和通达，向来是一个擅于合作共事之人。"陈国强说在厦门建立中国人类学会，让我一定要去啊，我为了支持他当然去了。以后中国人类学学会希望在成都开一次会，我同样支

---

① 李绍明：《论中国的马克思主义民族学体系》，见其《李绍明民族学文选》，成都出版社1995年版，第14页。

持了他。”[①] 更何况置身于人类学界之中对李绍明其实丝毫没有违和感，其中缘由恐怕和他的求学轨迹有关。李绍明对人类学和民族学关系的基本认识早在华西大学度过的两年时光里已经形成，他很容易就能明白两个学科之间的共通之处。参与人类学的重建对他而言自是顺理成章的事情。不仅如此，我们看到时值晚年的他，甚至会撰写专文，不遗余力地为继承和发扬区域人类学——华西学派人类学的传统发声支持。

应该说，游走于这两门学科之间，于可能之处尝试将两门学科融合于具体的研究、调查或是写作当中。甚至于在某个特定的区域范围之内，推动一种“和而不同”的学科发展局面，从此刻起就已经开始萌芽，并逐渐成为李绍明学术人生后半期显著的特征之一。

1986 年李绍明的第一本个人专著——《民族学》问世，这是他基于 1980—1981 年整一年为四川大学历史系讲授民族学的课程讲义而成。全书共十一章，内容涉及民族学学科定义、研究范畴、学科发展史、研究方法、世界民族概况等。中国国内各少数民族是全书的重点。从第五章到第九章，分别从历史发展、经济形态、政治制度、宗教信仰、习俗和文艺等方面讨论了国内各少数民族的社会面貌。

学科重建伊始，借这本带有教材性质的民族学通论，李绍明谨慎地表达了自己对民族学学科体系建设的一些看法。此时，民族学界有少数学者试图重新将“文化”界定为民族学的研究对象，江应樑就认为“民族学是研究世界各民族历史的和现时的生活与文化的一门科学，是一门考察各民族文化，从事于记录和比较的学问”[②]。不难看出，上述定义与 1926 年蔡元培称“民族学是一门考察各民族的文化而从事记录或比较的学问”[③]同出一辙。江氏的定义肯定了中华人民共和国成立后将民族学划定为历史科学范畴，是研究世界各民族发展规律的学科，同时也尝试重新继承民国

① 李绍明口述：《变革社会中的人生与学术》，世界图书出版公司 2009 年版，第 231 页。

② 江应樑：《民族学在云南》，载中国民族学研究会编《民族学研究》（第 1 辑），民族出版社 1981 年版，第 247—248 页。

③ 蔡元培：《说民族学》，《一般》（第 1 卷）1926 年第 12 号。

时期以“文化”为导向的民族学研究传统。像江应樑这样的学者毕竟少数，当时学界的普遍声音仍然坚持认为民族学应该以民族共同体为研究对象。与江应樑同属一辈的杨堃，1984 年出版了学科重建后第一本《民族学概论》，书中他仍然坚持将民族学定义为“研究民族的科学。如说得更具体点，民族学是研究现代各民族发展规律的社会科学”①。

与大多数人一样，李绍明也认为民族学即是对民族的研究，他是这样写道的：

> （民族学）研究民族发生、发展、演变和消亡的过程及其规律，研究处于不同发展阶段的各民族的经济基础和上层建筑，从而为我国的社会主义建设服务。……民族学以民族为研究对象，那么，这个‘民族’又包含什么内容？广义的民族指任何时代的族体，它包括历史上从氏族、部落、部族直到现代民族的各种民族共同体或人们共同体。狭义的民族指现代的民族，即资本主义时代和社会主义时代的民族。……民族学所研究的民族系指广义的民族而言。……我们认为民族学应以古今一切民族为研究对象，这不仅涉及马克思主义主张各民族一律平等这一政治原则，而且也只有这样的研究才能探讨民族发生、发展、演变和消亡的规律，使这门学科建立在坚实的科学基础上。……我们认为，民族学既然以民族为研究对象，而任何一个民族共同体都处于一定的社会发展阶段，有其经济基础与上层建筑，其范围是很广的。因此，任何一个民族的经济结构、政治制度、文化传统、宗教信仰、风俗习惯等等都应作为民族学整体研究的内容。②

李绍明在此回答民族学是什么、民族学的研究对象、范围等问题。毫无疑问，他的看法与中华人民共和国成立后民族学新的学科定义是一致

① 杨堃：《民族学概论》，中国社会科学出版社 1984 年版，第 3 页。

② 李绍明：《民族学》，四川民族出版社 1986 年版，第 1—4 页。

的——民族学是讨论民族共同体发展规律的学科。他指出：“民族共同体的理论是民族学的基本理论。”[①] 那么，民族共同体又是什么呢？李绍明进一步回答道：“民族共同体这个概念是指人类在历史上形成的一种共同体，它包括由一定的共同语言、共同地域、共同经济和共同文化联系起来的一个群体。”[②] 李绍明对民族理解脱胎于斯大林的民族定义。在斯大林那里，以“民族”为名而称的民族共同体仅存在于现代社会，它是资本主义社会的产物，亦包括社会主义民族。资本主义社会之前仅存在氏族、部落、部族等历史形态。关于这一点，李绍明却说此概念“一般还泛指历史上的一切民族的共同体，诸如氏族、部落等等”[③]。这里，他把民族作为一个泛指概念，将历史上已存的和当代现存的民族统统纳入同一概念之下。这种提法实与20世纪50年代以来中国学界对民族概念的一贯看法有直接关联。当时中国学者为识别国内少数民族，基于对中国历史上民族发生、发展状况的理解，认为中国历史上已存民族，符合斯大林民族定义的四大特征，因而都能够被称为民族而无须细化为氏族、部落或是部族。[④] 可以说，李绍明对民族概念的解读直接承继了中国学者对斯大林民族定义灵活运用的传统。

通览全书就会发现，无论是定义民族学还是解读民族概念，都能够清楚地看出李绍明的学科思想中带有20世纪50年代后学科新传统的深刻印迹，而事实上这一传统对他的影响从书中其他内容中也清晰可见。比如强调民族学的应用性特征。自20世纪50年代以来，学科的研究任务就不再以追求纯粹的知识兴趣为出发点，而被提倡为当下的民族工作所用，以解决当下的民族问题为旨趣。从那时起，民族问题的理论和政策被包容进了民族学内部，成为学科的重要组成部分。正因如此，我们看到李绍明专辟一章来谈民族问题与民族政策，无疑继承了上述传统，是为肯定新传统下的学科体系之举。

---

① 李绍明：《民族学》，四川民族出版社1986年版，第62页。

② 同上书，第63页。

③ 同上。

④ 黄光学主编：《中国的民族识别》，民族出版社1995年版，第114—118页。

此外，再如书中对社会经济形态的阐释。社会经济形态是马克思主义唯物史观指导下社会发展史研究的重要组成部分。对民族学而言，研究中国国内各少数民族的社会经济形态，在20世纪50年代之后曾是学科研究的重要任务，甚至是一段时间内的中心工作。[①] 中国的少数民族社会被认为曾保留了前资本主义发展阶段所有的社会经济形态面貌，因而能够为理解马克思主义社会发展史提供更多样的、丰富的材料。书中李绍明专门介绍了国内各少数民族解放前既有的社会经济形态，这些形态完整地勾勒了前资本主义发展时期人类社会经历的三个阶段：原始社会、奴隶社会和封建社会。之所以用整章篇幅介绍各民族的社会经济形态，很明显，李绍明赞同社会形态对深化民族学的研究是有益的观点，因为“解放前我国少数民族的社会经济形态，可说是一部活的社会发展史，是研究人类历史的‘活化石’”[②]。李绍明在该问题上形成的认识，可以说是20世纪50年代之后马克思唯物史观之下，民族学界普遍以社会进化论为理解国内各民族之准绳的直接延续：用“文化遗存”的眼光，将各民族的社会面貌历史性地理解为人类社会总体进化过程中较早时期的状况。通过这样的时间排序后，少数民族不仅具有了独特的研究价值，而且也具备了被改造的现实合理性。

对于20世纪50年代奠定下的学科新传统，应该讲李绍明的总体态度是认可的。若非如此，我们不会看到1996年中国民族学学会的某次会议上发生在他身上的一幕。当年会议上，改革派主张尽可能迅速并广泛地吸收西方理论和方法，为此公开评价民族学“土得很”。面对改革派的质疑声浪，李绍明态度强硬地给予过反驳：“民族学土得很？它也是从国外引进来的，中国从来就没有民族学，近百年从德法引进的民族学、从英美引进的人类学，它哪里土啊？一点也不土，都是外国的。”事隔多年他回忆

① 费孝通、林耀华：《关于少数民族社会性质的研究》，《人民日报》1956年8月14日。后发行单行本，见费孝通、林耀华《中国民族学当前的任务》，民族出版社1957年版，第13—14页。

② 李绍明：《民族学》，四川民族出版社1986年版，第132页。

起此事说：“实际上他们有的潜台词不说，我知道就是说民族学是讲马列主义嘛，现在哪个信？哪个在用？这是实质，而不是民族学土和洋的(问题)。”[①] 李绍明当年的这番回答，巧妙地将西方民族学的由来嫁接到了中国民族学身上，借以挽回民族学“土得很”的形象。他的回答看得出他深谙学科发展的历程。与此同时，他的内心深处也跟明镜似地清楚，反对者的批评之声，所指并非那个“从国外引进来的”民族学，矛头实际的指向是中华人民共和国成立后的民族学新传统。1996 年会议上李绍明表现出少有的强悍姿态，正说明他有意维护民族学“土”的一面，因为恰恰这“土”的一面是他多年浸染其中的事业所在。

值得注意之处是书的第三章，标题为“种族与民族”。比李书早几年出版的《民族学概论》里面，关于人种起源和发展的话题，杨堃在书里谈论人类社会发展史之前也简单罗列过人类从猿进化到人的发展历程。不过，他说：“关于人类起源和早期人类的研究都已超出了民族学的范畴。因为相当于这阶段的人类早已在地球上消失，我们现在所能看到的仅是他们的化石和有关的遗物、遗址，皆属于古人类学和考古学的范围。而民族学所研究的原始民族，最早的也只是相当于母系氏族的晚期。在这以前的生活情况，必须和其他科学工作者合作，才能有所了解。”[②] 杨堃论及人类发展史是为了叙述的逻辑完整并承接下文之用，在他看来，种族的研究和民族的研究根本就是不相干的两码事。与之相比，李绍明书的第三章也涉及人类起源的问题。不仅如此，他还进一步讨论了四大人种，即种族的形成、人种的分化和混合等相关问题。除了保持行文逻辑，他的用意不完全同于杨堃，而在于揭示种族的研究与民族的研究之间的相关性。他指出：“一定的种族必然包含若干个民族，而每一民族又属于一定的种族。同时，也

---

① 李绍明口述：《变革社会中的人生与学术》，世界图书出版公司 2009 年版，第 234 页。

② 杨堃：《民族学概论》，中国社会科学出版社 1984 年版，第 176 页。

有一个民族在形成过程中，包括几个种族的情况。”① 种族概念是依照人类的生理诸特征而界定的，与民族概念不能混为一谈，这是李绍明清楚的。此番论述的意图却是在提醒研习民族学的读者们应该注意到种族与民族之间可能存在的混融现象。人群之间通过实质性的交往，比如通婚很容易促使这类现象发生。如何解释这一现象可能对某个民族内部或是民族之间产生的影响，其实是民族学的一项任务。

将种族与民族联系起来讨论，曾经是民国时期中国学者研究境内各族的一种方式。与李绍明共事过，被他视为老师的马长寿就曾结合具体史实讨论过康藏人的种属问题。证明康藏人实为蒙古人种，至于形貌上接近印欧人种为历史上数次族际互动混血造成之果。② 这些以阐述民族生理特性为起点的讨论，背后的意图实与当时的国家构建直接关联，涉及国民素质提高、国家一体之维护等话题。③

人类的生理属性，即种族的问题，属于体质人类学讨论的范畴。在美国人类学研究印第安人的传统下，体质人类学与考古学、语言学和文化人类学并称为人类学的四大部类，属于美国人类学学科结构的一大类。华西大学念书期间，通过罗荣宗先生的课程，李绍明接触到了体质人类学这门学科。“有一套仪器，罗先生这套比较完整的仪器从美国带回来的，我们就要用他这套仪器测量。学生嘛，就互相测量，彼此测量下。……指标主要就在整个头部，它的比例如何，主要就是测量头部的指标。除了体质人

---

① 李绍明：《民族学》，四川民族出版社 1986 年版，第 52 页。

② 马长寿：《康藏民族之分类体质种属及其社会组织》，载周伟洲编《马长寿民族学论集》，人民出版社 2003 年版，第 231—244 页。

③ 主要的相关研究见：杜靖：《中央研究院“研究提高民族素质案”之始末——兼述中央研究院体质人类学研究所筹备之流产》，《自然科学史研究》2011 年第 1 期；吕孝明、聂蒲生：《抗战时期西南地区的民族语言学家和体质人类学家对民族学研究的贡献》，《贵州民族学院学报》（哲学社会科学版）2003 年第 6 期；程美宝：《罗香林早年人种学与民族学的理念与实践》，《中山大学学报》（社会科学版）2008 年第 6 期；白兴发：《论二十世纪前期人类学家对西南少数民族的体质调查及研究》，《学术探索》2009 年第 6 期；查晓英：《李济的中国民族史研究：“去民族化”与发展科学》，《中山大学学报》（社会科学版）2012 年第 6 期；徐新建：《科学与国史：李济先生民族考古的开创意义》，《思想战线》2015 年第 6 期。

类学活体测量这块，还有用于考古人类学测量古人类的体质指标。”[①] 仅凭一门课程，李绍明对体质人类学的理解当然是有限的。不过，这门因实践性而趣味倍增的课程毫无疑问给他留下了深刻的印象。即使后来经历了院系调整、学科裁汰，体质人类学一度成为专门研究古人类的独立学科，也不妨碍他的脑海里一直强化着这么个念头——中国人类学体系中也应该保留体质人类学的位置。

> 我有个主张：把人类学也做成一级学科，它下面的二级学科，文化人类学是肯定的，另外一个体质人类学要提倡、要恢复。考古学在中国肯定拿不过来了，它不是在历史系里面了就是已经自成体系分出来了。语言学也拿不进来了，这是中国的现实了，而且现在美国语言学和考古学也不大认同人类学了，这是大的形势。那么起码再加一项应用人类学，人类学就有三个二级学科。[②]

这是李绍明心目中的中国人类学学科体系图式，言下之意却暗含着对四部类人类学无法实现的遗憾，以及只能退而求其次的无奈。当我对李绍明进行访谈时，关于美式人类学的四大组成他谈得最多的就是“很完整”。他坚持认为经历四部类完整的训练对少数民族研究会大有裨益。先不论他如此理解人类学的学科训练是否存在偏颇，至少反映了最初的知识接受是如何影响他认知一门学科并用此指导他评价他人，甚至于评价自我的。在他主观意识中，理想的人类学者就应该同时具备四大门类的所有知识。“这四块一定要联系起来研究。一个人类学家可以在某一个方面很突出，或是在某两个三个方面很突出，不一定全部都很突出。不过作为一个人类学研究者，必须具备这些知识。”[③] 事实上，真正做到四部皆通的人

---

① 李绍明口述：《变革社会中的人生与学术》，世界图书出版公司 2009 年版，第 82、83 页。

② 同上书，第 233 页。

③ 同上书，第 110 页。

少之又少，李绍明自己后来也承认自己师辈中也难找这样的人物。那他自己呢？他的自我评价是，只做到了把文化人类学和考古学的理论、方法结合到具体研究中。[①] 即便如此，与他谈话的过程中，我仍能感到这正是他颇为自得的地方。

这些，或许就是促成他写下有关种族内容的动力所在。

写作这本书正值民族学处于学科重建的关口。借助此书，李绍明力图完整地为读者回答民族学到底是怎样的一门学科。不过，回答这个问题之前实际上意味着需要给出另一个问题的答案，即究竟应如何看待民族学的既有遗产，哪些应该继承哪些应该反思？李绍明书中所表达的更多的是对以往的继承而非反思。在 20 世纪 80 年代的民族学界这代表了主流。真正的反思要等到 1988 年才出现，这一年童恩正对摩尔根模式对以往中国学术的影响提出了直接批判。[②] 李绍明并非那个敢为天下先的人，他当年写作此书时内心里在想些什么，今天我们已无从知晓。从他留下的文字中能够肯定的是，他用个人的方式告诉读者，自己心目中的民族学是什么。

第三节　西南情结:区域研究的视野

1964 年，全国少数民族社会历史调查组解散，持续 8 年的调查工作全部结束。权衡再三，李绍明终是没有去北京。身为调查组的在编人员，他放弃了中国科学院民族研究所的机会，选择留在四川，成为省民族研究所的建所元老之一。弹指间，十多年的时光转瞬即逝，再到中国社会科学学科重建之时，李绍明早已过了不惑之年。可眼前正在发生的一切似乎又让他回到了那个意气风发的、年轻的、充满活力的 20 世纪五六十年代。

---

① 李绍明口述:《变革社会中的人生与学术》，世界图书出版公司 2009 年版，第 110 页。

② 童恩正:《摩尔根模式与中国的原始社会史研究》，《中国社会科学》1988 年第 3 期。

李绍明突然有了一种犹如小伙子般跃跃欲试、想要大展拳脚的冲动。从那时起，他已决定在西南做出些不一样的名堂来。

一 理解西南

1980 年 10 月在贵阳召开了首届全国民族学学术讨论会，这场持续了一周（20—26 日）的会议，汇集了来自 18 个省区市 19 个民族的民族学从业者。对中国民族学界而言，这是新中国成立 30 年来第一次举行的全国性民族学学术讨论会，同时也是一场久违了的几代人共飨的学术交流会。大会讨论了重建民族学学科面临的关键问题：什么是民族学，民族学的研究对象、任务和范围，理论和方法、学科发展与学科应用等。[①] 同时，会上正式成立了中国民族学研究会并选举产生出首届理事会。这是新中国成立后中国民族学成立的第一个群众性学术团体，其会员涵盖了当时中国民族学界老、中、青三代学人。

身为四川省的代表之一，李绍明参加了贵阳的会议。大会之余，西南地区的代表们便凑在一起热烈地商讨着另一件事情——筹建西南民族研究学会。1979 年 10 月西昌召开的彝族社会历史学术讨论会上，李绍明等人已倡议建立一个研究西南民族的专业学术团体，借以推动整个西南地区民族研究的进程。这个提议在随后一年南宁召开的中国古代铜鼓学术讨论会上得到了与会西南学者们的集体支持。因此，借这次贵阳聚会之机，西南的学者们决定组建西南民族研究学会的筹委会，着手为学会的正式成立进行各项工作安排。身为发起人之一，李绍明邀请了几位志同道合的学友一起加入筹备组的秘书团：一个是何耀华，来自云南；一个是余宏模，来自贵州。两位都与李绍明相知多年，这云、贵、川的三人是整个团队的核心骨干。另外还有两名广西的同事配合行事，一个是李干芬；另一个是周光大。

李绍明是一位优秀的组织协调者。这与他在社会历史调查组多年的

① 王政：《首届全国民族学学术讨论会综述》，《贵州民族研究》1981 年第 1 期。

工作历练是分不开的。无论是凉山彝族组还是羌族组，除了本职的调查工作外，他同时兼领有小组秘书或是实际负责组务的职责。非但如此，他还曾几次被抽调出来执行特别任务。比如1956年底被任命为组长夏康农的秘书，随夏康农参加由王维舟带队的中央慰问团，前往凉山各地巡行慰问，借以辅助正在进行的凉山平叛工作。1959年被派往云南调查组参与编写《彝族简史》时，他又先后受命担任冯汉骥和马长寿的学术助手，协助他们研究、调查和搜集资料。李绍明回忆时讲，秘书或助手的职责在于："我做夏先生的秘书，有好多工作都要做，要把各种情况收集起来，整理后给他。他要去讲话，他告诉我讲什么，要给他拟个稿。……我和马先生天天在一起，做他的助手。要做的工作就是根据他的意见收集资料，一个（是）彝族古代史，有的是他以前在凉山收集的，有的是凉山没有收集到的、应在云南收集的和贵州收集的，把他以前调查的资料拿出来核对、比较；另一个是访问资料，他要找人座谈了解情况。……他问，我做记录，这个整理出来后要给他看的，看了修改后就存起来的。"① 看似如此平常琐碎的文秘工作，事实上却一方面赋予李绍明能够独当一面的能力；另一方面则让他充分地锻炼了上下沟通、内外协作的交往能力。这些能力在他参与建立四川省民族研究所的过程以及日常的工作中得以继续磨砺。现如今正值西南民族研究会草创之际，毫无疑问，它们都是筹谋者身上必不可少的素养。就这样，西南民族研究学会的筹备工作井然有序地顺利推进。一年后，西南地区的学者们迎来了属于自己的学术组织。

1981年11月3—6日，西南民族研究学会成立大会暨首届年会在昆明举行，120余位包括汉、壮、藏、彝、回、白、纳西、布依、傣、侗、土家、瑶、佤等民族的代表出席了会议。西南民族研究学会全称中国西南民族研究学会，首届年会通过了《中国西南民族研究学会会章》。按照章

---

① 李绍明口述：《变革社会中的人生与学术》，世界图书出版公司2009年版，第179、265—266页。

程规定：“中国西南民族研究学会是研究川、滇、黔、藏、桂五省（区）少数民族的全国性的群众性的学术团体。目标是促进五省（区）少数民族的全面研究与各学科的综合研究，为早日实现我国现代化建设服务。学会将召开民族问题理论、民族学、民族历史、民族语文、民族经济、民族考古等各方面的学术讨论会、报告会、座谈会、学术情报交流会等。学会的大型学术讨论会在五省（区）轮流举行，原则上每1—2年一次。学会创办《西南民族研究动态》《西南民族研究》《西南民族研究丛书》《西南民族译丛》，并相应设立各刊物和书籍的编辑部，负责各刊物和书籍的编辑出版工作。学会将充分发挥老专家的指导作用、中青年研究人员的骨干作用，积极发现和培养各民族的研究人才。积极承担科研任务，与有关学术团体协作，向民族工作部门提供资料。组织会员做社会调查和进行参观、考察活动。理事会是西南民族研究学会的工作领导机构，学会每三年召开一次会员代表大会，届时选举产生新的理事会。理事会设理事长1人，副理事长4人，秘书长1人，副秘书长若干人。理事长与副理事长分别由川、滇、黔、藏、桂五省（区）提出候选人，各省区各选1人。秘书长、副秘书长由各省区分别推选2人，交理事会通过产生。理事会每届任期3年，理事长不得连选连任。会址设在理事长所在省（区）。会员代表大会闭会期间，由理事长、副理事长、秘书长、副秘书长处理日常工作。”①

这份最初的会章阐述了西南民族研究学会的办会宗旨、基本任务、会员权责、工作机制以及经费管理等内容。此后，学会规模扩大，会章亦应时分别于1997年、2001年做过两次大的修订（统计截至2008年——笔者注）。新会章针对实际情况的变化对内容进行了部分调整，其表述更为精准明确。但从整体看，第一部会章奠定下的基本框架仍为西南民族研究学会所遵循和实践。在这个框架里，界定“西南”的概

---

① 《中国西南民族研究学会会章》，载中国西南民族研究学会编《西南民族研究动态》1981年第1期。

念是首要的。

关于西南的区域，《中国西南民族研究学会会章》明确表述过是以川、滇、黔、藏、桂五省（区）为范围开展民族研究。不仅如此，西南的范围日后继续向外拓展，渝、湘、鄂二省一市亦成为西南区域的一部分。很显然，涵盖了八省（市）区的西南是一个广义概念，其划定的范围远远超出人们对西南地理位置——西南三省（川、滇、黔）的常识性认知。学会为何采纳了如此宽泛的“西南”概念？

西南，作为一个地理空间概念古已有之。在空间表述上具有多义性，或是方位表达，或是区域名称。其内涵不仅可以指偏正结构式的“西南隅”，也可以是“西”和“南”的并称。[①] 作为区域概念，研究者大致认同，以西汉时期司马迁撰《史记·西南夷列传》所述西南夷分布的地理空间为基础，形成了西南的核心区域范围。这个地理空间大致包括川、滇、黔三地。[②] 不过由于各代王朝的疆域伸缩不定，若以王朝政治中心为坐标来看，则西南的内涵与外延却不是恒定的，其范围在中国历史上经历了一个演变的过程。自明代以降，除了川、滇、黔三省外，两广、两湖也出现在了时人关于西南区域划定的讨论中。[③] 时值清末民初，尽管对西南区域范围的认定仍为莫衷一是的论题，但西南六省说（川、滇、黔、桂、粤、湘）此时期逐渐成为颇有影响力的观点。抗战爆发，国民政府西迁之后，无论是经济建设还是国防营略，西南作为后方成为广受关注的重要

---

① 张轲风：《历史语境下“四隅”概念的空间表达——以“西南”为中心》，《中国边疆史地研究》2013 年第 1 期。

② 主要研究参见：方国瑜：《中国西南历史地理考释》，中华书局 1987 年版，第 1 页；尤中：《汉晋时期的“西南夷”》，见其《西南民族史论集》，云南民族出版社 1982 年版，第 1 页；徐新建：《西南研究论》，云南教育出版社 1992 年版，第 57 页；朱惠荣：《汉晋时期西南边疆的地理分区》，载复旦大学历史地理研究中心主编：《面向新世纪的中国历史地理学：2000 年国际中国历史地理学术讨论会论文集》，齐鲁书社 2001 年版，第 159 页；张轲风：《历史时期“西南”区域观及其范围演变》，《云南师范大学学报》（哲学社会科学版）2010 年第 5 期；张勇：《“西南”区域地理概念及范围的历史演变》，《中国历史地理论丛》2012 年第 4 期。

③ 张轲风：《历史时期“西南”区域观及其范围演变》，《云南师范大学学报》（哲学社会科学版）2010 年第 5 期。

区域，其时对西南区域范围的认识又呈现出了新的动向。主要表现在西南区域的东向收缩——两广和湖南不再被纳入西南区域范畴。而西南区域的西部得到延展——康、藏地区与西南核心区域（川、滇、黔）联系起来同被视为西南边疆地区。此时期逐渐形成了西南区域西移的认识，不仅使得原属西北区域的西康省被划归西南，而且纳西藏入西南区域的呼声也在同一时期渐多。[①] 新中国成立后，西南大行政区的成立加之西南经济协作区的建立，从事实上固定下了今天对西南区域范围的认识基础，最终形成了以川、滇、黔、藏（西康省 1955 年撤并，辖区分别划归四川省和西藏自治区——笔者注）为主体的西南区域。[②]

相对于川、滇、黔构成的狭义西南概念，广义的西南概念至民国时期已大致稳定。现有研究表明，此时西南概念的建立与政局、社会思潮、民族认同等因素的影响不无关系。[③] 同时不可否认，民国时期的西南区域概念亦是吸收了明代以来西南区域既有观点的结果，体现着国人认知西南区域的一个知识积累的动态过程。西南民族研究学会以川、滇、黔、桂、藏划定西南区域范围，此认识可谓继承了以往探讨“西南”的既有成果，沿用的正是广义西南的概念。

与此同时，对区域范围的认识也是参与谋划西南民族研究学会之人，主动将自己的学科意识和学术关怀融入其中的过程。2004 年李绍明首次撰文谈到自己对“西南”区域的认识说：

---

① 事实上，将西藏视为西南的一部分，此观点在清代已被提出，只是倡者甚少。直到民国抗战时期此论方复兴。张勇：《“西南”区域地理概念及范围的历史演变》，《中国历史地理论丛》2012 年第 4 期。

② 关于“西南”区域范围近代以来历史沿革的观点主要参考张轲风《康藏与西南：近代以来西南边疆的区域重构》，《云南师范大学学报》（哲学社会科学版）2012 年第 5 期；张轲风《大西南与小西南：抗战大后方战略主导下的西南空间分层》，《中国历史地理论丛》2012 年第 1 期。

③ 康、藏入西南即是很好的例证。张轲风：《康藏与西南：近代以来西南边疆的区域重构》，《云南师范大学学报》（哲学社会科学版）2012 年第 5 期。

> 一般来说，大家都知道，西南是一个地理概念，指中国西南部地区。追根溯源，“西南”这个概念形成于1920—1930年间，最初是由民族学界提出的。我这里有一张“西南民族分布与分类略图”，是1930年以前绘制的。1950年我在华西协合大学读书时就看到过，“文化大革命”后遍寻不得。1999年，我赴美国华盛顿大学讲学期间，访问了沃拉沃拉市的惠特曼学院，在查阅有关葛维汉（D. C. Graham）的资料时，再次看到这个地图，并复制了一份带回来。地图表明，当时的西南包括了四川、云南、西康、西藏、广西和湖南的湘西，以及广东的海南岛，乃至青海玉树、甘肃甘南等地，代表了20世纪30年代学术界对西南及西南民族分布的认识。①

无疑，李绍明心中认同的即是广义的西南概念，它不受现有行政区划的界限，也不以地理方位上的西南为限制。他深以为意的西南研究，需要建立在“大”西南的区域平台之上，关于这一点来自他所熟悉的人类学的学科传统。在李绍明的回忆中，产生如此广阔的研究视野得益于入读华西大学社会学系期间看到的上述地图。地图由梁钊韬手绘而成，李绍明当时见到它即刻便产生了西南即南方的强烈印象。他认为正是这张图持续发挥着的影响力在之后建立西南民族研究学会的过程中，促成了“大”西南学术区域视野的确立。②

这番多年后的追述，有李绍明晚年梳理自己学术脉络的用意所在。从区域认知的角度看，此幅图反映的西南概念，事实上代表了中国民族学/人类学以华南地区为主的区域研究传统。梁钊韬，1939年中山大学历史系本科毕业后师从杨成志、罗香林、朱谦之等教授继续深造。作为杨成志等人的学生，他的区域观点与其师在认识上自然一脉相承。梁钊韬本人的

---

① 李绍明：《西南民族研究的回顾与前瞻》，《贵州民族研究》2004年第3期。2007年李绍明撰文《西南人类学民族学研究的历史、现状与展望》，《西南民族大学学报》（人文社会科学版）2007年第10期再次谈到类似观点。

② 李绍明口述：《变革社会中的人生与学术》，世界图书出版公司2009年版，第242页。

研究兴趣不特于岭南民族——广东瑶族、海南岛黎族，对南方诸民族——云南拉祜族、佤族等均有关注。梁钊韬研究涉及的所谓南方从区域范围看，正是杨成志等人当年论及的西南地区。

20世纪20年代以来，中国民族学/人类学形成了以华南地区为主的区域研究传统。此传统受美国历史学派和德国传播论学派的影响颇深。研究关注民族文化的区域类型，并将田野调查所见空间分布的人文地理现象视为解释历史的根据。[①] 西南，是他们关注的一个重要区域，西南民族的历史、社会文化、考古、语言等方面都是其重点关注的对象。很自然，关于西南概念的界定必然成为他们需要给出答案的问题之一。20世纪20年代末，中山大学语言历史研究所首倡学界应深入西南地区进行调查研究，而后1932年杨成志又为此专门成立“国立中山大学西南研究会”。此时杨成志等人采纳西南区域范围沿用了“西南六省说”的概念。广东作为西南区域的组成部分，和其他民族地区一起被列为研究会两个重要的组成部分。[②] 抗战爆发内地高校纷纷避于西南各地，客观上促成西南区域研究达到高潮。1948年陈序经、江应樑先后撰文阐发研究西南文化的意义，促使5月在广州召开中国社会学西南分会的年会上，与会者提出了“西南学”的概念。[③] 有意思的是，这个概念中，关于西南的范围不仅已将康、藏包括入内，而且广东仍然保留在西南区域概念中。对此陈、江二人解释认为，广东所代表的中国新文化，以及社会形态的发展方向，与西南民族地区代表的旧文化，以及社会历史发展的遗迹，恰可以为理解中国社会从古至今的发展提供重要的参考价值。[④]

---

① 王铭铭：《人类学在20世纪中国》，载李培林、孙立平、王铭铭《20世纪的中国：学术与社会·社会学卷》，山东人民出版社2001年版，第405页。

② 王传：《从“西南民族研究”到“西南学”：近代中国西南研究的学思历程》，《西南民族大学学报》（人文社会科学版）2016年第5期。

③ 参考娄贵品《“西南学”考论》，《文山学院学报》2015年第2期；王传《从“西南民族研究”到“西南学”：近代中国西南研究的学思历程》，《西南民族大学学报》（人文社会科学版）2016年第5期。

④ 转引自王传《从“西南民族研究”到“西南学”：近代中国西南研究的学思历程》，《西南民族大学学报》（人文社会科学版）2016年第5期。

在李绍明看来，杨成志等人的认识奠定了自己对西南区域的认知。多年后他以此为基点思考西南民族研究学会学术区域的划定问题：“这图里面就涉及为什么要建立西南民族研究学会的问题，这（事）不是一时心血来潮的。你看这西南有多大，所以我们提出这个‘西南’应该是‘大西南’的概念，起码也要把广西包括进来。……我们受教育的时候‘西南’就是这个概念。正因为这个，我们提出了要建立一个西南民族的研究学会，把西南的力量整合起来，不能单打（独斗）。西南几个省共同来研究大家共同感兴趣的问题，才能适应时代的需要。”①

另外，在思考的过程中，李绍明却成功地用此区域概念实现了认识上的西南主体化转向。正如学者所言，将广义的西南确定为学会的学术实践区域更应该被看作是西南学者自觉选择的过程。② 筹建西南民族研究学会的各位如李绍明一般，都是长时期在西南区域内工作和进行研究之人，他们早已意识到这个区域具有的以下共同特征只有放置于更大的学术平台方可被理解：第一，这是一个多民族世代混居的地区。四川、西藏、贵州、广西、云南五省（区）加起来一共有 34 个少数民族，包括正在识别的若干民族，人口约 3500 万，占国内少数民族总人数的 60%（此为 1981 年的统计数据——笔者注）。第二，各民族的分布跨行政区划现象普遍。比如壮、彝、苗三族分布在川、黔、滇、桂四省（区）；藏族在西南地区跨越藏、川、滇三省（区）；人数较少的民族如傈僳、纳西、瑶、侗、水、蒙古、普米等族也至少都分布在两个以上的省（区）。第三，西南区域历史上的族群政治生态复杂。不仅有过大小不一的民族政权，而且与帝国中心的政治关系呈多样化，如朝贡体制、羁縻制度、和亲策略、土司制度等。第四，这里是各民族与中原地区、东南亚、喜马拉雅山麓地带内外交

---

① 李绍明口述：《变革社会中的人生与学术》，世界图书出版公司 2009 年版，第 242—243 页。

② 此观点参考张原的研究。张原指出与杨成志等人界定西南不同，李绍明对西南的再次界定，代表了西南学者站在西南本位的立场上学术主体意识的一次觉醒。见张原《区域民族学与李绍明先生的中国西南研究》，《西南民族大学学报》（人文社会科学版）2010 年第 8 期。

通的流动地区。[1] 以上总结的特征已表明，新时期西南学者对西南区域的认识已不同于民国时代的东南学人。若说东南学人是将西南放入人类社会总体发展的阶段序列中去体味其价值的话，那么，此时西南学者明确提出的区域认识观，则更加凸显了西南区别于其他人文地理空间的独特价值。此价值若借用王铭铭“三圈说”的观点表述即，西南区域代表的中间圈（少数民族地区），恰与核心圈（汉人地区）和外圈（海外地区）构成了既区别又相连的关系，提供了一条理解整体中国的文明复合性以及进程的有效路径。[2]

上述共同特征决定了西南的研究必须纳于广义的西南概念下进行，同时亦奠定了西南民族研究学会最基本的工作方法，即打破以行政区划为研究单位的现状，强调研究的跨省合作性。从建会之始，学会便视跨越省界展开西南民族研究为自己最具特色的标志。自 1982 年联合四川、西藏、云南三省区首赴雅砻江下游综合考察“六江流域”民族开始，学会主持或参与的一系列专题性调查和研究项目，如西南丝绸之路、茶马古道、山区民族研究、南昆铁路沿线各民族发展、西南跨境民族研究、藏彝走廊等均是在各省通力合作的背景下实现的。此外，在各省联合之上实现多学科的综合性研究，亦是西南民族研究学会的元老们建会之时竭力主张的另一条西南民族研究的思路。首届年会上，与会者赞同把多学科的田野调查列为学会长期致力的重要任务之一。具体而言，即是分别组建调查西南区域内四个主要语族——藏缅、苗瑶、壮侗、孟高棉的考察队，针对其中各民族展开民族学、民族史、语言学、体质人类学、考古学、地理学、经济学等全面细致的综合性考察研究。会议决定转年即刻着手进行藏缅语族的聚

---

① 四点总结基于马曜：《我国西南民族研究的回顾与展望》，《云南社会科学》1982 年第 1 期。

② 王铭铭：《“中间圈”——民族的人类学研究与文明史》，见其《中间圈——“藏彝走廊”与人类学的再构思》，社会科学文献出版社 2008 年版，第 55—74 页。

居区域——“六江流域”的综合性田野考察。[①] 并且在第一次科考结束后数年内，学会针对雅砻江上游、金沙江中下游、贵州的“六山六水”、广西的红水河流域等地区继续的民族科考，也都不同程度地采纳了多学科综合考察的做法。

今天，省际互动、多学科综合已成为学界内外认识西南民族研究学会行事特征的关键词。西南学者之所以能够准确地把握区域特征并选择恰当的研究方式研究区域，事实上来自多年的经验所得。理解这一点离不开对他们的人生历程进行解读。李绍明回忆筹建学会时讲道：

> 我们西南这块在当时民族学重建过程中，因为具体工作的关系，其实联系就已经比较密切了，这是已经讲过的凉山彝族奴隶制的编写工作。这个工作不是哪个省可以完成的，虽然奴隶制这块地区主要在四川，但还有几个县在云南小凉山的华坪、永胜、宁蒗，再有贵州彝族很多，虽然贵州以封建地主经济为主，但还有封建领主制和奴隶制的残余。所以必然有个要打破省界来研究的问题。于是我考虑把西南这几个省的同仁都组织起来了。这事是和何耀华、余宏模他们几个商量过，大家都认为很有必要。当时就已经觉得，要做好中国的民族研究，像西南这个区域，要尽快先联系起来，然后再做更大范围的区域研究。[②]

根据彝族实际的分布范围，各省之间形成既独立运作又相互配合的工作关系。李绍明叙述时强调这种模式意在表明，日后西南民族研究学会遵循的理念和实践方式来源于西南学者的工作阅历，是对其工作经验的总结和自然延续。事实上，对于李绍明和同事们而言，这套已被证明

---

① 《中国西南民族研究学会首届年会暨成立大会会议纪要》，载中国西南民族研究学会编《西南民族研究动态》1981 年第 1 期。

② 李绍明口述：《变革社会中的人生与学术》，世界图书出版公司 2009 年版，第 242 页。

有效的方法是他们最为熟稔的工作方式之一。不仅编写《凉山彝族奴隶社会》时他们运用到它，而且在他们人生的其他阶段也早已实践着这套方法。

和李绍明同时期参与创建西南民族研究学会的人，以筹建组五人秘书团的成员为例，同属于中华人民共和国成立后成长起来的第一代民族研究者。正值他们踏入民族研究领域之时，都先后成为全国少数民族社会历史调查及随后的少数民族简史简志编写工作的具体参与者。这场官方直接主导的大规模调查和编写工作，期间的组织安排和工作方式均具有固定的模式和特征。对此学者已总结为：“少数民族社会历史调查是由中央机构组织的，这种组织形式便于直接调动各方面力量，协调行动，并提供了资金、时间、人员和设备保障。”① 借助行政力量直接介入以确保调查和编写按计划进行，反映到具体工作的层面，省区内部和省区之间最大限度地实现了效力配合。人（物）力资源的重组和共享是最直观的表现。

社会历史调查组内部，人员的调动首先发生在调查组的管理层面：“（社会历史调查组扩大成十六个组后——笔者注）这时，林耀华先生派到云南做组长，贵州由一个地委的宣传部部长叫仇复荣的做组长，西藏组重新建立后，李有义派到西藏实际负责，陈永龄从四川组派到青海组做组长。”② 此外，以省（区）为单位的各调查组内部人员间，根据调查的需要实际的流动更为频繁。龚荫1958年9月—1959年2月参加云南调查组，短短不过半年时间，分别到景颇族组、阿昌族组和白族组工作。③ 李绍明

① 王建民、张海洋、胡鸿保：《中国民族学史（1950—1997）》（下卷），云南教育出版社1998年版，第209—210页。

② 李绍明口述：《变革社会中的人生与学术》，世界图书出版公司2009年版，第191页。

③ 龚荫：《景颇族、阿昌族、白族调查日记》，载郝时远主编《田野调查实录——民族调查回忆》，社会科学文献出版社1999年版，第97—116页。类似情况还可见罗之基的文章，回忆个人辗转佤族、布朗族、拉祜族的调查经历。罗之基：《在民族学田野调查中锻炼成长》，载揣振宇主编《伟大的起点——新中国民族大调查纪念文集》，中国社会科学出版社2007年版，第134—138页。

本人也有从四川凉山彝族组到羌族组的经历。当然，跨省（区）的人员调配也不时发生。曾为社会历史调查组成员的易谋远，1956 年初始阶段便响应号召赴广东参加调查组，进入海南岛五指山地区调查黎族。黎族调查的任务结束不久，1958 年又接受调动前往四川调查组参与《藏族简志》下册的编写，编写之余随组继续调查四川甘孜州、阿坝州当地藏区的社会历史状况。①

社会历史调查的第二阶段，尤其在编写少数民族简史简志的过程中更是最大化地达成了跨省（区）间的资源配置。各省（区）人力，包括物力（此处主要指供编写所用的各族资料——笔者注）的相互配合作为当年调查组内部一种广受认可的工作方式，成为参加过调查组的亲历者们共同记忆的重要组成部分：

> 在开展编写民族史志丛书的同时，由范宏贵、陈维刚、丁卓华、杨秉功等同志负责调查搜集的京族、侗族、回族、苗族、水族、彝族和仡佬族的资料，分别进行整理，及时提供给兄弟省份的民族简史简志编写组运用。而云南、广东、湖南、贵州等省的民族调查组，也将调查整理的壮、瑶民族资料提供给广西编写组。由于湖南调查组人员较少，开展调查比较困难，广西调查组派出姚舜安同志配合当地的熊德庆同志，对湖南瑶族进行全面的调查。这些调查资料都能及时地提供（给）有关民族简史简志编写组，相互之间开展协作，促进了民族简史简志的编写工作顺利开展。②
>
> 我们决定按贵州省较大的几个少数民族分为苗、布依、侗、水、仡佬和彝族 6 组，负责调查和编写前面 5 个民族的简史简志。彝族虽然不由贵州负责编写史志，但它人口较多，要把调查材料提供给四

① 易谋远：《五六十年代民族调查的片段回忆》，载郝时远主编《田野调查实录——民族调查回忆》，社会科学文献出版社 1999 年版，第 318—331 页。

② 黄珏：《广西民族调查的回顾》，载郝时远主编《田野调查实录——民族调查回忆》，社会科学文献出版社 1999 年版，第 211 页。

川，所以也成立了一个彝族调查组。此外，贵州还有回、瑶、壮、白等民族，也必须调查，并把其资料提供给宁夏、广西和云南。[①]

在分族写史和写志的撰写原则下，基于少数民族跨省域分布的现实状况，某民族的史、志撰写往往分配到该民族所在的主要省（区）内，再由其余省（区）负责协作编写。前面提到的《藏族简志》，简志分上、下两册。上册的内容主要涉及传统的卫藏地区——西藏本土的情况，任务交由西藏调查组完成。下册的内容包括卫藏外围的康区和安多，涉及川、滇、甘、青四省，则由四川调查组主笔。彝族的情况亦类似。彝族简史简志的编写工作在云南和四川两省间分配。云南调查组负责《彝族简史》和关于滇、黔、桂三省的《彝族简志》，而四川调查组的任务是编写以凉山彝族为对象的另一部《彝族简志》。李绍明是从凉山直接被借调进入云南调查组，协助该组编写《彝族简史》的近代史部分。途中他还需不时往返于四川和云南之间传递双方各自所需的写作资料。不仅如此，云南调查组也会专门派人赴四川凉山彝族聚居地调查搜集奴隶制的素材。[②]

不可否认，跨省（区）进行分工合作，依靠的是社会历史调查组时期国家行政力量自上而下地对各类资源统筹管理，以此实现了各方资源的最优配置。尽管这种工作模式此后受到学界的反思。[③] 但从当时的成效看，这种组织和工作的方法，如前面广西调查组的成员黄珏所述，确实让其中个人体会到

---

① 陈衣：《黔省侗乡访古今》，载郝时远主编《田野调查实录——民族调查回忆》，社会科学文献出版社 1999 年版，第 287 页。

② 1960 年 1 月，包括方国瑜、吴恒、徐文德等人在内的云南调查组 20 余人，集体赴四川凉山调查搜集资料。詹承绪《田野调查——民族学研究的基础》，载郝时远主编《田野调查实录——民族调查回忆》，社会科学文献出版社 1999 年版，第 34 页。

③ 有学者指出这种方式使得调查流于表面事实上降低了调查的深刻性。参见王建民、张海洋、胡鸿保《中国民族学史（1950—1997）》（下卷），云南教育出版社 1998 年版，第 210—211 页；还有学者指出调查受政治干预过重，直接影响了调查结论的偏颇。参见定宜庄、胡鸿保《寻找满族——思考“少数民族社会历史大调查”及其影响》，《清华大学学报》（哲学社会科学版）2009 年第 2 期；此外有学者认为这种统一规划和部署的调查是国家治理少数民族的组成部分，其产出的知识仍影响着人们对少数民族的一般看法。参加范可《他者的再现与国家政治》，《开放时代》2008 年第 6 期。

协作带来的便利和效力。关键是，这种工作方式的建立事实上取决于国内少数民族跨省居住的现实状况，是基于此认识的理性选择。整个过程不仅让调查组成员深刻认同于方法本身，而且从中建立起的对少数民族现状的基本印象，必然成为他们理解和研究少数民族的认知和实践的起点。

跨省（区）分工合作之外，以抢救性调查记录少数民族社会经济结构、历史发展线索和风俗习惯为目标的社会历史调查，在成立之初即把多学科的综合视作常用的调查方法之一。1956 年 7 月，一次会上费孝通阐释此次调查行动运用的方法时说道：“少数民族的历史研究必须注意充分利用各民族人民的口头传说，保留在语言词汇、风俗习惯和社会制度中的许多历史残余。历史学者必须和语言学者、民族学者密切合作，从实地调查中才能获得这些材料。这次各民族社会历史情况的调查研究，采取了综合调查的方法，调查组将包括历史、民族、语言、考古、艺术等学科的研究工作人员。”①

视多学科调查和研究视为社会历史调查的方法，势必会影响到调查组的人员组建。调查组是以不同单位、不同学科专业背景的人员组成的团队。以四川调查组为例，第一阶段该组共 40 余人，他们分别来自中国科学院历史研究第一所、第三所、经济研究所、中国人民大学、中央民族学院、中央革命历史博物馆、中央编译局、四川大学、四川财经学院、西南民族学院、西南音专、西南博物馆等单位。② 人员的知识背景以民族学和历史学为骨干，同时包括经济学、法学、文学、艺术等。③ 关于这种方法，后代学者讨论肯定了此法的效用认为，它有别于西方人类学传统的参与式调查法，是中国人类学创造性地实践总结，其潜在的意义或许在于修补传统人类学进入复杂社会研究时方法论上的不足：“采用了多学科学者合作组队研究的

① 费孝通：《开展少数民族地区调查研究工作》，见其《费孝通民族研究文集新编：1951—1984》（上卷），中央民族大学出版社 2006 年版，第 226 页。

② 胡庆钧：《凉山彝族社会历史调查回忆》，载于宝林、华祖根主编《中国民族研究年鉴（1999 年卷）》，民族出版社 2000 年版，第 31 页。

③ 李绍明口述：《变革社会中的人生与学术》，世界图书出版公司 2009 年版，第 160 页。

方法，这是对一个复杂社会（或该社会的一部分）进行民族志研究的一种尝试。这种集体行动的方式也降低了研究者个人的主观意见对资料的影响。”[①] 遗憾的是，从实践层面看，多学科综合性调查的方法并未被社会历史调查组彻底地贯彻，相反仅第一阶段在调查组内推行过。李干芬回忆当年搜集材料经过时讲道：“民族社会历史调查内容相当广泛，除了口碑资料，还有大量散落于民间的、史书的和方志都没有记载的材料，如碑刻、契约、族谱、巫道经书、诗歌、谚语、故事传说等等。这些，都是我们抢救民族文化的非常重要的内容，这就要求每一个调查组成员，不惜任何代价，千方百计设法去采集。”[②] 毫无疑问，搜集上述材料依靠的必然是一个集合民族学、文学、音乐、法学等学科带有多学科性质的调查过程。然而1958年“反右”运动过后，“极左”风潮愈演愈烈的情形之下，社会历史调查组的调查全面转向“以经济为主”的方向，广西调查组也因前期的作为遭到批判。至此原初设想的多学科综合调查方法在社会历史调查组废而不用了。

社会历史调查组并没有坚持多学科综合的初衷，此观念却随着接下来少数民族研究领域的现实变化“意外地”被保住。进入20世纪60年代，政治环境的压力之下，民族研究、民族问题取代了民族学的提法最终成为少数民族研究普遍被认可的范畴。[③] 此时民族学和考古学只作为历史学的有效组成，不再以独立学科的面貌出现，仅为理解少数民族社会历史发展规律补充必要的方法。尽管如此，以少数民族为对象的民族研究事实上混杂了民族学、历史学、考古学这三门各有偏重的学科知识在内。这让民族研究——作为研究类型本身即带上了综合性的趣味，或者说，民族研究概

① ［美］顾定国：《中国人类学逸史：从马林诺斯基到莫斯科到毛泽东》，胡鸿保、周燕译，社会科学文献出版社2000年版，第334—335页。

② 李干芬：《我的民族调查生涯》，载郝时远主编《田野调查实录——民族调查回忆》，社会科学文献出版社1999年版，第222页。

③ 王建民、张海洋、胡鸿保：《中国民族学史（1950—1997）》（下卷），云南教育出版社1998年版，第216—221页。

念之下实现了另一种形式的多学科综合。

这些由研究的现实处境与社会历史调查组的经历叠加而成的印迹，即使在亲历者们步入暮年也仍能清楚地在他们身上看到。李绍明生命的最后几年，对于自己一直从事的少数民族研究，他的学科本位立场愈加明确和坚固。不过一旦谈到西南地区少数民族的整体研究时，他又立即会很清楚地区分民族研究和民族学研究："众所周知，在我国'民族研究'有其特殊的含义，它是一个很广泛的学科群，主要包括四个门类的学科。即民族学，也就是文化人类学；民族历史学，含中国各民族历史和民族关系史等；民族语言学；含少数民族的语言与文字研究；民族问题研究，包括民族理论和民族政策研究，这原本是属于政治学范畴的学科。此外，还包括许多交叉学科的内容。我们所说的'西南民族学研究'，主要指我国大西南地区的民族学即文化人类学研究，它仅是广义的'民族研究'中的一个部分。以地理范围论，是指对四川、云南、贵州、西藏、广西、重庆以及湘西、鄂西等地各少数民族和民族地区有关这类学科的研究。"①

综上，以建立西南民族研究学会为契机，以李绍明代表的西南学人开始思考新时期西南民族区域研究的理路。整个思路看似是一场新思考的运动，实则是一个全面梳理他们自身学术思想和实践准则的过程。在此期间产生了跨省（区）分工合作和多学科综合研究的方法论，既继承了以往有关西南区域概念的讨论及研究传统，又延续并再现了他们曾经在民族地区十分熟悉的工作方式。

至于李绍明，筹建西南民族研究学会或许只算得上一个开端。他很清楚，建会过程中产生的全部思考只有付诸实践方能被检验或深化。于是投身协调和组织学会内诸项考察、研讨、交流是他的必然选择。不仅如此，如果说策划西南民族研究学会成立并参与规划西南民族研究的整体设想，完成了李绍明对西南民族区域研究的宏观把握。那么，他关于区域研究的

① 李绍明：《西南人类学民族学研究的历史、现状与展望》，《西南民族大学学报》（人文社会科学版）2007 年第 10 期。

更具体的思考则充分体现在了从“六江流域”到“藏彝走廊”的一路行程中。

二 从“六江流域”到“藏彝走廊”

2009年7月的某天，听闻李绍明身体抱恙我打电话过去问候。电话那头，他轻描淡写地谈着自己“没什么大不了”的病情，很快借机就把话题转到了召开在即的第16届国际人类学民族学世界大会上。说到自己将要去主持的一场专题讨论会，他开始兴高采烈起来，全然忘记正在病中。会议的主题关于“藏彝走廊”。在他心中，这场讨论会是一次回顾，也是一个总结，更是新的开端。年逾古稀的他一直期待着这场会议到来，正如多年前，他热切地期待着“藏彝走廊”的研究继续拓展一样。2003年11月在成都以“藏彝走廊”命名的学术讨论会的最后，李绍明在总结发言里表示，费孝通首次提出“藏彝走廊”概念后的25年，他仍愿意和年轻人一起为深入研究这片区域而努力。①

“藏彝走廊”是费孝通1980年前后提炼的一个学术概念。费孝通早年到广西大瑶山调查，以瑶族研究开启了自己的民族研究历程。20世纪50年代初重拾民族研究直到“反右”开始，他几乎参与了新中国所有最重要的与少数民族相关的事业。出于工作的需要，西南的民族地区是这个时期他最为频繁探访之地。也就在这时，他对民族区域内各民族杂居混融、文化多元的现状产生了真正直观的普遍印象，并且开始明确地意识到理解民族地区的现状寻求历史的帮助是一条有效的途径。② 发生在民族地区的历史过程被他用非常生动的语言描绘出来：

---

① 《李绍明先生在会议闭幕式上的总结发言》，载石硕主编《藏彝走廊：历史与文化》，四川出版集团、四川人民出版社2005年版，第354页。

② 杨清媚认为，20世纪30年代费孝通研究花篮瑶时已初现关注民族动态历史过程的端倪。花篮瑶的研究孕育了费孝通之后对民族关系史的论述。见杨清媚《最后的绅士——以费孝通为个案的人类学史研究》，世界图书出版公司2010年版，第178—182页。

> 贵州这个山区在很早的时候，苗、仲等民族移入之前，就有人住着。他们的社会发展很可能处于比当时外来的民族还要低级些的阶段。汉族在中原向南扩张，把原在平原地区的苗、仲等民族向山里赶。他们进入贵州，把远在山区的人挤得乱跑。汉族跟着进来，再一挤。你推我，我推你，站得住的推开了别人，站不住的又得往更深的山里跑。于是不同的民族在分布上就夹杂了起来。同一民族分散了，很久不相往来，各自发展它的特点，话也不通了，名称也变了，也就不再相认了。不同民族混在一起，交流、通婚又可以合成一个集团。经过了分散、打乱、交杂等等过程，民族情况愈来愈复杂了。①

费孝通讲述的历史涉及少数民族形成自我以及区分彼此的过程。它说明民族及其生存的现状是被历史所塑造的，汉族与少数民族、少数民族之间相互“挤”“推”的接触史形塑了当代中国民族的基本格局。不仅如此，“挤”和“推”代表的族际间交往的历史本身就是一部复杂的历史互动过程。对民族的理解还应该注意到此层面包含的丰富内涵：其中有族际间古已有之的往来争斗，有汉人代表的中原王朝攻城略地的扩张进程，也有区域内曾经存在过的民族政权的拓殖历程，同时这个历程又随着民族政权与中原王朝接触中彼此力量的消长呈现出更多元的面貌。描述贵州少数民族时，费孝通专门用一节的篇幅书写自明朝起贵州境内的彝族土司势力的兴衰，即从侧面说明了解释此历程的价值。费孝通清楚地知道自己描摹和理解的贵州民族现状和历史过程，事实上同样存在于其他民族地区。②他意识到这正是理解中国境内各民族核心所在。多年后，复出的费孝通开

---

① 费孝通：《兄弟民族在贵州》，见其《费孝通民族研究文集新编：1951—1984》（上卷），中央民族大学出版社 2006 年版，第 76—77 页。

② 上述认识在费孝通其他的文章中亦得到表达。比如 1951 年 4 月的《关于广西壮族历史的初步推考》，1956 年 2 月的《开展少数民族地区和与少数民族历史有关的地区的考古工作》，1957 年 2 月的《大理历史文物的初步察访》等文章中。见其《费孝通民族研究文集新编：1951—1984》（上卷），中央民族大学出版社 2006 年第 1 版，第 76—77 页。

始重新整理自己的民族研究思路，支持他继续思考的起点来自上述旧识。

20 世纪 70 年代末，为彻底解决民族识别遗留问题，国家决定重启民族识别工作。针对此问题费孝通用长文表达了自己对如何更好地解决民族识别疑难的看法。他强调要辩证地使用斯大林的四个判别标准，同时更重要的是应联系待识别人群历史上的族群关系史来分析。民族语言、生存空间、经济生活以及共同心理素质的生成、维系和变异在时空的变化中随族群互动而层次丰满。当代中国民族流动大、分布广且交叉杂处的现象特征由此过程造就，因而民族识别也需要循此过程方能探究到现象后面的本质。[①] 族群互动实现的空间范畴是费孝通的另一个关注点，这篇文章里他正式提出一个全新认识认为，应在族群活动的广义区域概念下理解民族的形成。“在民族识别中对于共同地域方面的研究不能单独从某一民族着眼，而应以某一民族所在地区为范围，进行各民族间关系的历史分析。”[②] 费孝通的阐述表明一方面单个民族的活动和演变轨迹不再是他考虑民族形成的角度；另一方面族群互动的空间可能是流动的。这种流动性往往意味着族群跨区域的活动。为说明问题他用识别西南少数民族的例子加以解释：

> 要解决这个问题（识别平武藏人——笔者注）需要扩大研究面，把北自甘肃，南到西藏西南的察隅、珞渝这一带地区全面联系起来，分析研究靠近藏族地区这个走廊的历史、地理、语言并和已经陆续暴露出来的民族识别问题结合起来。这个走廊正是汉藏、彝藏接触的边界，在不同历史时期出现过政治上拉锯的局面。而正是这个走廊在历史上是被称为羌、氐、戎等名称的民族活动的地区，并且出现过大小

① 费孝通：《关于我国民族的识别问题》，见其《费孝通民族研究文集新编：1951—1984》（上卷），中央民族大学出版社 2006 年版，第 290—313 页。

② 同上书，第 301 页。

> 不等、久暂不同的地方政权。[①]
>
> 现在正需要我们识别的居住在察隅和珞渝的许多民族，有可能就是早年从这条通道（怒江往西越过伯舒拉岭进入西藏察隅——笔者注）进入这些地区的说着和今独龙语相近语言的人的后裔。珞渝各民族集团的语言据初步了解不属藏语支而与景颇语支相近。如果联系到上述甘南、川西的一些近于羌语和独龙语的民族集团来看，这一条夹在藏彝之间的走廊，其南端可能一直绕到察隅和珞渝。上面提出族别问题的“平武藏人”和这里所说的“僜人”，可能就是在这走廊中在历史上存在着某种联系，受到藏族、彝族等不同程度的影响的两个民族集团的余留。[②]

“平武藏人”和“僜人”同属待识别人群，历史上他们活动的范围被费孝通描述为一条活跃的走廊地带。这片区域夹于汉、藏、彝几大民族之间，历史上存在文化与文明多层次互动的可能。费孝通认为夹居在其中的“平武藏人”和“僜人”必然受此历史过程的影响。因而，若要彻底查明他们的族属问题，就不应局限于他们今天的生活区域——通常表现为以单个民族为主的层级式的民族自治区，而应放入跨生活区域的研究面，历史地讨论他们的塑造过程。这是费孝通第一次论述“以康定为中心向东和向南大体上划出的一条走廊”[③]。或许令他没有想到的是，甫一提出，这条民族走廊即刻引起了一批学者的高度关注，李绍明便是其中之一。

费孝通论及的走廊地带于李绍明并不陌生，甚至说非常熟悉。这是他长年生活、从事研究并开展工作的区域。但若说他直接与学术概念下的“藏彝走廊”产生联系的时间，则得从“六江流域”科考的诞生说起。

1982 年，一封汇集了国内 16 位民族研究领域重要学者签名的申请在

① 费孝通：《关于我国民族的识别问题》，见其《费孝通民族研究文集新编：1951—1984》（上卷），中央民族大学出版社 2005 年版，第 306 页。

② 同上书，第 309 页。

③ 同上书，第 307 页。

3 月 5 日得到中国社会科学院和国家民委的正式批复。信中学者们建言应尽快支持开展一项民族研究的计划——“六江流域”民族的综合性考察。“六江流域”指横断山脉区自北向南的六条大江大河：怒江、澜沧江、金沙江、雅砻江、大渡河、岷江及其主要支流流经的地带。整片区域穿越了川、滇、藏三省（区）边境，流域内现今居住着十余种民族。考察的动议发起于头一年西南民族研究学会召开的成立大会上，是践行该学会以跨省（区）合作与多学科综合的方式研究西南民族的初次尝试。

首次“六江流域”科考分两队——怒江中上游和雅砻江下游。两队人员于该年 5 月正式进入各自的调查地区，并分别在 7 月和 9 月结束调查。前往怒江中上游的考察队由云南省民族研究所的 4 名研究者组成，一行人进入云南贡山县独龙江公社，结束对沿岸的独龙族调查后再溯江而上跨境入西藏察隅县调查藏族、珞巴族和“僜人”。相比之下，雅砻江下游考察队的规模要大得多。全队 50 余人来自川、滇、黔、桂四省（区）各科研机构，并包括复旦大学体质人类学研究室、上海中心血站、凉山州血站等机构。考察队计划考察凉山州的冕宁、盐源、木里、西昌、昭觉、会理、会东诸县以及渡口市（今攀枝花市——笔者注）下辖米易县和盐边县等雅砻江下游区域。

事后雅砻江考察队的工作总结报告里这样写道：“用学会的名义出面，组织如此多的单位，如此多的学科，进行社会科学的综合考察，这是建国三十余年来的第一次。”① 事实上，如此规模的雅砻江下游考察的意义不止于此。其值得称道之处更在于实现了中华人民共和国成立后民族调查在对象以及内容上的突破。这次考察的对象集中在人口相对少且民族成分尚待进一步确认的人群。并且考察队不再沿用社会经济形态的调查和分析框架，转而特别留意调查当地人群的宗教、社会风俗、政治组织、族群迁徙和互动的历史等方面内容——这些曾是很长时期内被视为民族调查无

① 《六江流域民族综合科学考察队雅砻江下游（渡口、凉山段）考察试点总结》，《西南民族研究动态》1982 年第 4 期。

关紧要而遭到禁止的部分。

未被完全识别的人群如冕宁县联合公社历史上被称为“西番”的纳木依人、拍木依人，木里县项脚公社的纳日人、拉热人，米易县的亚拉人、阿布人、塔直人、尼罗人。三个月调查后考察队认为：“米易县自称为‘亚拉’‘塔支（直）’‘尼罗’和‘阿布’的少数民族。均系从云南、贵州迁来的彝族的支系。冕宁和爱、联合二公社的藏族，可分为两支，有不同的族源、语言和文化，其中‘吕汝’（耳苏）系从九龙迁来；而‘纳木依中的大部分在强带一直被称为‘摩梭’，是当地最古老的居民。木里博凹、项足（脚）二公社的纳西族，可以分为‘纳日’（‘蒙族’），‘拉惹’（‘水田’）两支，方言与习俗均有一定的差别，而均与纳西族中的‘纳西’支系有文化上的密切联系。”[①] 结论表明调查人群并未真正形成新民族，只属于已识别民族的某个支系。他们的语言、宗教、风俗习惯、口承传统等方面与主体民族保持着共通性，考察队细致比较确认双方实为一体之民族。

当然，针对上述诸社会文化因子所做的调查亦表明这些人群身上显而易见的多元性是突出的。甚至如尼罗人者，仍坚决否认自己同彝族有关，这使得考察队专门提出有必要继续深入调查和研究尼罗人。[②] 区域内人群间融合与差异共存的现象为考察队普遍注意到。如何理解此现象的生成促使全队寻求从历史过程中获得解释的线索，因而民族史方向的调查与分析非常受重视。他们对族属、历史兴衰、族群互动关系等都做了较详尽的调查。1984 年 7 月，紧随其后的雅砻江上游综合考察也成行了。雅砻江上游位于四川省甘孜州境内，包括石渠、德格、甘孜、新龙、雅江、康定、九龙等县，科考队集中考察了康定、九龙、炉霍、道孚、雅江等县的部分

① 《六江流域民族综合科学考察队雅砻江下游（渡口、凉山段）考察试点总结》，《西南民族研究动态》1982 年第 4 期。

② 叶大槐、陈显赛：《米易县“亚拉”、“阿布”、“塔直”、“尼罗”等少数民族的调查》，载李绍明、童恩正主编《雅砻江下游考察报告》，中国西南民族研究学会、甘孜藏族自治州人民政府 1985 年 9 月编印，第 168—171 页。

地区。这次行动基本承继了雅砻江下游考察的关怀，保持对流域内民族语言、考古遗迹、社会文化现象、历史等内容的兴趣。①

李绍明全程参与了雅砻江的两次考察行动，且在1986年专文评述了“六江流域”科考在考古、民族学、语言学等方面已取得的成就。作为“六江流域”概念的提出者，这篇文章对李绍明有着特别的意义。他就该区域的范围、特征、价值等问题第一次公开发表了见解，这些构成了他的区域研究观的基本框架。

文章在一开篇就界定了“六江流域”大致的地理范围：“包括藏东高山峡谷区、川西高原区、滇西北横断山脉高山峡谷区和滇西高原区。”接着描述这片区域的特征为“居住着藏缅语族的藏、羌、彝、白、纳西、傈僳、普米、独龙、怒、阿昌、景颇、拉祜、哈尼、基诺；其下游还有壮傣语族的傣族和孟高棉语族的佤、德昂、布朗等民族，以及苗瑶语族的苗族和瑶族。六江流域又有‘民族走廊’之称。自古以来，这里就是藏缅语族各族先民南下和壮傣语族、孟高棉语族各族先民北上的交通要道以及他们交汇融合之所。换言之，即是历史上的氐、羌、戎、僰、滇、越、昆、叟、爨、僚、夷、濮活动的场所。这就是为什么现今六江流域还存在如此众多的民族以及至今还保留着即将消逝的被某一种民族语言所淹没的许多基层语言的原因。这里还沉积着许多历史遗留，表现在他们的风俗习惯、文化、宗教各方面。而众多民族从石器时代起就在这里留下了大量的实物遗存，其内容之丰富，并不亚于中原。”②

不难发现，李绍明一边用熟悉的进化论视角阐述这片区域对理解人类社会规律的普遍价值，一边开始借用费孝通的“民族走廊”概念将笔锋转向了区域独特性，它常以多元化的面貌呈现。他不仅提醒读者留意这里的“基层语言”与“主流语言”之间微妙的差别，也温和地指出这里与

---

① 参见李绍明、童恩正主编《雅砻江上游考察报告》，中国西南民族研究学会、甘孜藏族自治州人民政府1985年7月编印。

② 李绍明：《六江流域民族考察述评》，《西南民族学院学报》（社会科学版）1986年第1期。

中原地区事实上已经构成对等的且可比较的研究区域。之所以存在对话的潜力，在他看来源于“六江流域”展现的丰富内容。他对此丰富性的理解，一方面来自亲眼所见的民族多元文化；另一方面还在于从历史的角度认识到多元文化产生的机制，这一点文末李绍明做了明确的交代：“六江流域自古以来就有高度的文明，各民族的文化在互相接触、交融中发展，曾经达到相当水平。”① 文明史的参与是产生当地多元文化之源。李绍明承认这里有过的文明进程，而且也意识到“六江流域”的丰富内涵恰为文明史塑造的结果。是这两点使得“六江流域”具备了与中原地区对话的基础。

在这样的认识指导下，由他率领的雅砻江考察无一不体现了对流域内文明史的关注。鉴于“六江流域”自然地理环境给人造成的莽荒印象，李绍明以教员的身份在考察前的培训中提醒队员必须特别关注容易被忽略的文明的在场，而这一点可从调查和理解当地政治史入手。从调查效果看，队员们谨记了他的教导。“纳木依的天文学对日、月、五星、二十八宿等从远古就开始了观察，并取得了相当的成就，达到了相当的水平。在远古和中古都存在和汉族的文化交流。考察队出发前，队长李绍明老师给我们上课就曾指出：纳木依历史上可能达到过相当高的文化，并建立过地域广阔的地方政权。我们的考察结果基本证实了这一点。”② 同时，雅砻江考察不仅留意到文明进程对文化现象的形塑作用，而且也将参与文明进程，并深刻影响地方社会的重要群体——土司、头人纳入了调查之列。③

① 李绍明：《六江流域民族考察述评》，《西南民族学院学报》（社会科学版）1986年第1期。

② 龙西江：《冕宁县联合公社藏族的传说及天文历法》，载李绍明、童恩正主编《雅砻江下游考察报告》，中国西南民族研究学会、甘孜藏族自治州人民政府1985年9月编印，第43页。

③ 参见李绍明、童恩正主编《雅砻江下游考察报告》（中国西南民族研究学会、甘孜藏族自治州人民政府1985年9月编印）中的各篇：傅于尧《盐源、木里二县民族社会历史考察纪略》；李绍明《米易县萨连土千户调查记》；吉友仁《米易县普济州长官司史略》；叶大槐《盐边县毕苴芦土司调查》等。以及邓廷良《明证土司考察记》，见李绍明、童恩正主编《雅砻江上游考察报告》，中国西南民族研究学会、甘孜藏族自治州人民政府1985年7月编印。

雅砻江上游考察完成，正当学界期待着“六江流域”科考的新动向时，未想整个“六江流域”的科考却戛然而止了，最终没有实现预想中综合性考察四大语族的宏愿。每谈及此，李绍明坚持认为“六江流域”科考代表的基础性研究日渐为人忽视是这项计划流产的根本原因。[①] 从雅砻江上游考察开始，调查已经初显以经济开发为导向的应用性特征，[②] 且愈发显见于学会后来组织的各项考察议题中。事实上，强调应用性的考察或研究不过是学会忠实履行“为早日实现现代化建设服务”[③] 宗旨的真实写照。但对李绍明而言上述评论有着另一番含义：它实则代表了一个过来人对民族研究历程的重新反思，其中不乏隐含着自我批评的过人勇气。晚年他不止一次向后辈学者呼吁加强学科的基础性研究，正可谓是遵从内心的外在表达。从另一个层面看，“六江流域”科考的无疾而终似乎又是一个必然的结局。组织如此规模庞大的跨省（区）、多学科的综合性考察，人力与物力的筹谋和调配绝非易事。上溯之唯有 20 世纪 50 年代举一国之力的少数民族社会历史调查堪担此任。身为组织方——西南民族研究学会的元老且实际负责过“六江流域”科考的人，遭遇这样的结局恐怕李绍明心里早已有数。

即便如此，首次“六江流域”科考的意义是非凡的。“好就好在，第一条它打破了行政上的界限，第二条它打破了学科的界限，进行综合研究。”[④] 费孝通的评价肯定了这次科考方法上的革新，在他眼中它为分族研究中国民族的窠臼提供了一个可资借鉴的出口。另外，如考察者自己所言“这些在高山

① 李绍明口述：《变革社会中的人生与学术》，世界图书出版公司 2009 年版，第 236—237 页；《李绍明先生在会议闭幕式上的总结发言》，载石硕主编《藏彝走廊：历史与文化》，四川出版集团、四川人民出版社 2005 年版，第 350 页。

② 参见李绍明、童恩正主编《雅砻江上游考察报告》（中国西南民族研究学会、甘孜藏族自治州人民政府 1985 年 7 月编印）各篇：裴倜《甘孜州经济发展战略调查报告》；王向勇《甘孜州民族经济增长模型问题》。

③ 见《中国西南民族研究学会会章》，《西南民族研究动态》1981 年第 1 期。

④ 费孝通：《支持六江流域的民族综合调查》，见其《费孝通民族研究文集新编：1951—1984》（上卷），中央民族大学出版社 2006 年版，第 456 页。

村寨之中，密林篝火之畔记下的原始素材，无疑将为蓬勃发展的中国民族研究增添一点基础的砖瓦”[①]，的确科考记录下了大量反映民族多元文化的资料。除此之外，资料的丰富还在于它尝试反映出的区域复杂性，其学术意义已超出了“原始”二字的内涵。正因如此，“六江流域”科考在当时已为学界瞩目。科考成立前后费孝通便多次在不同场合谈及研究这片区域的多元和复杂性将有助于理解整个中华民族的形成问题。[②] 不仅如此，科考亦引起国际学界重视。1984 年《民族译丛》上刊登了一篇日本学者的文章，其中表达了对“六江流域”四大语族综合科考的关注以及对其成果的期待。日本学界认为中国西南民族地区的语言、民族分布、族源、文化等对进行区域间的文化比较研究，进而理解日本文化极为重要。[③]

一直以来，“六江流域”在李绍明内心中占有极重的位置。科考实践了跨省（区）综合研究西南民族的理念，同时组织和参加科考又被他视为是自己迈出探讨“藏彝走廊”地区的第一步。的确，在一些“藏彝走廊”的基本问题上，李绍明的认识带有“六江流域”科考的深刻印迹，同时亦有调整。比如阐释“藏彝走廊”概念。尽管他一直认为“六江流域”即“藏彝走廊”[④]，两个概念的定义比较而言，后者确实直接继承于前者并在其基础上得以完善而成。但是，我们也发现，“藏彝走廊”叙述

---

① 六江流域民族综合科学考察队：《前言》，载李绍明、童恩正主编《雅砻江下游考察报告》，中国西南民族研究学会、甘孜藏族自治州人民政府 1985 年 9 月编印。

② 参见费孝通《民族社会学调查的尝试》《谈民族调查工作的微型研究》《支持六江流域民族的综合调查》《深入进行民族调查》等各篇，见其《费孝通民族研究文集新编：1951—1984》（上卷），中央民族大学出版社 2006 年版。

③ ［日］长谷川清、栗原悟：《近年中国西南地区少数民族研究动向》，马宁译，《民族译丛》1984 年第 1 期。另，笔者注：按照西南民族研究学会首届年会的决议，六江流域科考欲完成四大语族的综合考察。日本学者文中写为三大语族的原因不详。本文以西南民族研究学会说法为准。

④ “六江流域”科考并没有使用“藏彝走廊”的提法。李绍明的解释是：“因为当时如果提出‘藏彝走廊’来的话，就会给人一个误解，认为我们只重视藏、彝，而不重视藏彝（走廊）里面的其他民族。这在当时不行，而在现在行了，这里面有个时间性的问题。……（换一种说法）主要也是为了那个时候的考察能得到各民族的支持。做民族研究做了一辈子，知道有时尽管你的想法是好的，但少数民族一时不接受，你就不要办。”见李绍明口述《变革社会中的人生与学术》，世界图书出版公司 2009 年版，第 249—250 页。

的重心较之“六江流域”实际上已经发生了变化。

“藏彝走廊”在费孝通那里是作为理解中国民族格局独具参考价值的案例加以讨论的，费孝通并未对概念本身做过明确界定，留给后来者以很大的思考空间。李绍明认为“它主要指川、藏、滇边境横断山脉地带的怒江、澜沧江、金沙江、雅砻江、大渡河、岷江共六条由北向南的大江及其主要支流分布的地区，包括藏东高山峡谷区、川西北高原区、滇西北横断山高山峡谷区以及部分滇西高原区，故这片区域又称为‘六江流域’。但它并非‘六江流域’的全部，主要是怒江、澜沧江的下游不在此区之内。……以藏语支和彝语支的民族居多，故亦称之为‘藏彝走廊’。此六条江的下游还有壮侗语族的傣族和苗瑶语系的苗族乃至孟高棉语族的一些民族居住，但不占多数。这里自古以来就是藏缅语族诸民族南下和壮侗语族、苗瑶语族诸民族北上的交通要道和众多民族交汇融合之所。”①

李绍明的阐释中，“藏彝走廊”的范围不包括费孝通所论“从甘肃南下到云南西陲”② 的广阔区域空间，其核心区仍在“六江流域”，尤在川、滇、藏边境地带。其次，“六江流域”科考计划的初衷里，待考察的四大语族的实际生活范围覆盖了“六江流域”全段。策划者阐述的科考价值之一即：“其中怒江流入缅甸、澜沧江流入老挝和泰国，又成为沟通我国西南和中南半岛的要道。在其临近国防前线的地区，跨国境的民族有20多种。因此，加强对这一地区的调查研究，对于巩固国防、开发边疆、增进民族团结和开展国际学术交流，都具有重大的现实意义。”③ 但是，“六江流域”本身兼具的跨省（区）和跨国境的双重性，包括“六江流域”科考曾预想的研究事业没有体现在“藏彝走廊”的概念里。怒江和澜沧

① 李绍明：《“藏彝走廊”研究与民族走廊学说》，载石硕主编《藏彝走廊：历史与文化》，四川出版集团、四川人民出版社2005年版，第3页。

② 费孝通：《民族社会学调查的尝试》，见其《费孝通民族研究文集新编：1951—1984》（上卷），中央民族大学出版社2006年版，第439页。

③ “六江流域”民族综合科学考察队：《前言》，载李绍明、童恩正主编《雅砻江下游考察报告》，中国西南民族研究学会、甘孜藏族自治州人民政府1985年9月编印。

江的下游地区被排除在“藏彝走廊”之外。区域范围的缩小表明从“六江流域”到“藏彝走廊”，研究视野已转移，说明境内视角在“藏彝走廊”的研究里更为李绍明强调。最后，自阐述“六江流域”概念以来，秉承费孝通的“民族走廊”① 学说，区域的走廊特性——南下与北上的交通要道一直是概念阐释的重点之一。上述区域范围的限定让“藏彝走廊”的南下特征更为明显，同时亦表明“藏彝走廊”的研究将围绕以藏缅语族为主的民族展开。

另外，到了“藏彝走廊”阶段，我们仍能看到一些内容自“六江流域”科考起就被李绍明看重并持续关注着，这就是关于如何理解“藏彝走廊”独特且多元的区域特征。为达成这个目标，年事渐高的他寄希望于年青一代学者用更多、更扎实的具体研究来展示“藏彝走廊”多样性背后的学术价值，即“我们要把费先生的这个旗帜再次举起来，……但已不是像在座的我们这些年纪的人所能做的了，要举起这个旗帜就靠在座的各位中青年学者，你们一定要把这个旗帜举下去”②。至于自己，他则把全力推动“藏彝走廊”各项研究的兴起和繁荣视为义不容辞的责任。

在《藏彝走廊研究中的几个问题》一文中，李绍明划分出“藏彝走廊”研究里面几个待开发和深入的问题点：走廊的理论、走廊的范围、考古学、民族史、民族语言、民族文化、生态与民族关系以及民族经济的发展等。对于这些领域的既往研究，总体而言他认为每项研究领域目前的工作远未实现深入了解“藏彝走廊”的目标。

考古发掘已对岷江、大渡河流域的情况比较清楚，但其他流域的情况则不甚明了。民族史的研究，除走廊内诸多民族起源西北的观点外，他还

---

① 李绍明解释为：“民族走廊指一定的民族或族群长期沿着一定的自然环境如河流或山脉向外迁徙或流动的路线。”见其《西南丝绸之路与民族走廊》，载《藏彝走廊民族历史文化》，民族出版社 2008 年版，第 43 页。

② 《李绍明先生在会议闭幕式上的总结发言》，载石硕主编《藏彝走廊：历史与文化》，四川出版集团、四川人民出版社 2005 年版，第 352 页。

指出“有人认为除了氐羌戎系的民族外，还有夷系的民族。近来，霍巍同志提出还有胡系的民族的存在。这些新的观点非常可贵，值得深入探讨，以确定夷系民族是什么民族，胡系民族又是什么民族，而他们与现在藏彝走廊中的民族有无族源上的联系。”① 民族语言方面“对汉藏语系有不同认识。有学者认为没有汉藏语系的存在。即令在承认汉藏语系的学者中，也有一部分人认为这个语系不应该包括壮侗语族、彝缅语族，认为这两个语族与汉藏语系相距甚远，应该是单独的语系。相应，他们认为藏语支与缅语支距离大些，而彝语支与缅语支应该同属一个语族。”同时，“嘉戎语属藏语支还是羌语支？纳木依语究竟属于羌语支还是彝语支？尔龚语究竟是一种独立语言还是嘉戎语的一个方言等等”②，这些关于区域内11种小语种的问题都仍然不清楚。此外，区域内民族文化的理解也停留于表面，主要原因在于缺乏扎实的实地调查研究。“目前对这条走廊研究不够，如迄今对藏彝走廊中的民族没有严格意义上的完整的民族志，而只有按省（区）、州、县分开来写的某些民族志，故难以对这条走廊中的民族文化进行历时或共时的比较研究。”比如本波文化、碉楼文化：“本波文化在这一带一直很发达，它与四周的关系迄今没有明确的答案。碉楼文化从岷江上游开始，直到西藏西部都有，但以这一带最为集中。他们是不是同样的文化？这些皆因为没有详细的民族志记述，故民族文化的比较研究很难深入。”③

以上的评论李绍明直接针对“藏彝走廊”研究的不足而来。他的理解中，这些不足由以单个民族为单位的精细化研究以及区域内各民族间关联性研究仍待深入造成的。但是现有研究已体现出的不同的观点碰撞，在他看来恰证明了“藏彝走廊”的多样化。所以他的评论既要展示主流观点对“藏彝走廊”的认识，比如西北渊源，氐羌源流或是汉藏语系等，

① 李绍明：《藏彝走廊研究中的几个问题》，《中华文化论坛》2005年第4期。
② 同上。
③ 同上。

又要铺陈相关问题的不同看法，实则是期望将不同看法的思考关联在一起能为增进理解“藏彝走廊”提供可能。不仅如此，即使承认主流观点，我们也会发现，此时他不再强调主流观点的权威性，反而试图站在“藏彝走廊”的立场上重新梳理区域文化生成的内在机制与外在动力间的关系。比如提到考古研究时的发问“马家窑文化与当地土著文化的关系如何？马家窑文化有没有进入成都平原？它与成都平原的古文化是什么关系？”① 总之，在相互抵牾的不同观点中李绍明看到“藏彝走廊”值得不断挖掘的丰富内涵。通过展现它们再次肯定的正是这片区域独特且多元的特征。

这个时期，推动走廊内民族研究的发展也成为李绍明事业的重心之一。主事西南民族研究学会期间，他热情地支持以单个民族为单位的民族研究事业，推动如藏学、彝学、纳西学、傣学等的学术发展，或参与以语系为单位的藏缅语族、壮侗语族、苗瑶语族等的学术讨论。此外，“藏彝走廊”亚区域或支系民族的研究亦在他的倡导下得以继续。建立康巴学便是其中突出的例子。2004 年 8 月，李绍明联合中国藏学研究中心的杜永彬一起，发起了将已有“康巴研究”发展为“康巴学”的倡议。之后，又专门将“康巴学”的概念明确定义为“是藏学的分支和二级学科，是以康巴藏族和康区为主要研究对象的综合性的学科，它与藏学的关系是局部与整体的关系”。②

“康巴”指国内藏族三大聚居区之一的“康区”。地理范围大致包括四川甘孜藏族自治州、西藏自治区的昌都地区以及青海省玉树藏族自治州和云南省迪庆藏族自治州大部分说藏语康方言的地区。“康区”位于西藏的东南边缘，是汉藏文化接触和交融的地带。早在 20 世纪 90 年代，李绍明撰写《论藏族的多元一体格局》和《论“治藏笔必先安康”的历史经

① 李绍明：《藏彝走廊研究中的几个问题》，《中华文化论坛》2005 年第 4 期。

② 李绍明、任新建：《康巴学简论》，《康定民族师范高等专科学校学报》2006 年第 2 期。

验和现实意义》时已经注意到“康区”较之卫藏区和安多藏区的不同性。[①] 在此基础上，进入21世纪后，透过他的书写进一步揭示了“康区”文化的独特性。关于“康区”的独特性，他强调康巴文化的形成和发展是其特殊的地理位置决定的。“康区”处于几省（区）通衢的地带并与藏区各地比邻，这不仅凸显了其政治上的战略地位，同时也让这里成为沟通汉藏经济和文化交流的枢纽地带。以历史的眼光看，他认为“康区”是青藏高原古文明的发祥地，在历史时期是所有藏区社会形态最为复杂的地区。“康区”的文化形态也极为丰富，这里共存着以藏文化为主体兼容其他文化的多元文化。反映在宗教信仰上尤为突出：在“康区”，藏传佛教与其他宗教包括原始宗教，同时藏传佛教内部大小教派间都并行不悖。此外，“康区”民族众多，仅藏族一系，其民系的多元化或可称“藏彝走廊”之首。以语言分之，“康区”流通的语言除了藏语康方言和安多方言之外，还通行嘉绒话、尔苏话、木雅话、道孚（尔龚）话、扎坝话、贵琼话、却域话等小语种。各民系所形成的文化小区域在社会制度、习俗、物质文化等方面均表现出迥异的特征。[②] 正因如此，他确定地说：“康巴学的特点就在于它是针对康巴这一特殊地域、特殊历史和特色文化的科学研究。”[③]

值得注意的是，李绍明特别指出“康巴学”的研究“应加入关于康区各民族与民系之间的关系与互动研究等内容”。[④] 这一点有别于另一位“康巴学”倡导者——杜永彬的提法。杜氏界定的“康巴学”是研究通行康方言的康巴藏区的学科，作为藏学的分支学科存在。[⑤] 他的定义侧重考

① 二文见其《李绍明民族学文选》，成都出版社1995年版。

② 参见李绍明、任新建《康巴学简论》，《康定民族师范高等专科学校学报》2006年第2期。

③ 同上。

④ 同上。

⑤ 杜永彬：《康巴文化在国外的传播和影响——以国外康巴研究为例》，载泽波、格勒主编《横断山民族文化走廊——康巴文化名人论坛文集》，中国藏学出版社2004年版，第396—428页。

虑藏学内部的研究精细化的问题。李绍明的定义尽管也认可“康巴学”是藏学的重要组成部分，但论述的重点在他补充的内容中，强调突出了“康巴学”的区域研究特征。基于对“康区”多民族共生、民系庞杂事实的把握，他定义的“康巴学”事实上成为既与藏学相连又有所区分的学科载体。可以说，两位学者对同一概念界定的各有侧重，反映出的正是不同的学术关怀和定位。于李绍明而言，为“康巴学”正名，更重要的目的在于“把西南的学术闹起来”。

曾就建立众多以民族或地域为单位的“学”问过李绍明的想法。他回答说：“这当中肯定是有建构的。我们也意识到了，这是必然的，但不要担心它，……西南这块研究虽然需要有个全面的综合性的视野，但我们要的不仅仅是综合，而且也要有解析或个体的东西。……这么一做不就把西南的学术研究闹起来了吗！促进起来了吗！……有个理论不是说社会主义初级阶段是民族复兴的阶段嘛，应该把这些‘学’的兴起看作民族复兴的一种表征。……中国各民族大家庭，应该‘各美其美’，不过说得美过头了，我们再泼他点冷水嘛，毕竟学术还是有个主心骨的。”①

西南区域的研究究竟应该如何进行，经过多年的思考和实践，李绍明的理解清楚地反映在他的回答中。正如他所说“不仅仅是综合，而且也要有解析或个体的东西”。也就是说，综合研究与分门别类的局部研究并举在他看来犹如揭开西南区域之谜的两把钥匙。而当下后者更是他强调的重点。在这个意义上，如果说“六江流域”科考代表了李绍明综合性研究西南区域的尝试，那么推动像“康巴学”这样的独立研究体的兴起，则代表着他希望借助“藏彝走廊”内部学术研究的活跃，实现理解西南区域特征的努力。

从“六江流域”到“藏彝走廊”，李绍明思考西南区域研究的过程

① 李绍明口述：《变革社会中的人生与学术》，世界图书出版公司2009年版，第247—249页。

离不开费孝通的直接影响。费孝通反思民族研究的得失认为，分族研究少数民族的方法不利于理解中国民族形成的问题。因而“重要的是我们不要把已划定的一个民族作为孤立的单位去研究，要把它放在大的范围里看它是如何发展变化的。……民族研究要提高一步，今后需要进行宏观的研究，用全面的整体的观点研究各民族历史上的联系，研究中华民族形成的过程及其发展变化，研究我国这个多民族大家庭几千年里各民族来来去去不断流动的状态和趋势，不要仅局限于现在的五十几个民族的分别研究。”① 这个过程中，西南民族地区作为一个经验研究的富矿有力地支持着费孝通的思考而备受他关注。“六江流域”科考在方法上以跨省（区）合作和多学科综合调查直接实现了费孝通的中国民族研究新思路。开拓“藏彝走廊”的研究，则将费孝通对整体中华民族形成的思考引向了更细致和深入的微观层面。

费孝通希望用西南的案例说明中华民族“和而不同”特征中“和”的形成过程。此后，在“多元一体格局”的论述中，他更加充分地阐释了这一点。从李绍明的角度来看，“六江流域”到“藏彝走廊”的整个过程中却透露出了与费孝通在思路上的微妙差别。

尽管二人同讲综合研究少数民族的重要性，除了谈多学科的综合之外，费孝通还谈“我国民族有个很重要的特点就是相互掺杂得厉害，孤立地看一个民族历史不容易看得出它的特点”②。也就是说，费孝通理解综合研究的另一层意味在于，必须看到民族间混杂和交融的历史与现实，并就此做出必要的分析和解释。换句话说，中华民族一体之实现机制始终是费孝通考虑问题的落脚点，他的讨论中区域的特性以及各民族的“不同”特质则不是重点。

但在李绍明那里，所有的思考恰是为了理解这些“不同”而生。他

① 费孝通：《支持六江流域民族的综合调查》，见其《费孝通民族研究文集新编：1951—1984》（上卷），中央民族大学出版社 2006 年版，第 455—456 页。

② 同上书，第 457 页。

的认识里面，“不同”包含着区域的独特性和区域内部的多元性两个方面。他强调要将“藏彝走廊”当作一个有别于“中原”的区域加以研究。整体区域的独特性，这是他理解区域内部多元性的前提。反过来，正是区域各局部精彩纷呈的多元形貌进一步强化了整体区域独特性的印象，因此又必须充分关注并解释这些多元形貌。应该说是在这个意义上李绍明谈多学科综合研究的方法，认为这是一条行之有效的理解途径。另外，在他看来，理解多元形貌需要借力于具体研究的不断推进，这是一个“各美其美”的过程。于他而言，这个过程中，力所能及的便是通过支持各种“学”的兴起将“西南的学术闹起来”以加深理解区域内部，进而完成把握整体区域的心愿。

简言之，从“六江流域”到“藏彝走廊”，区域的独特多元性日渐成为李绍明关注问题的焦点。促进区域内学术研究的多元化服务于此目标，因此受到李绍明热切地支持。正因此，与费孝通的上述区别得以逐渐明朗。可以说，上述区别也如实地反映出李绍明作为西南本土学者所实现的知识自觉。塑造此自觉的正是其人生的各阶段，从中不间断地巩固着他对区域特性的认知。

从父亲游历川边以及家乡的故事里，李绍明自小就已知道非但自己有别于汉人，而且在同一块土地上还生活着许多彼此不同的人群。进入20世纪50年代，儿时的记忆借助于课堂的传授转变成了系统化的知识，他懂得更多这块区域中各民族的历史、社会状况、文化特征。特别是梁钊韬那幅手绘西南地图，更是在日后一再被他用来解释西南区域研究的全部思考均发端于此。此外，学生时代已开始的实地调查少数民族，历经阿坝教书和参加社会历史调查组后，赋予了他对西南民族地区更直观的印象和深刻的感受。这里有一段他初到阿坝时的经历：“（阿坝民族干部学校）上大课怎么办呢？南沟里面有个川主庙，这个川主庙很大，里面有个大殿，两三重的大殿，可以容纳几百人，就把大殿改成了礼堂，在那里面上课，上面搞一个讲台，还可以演出。上大课时所有班的学生全部坐在里面。……（各民族）语言不一样的。羌族讲羌语南部方言的，多数可以听得懂汉语，不要用翻译。另外的（民族）一共三个翻译。一个是嘉绒语的，包括四土、大小金川、壤塘，他们不是一个班，是一至两个班。（讲）嘉绒（语）的在一块，（是一个翻译）；讲安多藏语的草地方言的，是一个翻译；还有讲黑水话即羌语北部方言的，现在叫尔玛话，是一个翻译。老师先用汉语讲，汉语讲了汉语的羌族不用翻译了，那么其他的还有三堆人各坐在一块，围城一个圈嘛，他们也要记下笔记呀，中间就是坐一个翻译。……我讲完了，等着翻译完了，我才能继续往下面讲。一堂课最多只能讲半个小时吧，有时还不到，因为翻译就占了一半时间。所以一讲完，那个里面啊嗡嗡的声音四起。……（翻译）当地找来的。他们会双语，甚至三语，会讲安多语，讲嘉绒语，还会讲汉语。”[①] 这个例子生动地说明民族地区人文生态环境的多样化，无疑已经给年轻的李绍明上了鲜活的一课。

至于社会历史调查组经历，已如上小节所述，对身在其中的每个人而言，在完成国家统一化事业的同时事实上却让他继续体验到不同民族间的区分。不仅如此，通过参加后期的少数民族史志编写工作，更是强化了所有人关于单个各民族的认知。具体而言，通过国家行政力量的保障，简史简志的编写事实上赋予并承认了每个少数民族历史和社会的独特特征。新时期从李绍明不断推动书写西南地区尤其是四川各民族的历史以及晚年一再呼吁认真调查和书写各民族的民族志等举动上，都能发现这段经历影响他的印记。

总之，当我们讨论20世纪80年代之后李绍明的学术行为时，看到的是一幅时空交错的图景：在他身为西南“土著”认知自觉的背后聚合着所历之人生的各种痕迹。20世纪五六十年代是其中一段重要的时期，其时李绍明对区域特征的追求逐渐萌发，到了20世纪80年代后得以全面复苏，而进入21世纪后成为他晚年最重要的学术实践的思想根源，直至生命最终。

---

① 李绍明口述：《变革社会中的人生与学术》，世界图书出版公司2009年版，第145—146页。

结　论

对李绍明的采访即将结束的时候，他坐在书房里语重心长地和我说："历史的发展必然把个人推到某个风口浪尖上，这是你个人不能自我选择的。既然把你推上去了，那你就好好做这些事情吧！"① 时势造人，李绍明自然有一番体悟。在我的理解中，这句话却只说出了一半真相。事实上，主观认同或于力所能及之处尝试改变，也清晰地印现在他的学术人生里。我无法也无意在本书中展现李绍明完整的人生历程，仅选择其人生的三个关键时期：求学、社会历史调查组、开拓西南区域研究重点分析。从中看 20 世纪五六十年代对李绍明个人思想和行为的塑造至为关键和持久。即使新时期到来，其影响仍旧深刻。同时，他的思想和行为又是多重因素的产物：政治局势、社会变革、知识传统、人生经历、地方认同，甚至文化心态。这让新时期李绍明的作为既有延续又有了某些变化。透过李绍明的人生去理解 1949 年后"国家化"的学科历程则会发现：学科在接受外部政治局势塑造的同时，也接受着学者主观意识的塑造。而学者的主观意识本身便受到多重的影响。可以说，无论是 20 世纪五六十年代还是 1979 年重建后，学科"国家化"过程的丰富性不是政治决定论所能涵盖的。

一　多重情境下的 1949 年后学科史

"1950 年以后，中国大陆的民族学不断地受到政治运动的冲击和影

① 李绍明口述：《变革社会中的人生与学术》，世界图书出版公司 2009 年版，第 252 页。

响，建立起适应特定时空的学术语境和学术制度。与此同时，民族学也在为政治运动服务，为当时的政治中心工作服务，为意识形态领域的政治需要和政治斗争服务，甚至成为政治运动的一部分，不仅提供过有关材料，还在民族学领域中与社会其他方面配合，阐述与政治运动合拍的理论和观点。离开了大的社会场景，很难理解人们当时的所作所为。”① 不可否认，《中国民族学史：1950—1997》的评价是合理的。20 世纪五六十年代之际，从李绍明受教华西大学开始，由国家主导推行的一套新的意识形态和政治理念就占据了年轻学子知识构成的显要位置。这套知识体系包括以唯物主义为核心的马克思主义思想，也包含从中国革命经验中总结出来的少数民族政治理论。新思维和话语体系对他的影响，从学生时代的习作中已初现端倪：以马克思主义政治经济学的原理为解释依据，思考模式结合了国家民族政策的宣传与社会进化发展观。在他笔下，少数民族的社会和传统文化亟待或正在发生着改变。

参加少数民族社会历史调查期间，这些知识不仅有了用武之地，而且不断地被巩固和强化直至娴熟地被运用。凉山调查的特殊性在于判定其社会性质与当地的民主改革进程紧密结合。这使得整个调查的重心完全落在以马克思主义政治经济学原理为依据的经济基础上，凉山彝族的婚姻家庭、亲属制度、政治、宗教一概被简化或忽略。不仅如此，为了前后逻辑的一致性，凉山独特的社会组织形式——等级隶属制度通过材料的取舍也被进行了一番简单化的解释。此后，李绍明调入羌族调查组参加《羌族简史简志合编》的编写过程，政治经济学的社会形态论结合摩尔根—恩格斯—斯大林的社会发展阶段论，辅之以阶级斗争作为分析工具，深刻影响了编写组对历史材料的取舍以及书写历史的方式。羌族的历史成为一部由低到高次递发展的社会形态演化史。羌族的民族关系史也被简单化为与汉族的友好交往关系，以及一套自上而下的涵盖关系史。在当时，这些作

① 王建民、张海洋、胡鸿保：《中国民族学史（1950—1997）》（下卷），云南教育出版社1998 年版，第 8 页。

为无疑为证明五种社会形态的完整性、人类历史发展规律的正确性提供了科学而充分的证据。进入学科重建新时期，上述代表着教条化、简单化的理论阐述模式受到学界的集体性反思，很快新的理论层出不穷，但社会进化论的思维模式仍然是李绍明看待问题、解释问题的底色。

1949 年后为社会服务、为国家建设服务的理念让人才培养和学科实践的应用性都被凸显出来。研究少数民族的现实意义大于学术意义。通过“了解少数民族中的具体情况”，继而可以“从少数民族中的具体情况出发，来决定党的工作方针和具体工作步骤”。[①] 学术为政治所用，这是李绍明自学生时代参加社会实践起便不证自明的道理。此后他参与的所有事业都与国家建设的意图保持着密切的关系：确定凉山为奴隶制社会，其直接目的是为正在进行的凉山彝族民主改革提供合法性依据。编写羌族简史本身构成了宣传国家民族政策的有机部分。因为分族写史的做法，其意涵是国家平等对待所有少数民族的政策宗旨。而书写羌族族源的悠久性、历史上汉族和羌族友好交往的关系、羌族自古以来融入统一多民族国家的历史进程中等内容，无一不符合标准的少数民族历史叙述模式。随着政治局势“极左化”倾向日益严重，调查和编写最终完全沦为曲意迎合现实政治需求的牺牲品。20 世纪 80 年代初出版“民族问题五套丛书”时全部删除了当年“厚今薄古”原则指导完成的资料，可谓是对这段历史的矫正。不过作为传统，应用研究在新时期的学科实践中仍占据着很大比重，为现代化服务、为经济开发和发展服务同样与当下的国家建设紧密关联。

的确，这个时期被贴上“政治化”标签的学科实践催生出了时代特征明显的知识类型。继续考察这类知识创造的过程却会发现，分析若仅停留在被动受制外部权力影响上是不够的。随着对李绍明的了解日深，学者的自觉选择对此类知识产生的影响同样重要。选择本身未必完全是对外部政治权力的被动屈从。

---

① 马曜：《记建国初期云南民族调查》，见其《民族学与民族工作论文集》，云南民族出版社 2001 年版，第 45 页。

出于对新社会的切身体验以及亲赴民族地区的所见所闻，国家在民族地区推行的一整套旨在消除差异、实现共同繁荣的社会改造理想和计划，李绍明是由衷地赞同的。少数民族地区民主改革隐含的认识基础是，千差万别的少数民族社会发展状况和阶段只是由历史发展过程中的不平衡所致，少数民族仍然处于人类社会发展的同一条阶梯上，只要通过外部力量的介入，他们就可以顺利过渡到更高级的社会发展阶段，最终融入社会主义大家庭。按照当时的理解，社会改造能够帮助少数民族实现跨越式的发展（即摆脱各自的落后阶段，直接进入社会主义，最终实现共产主义理想）。正因如此，他表现出极高的热忱投身参与到国家建设的民族事业中。无论是参加社会性质调查，还是参加少数民族简史简志编写，“交给你的任务就得头头是道地做。有些事情也不是有兴趣的，但是工作交给的，就是要很好地完成。”① 在他看来，认真完成国家交付的各种工作毫无疑问是积极回应大时代变革的正确做法。

学术为政治服务，一直以来李绍明把它当作再自然不过的事情。除了亲历的社会变革赋予此认识以正当性外，对“学以致用”观念的认可也进一步加深了他的这种理念。从小伴随李父“读书至上”的教导，“学以致用”的观念在李绍明少年时代被他单纯地表达为“想要做点大事”的理想，或是显露出对“学而优则仕”的期待。成年以后，外化这些观念最明显的表现莫过于推崇学科的应用性这一点。青年时代自不用说。在新的时期，他支持西南民族研究学会为现代化建设、为开发少数民族地区经济出谋划策的应用理念，认为民族研究对现代化研究的意义在于能够提高对少数民族的了解，从而“为社会主义现代化进程中制定相关的宗教政策与文化政策提供科学依据”。② 比如若以现代社会的衡量标准看待少数民族的宗教信仰、婚姻与家庭形态，它们分为精华的与糟粕的，对此应采

---

① 根据2008年9月成都采访李绍明的笔记。

② 李绍明：《西南少数民族原始宗教与现代化问题》，见其《李绍明民族学文选》，成都出版社1995年版，第82页。

取区分对待的态度，或选择继承，或逐渐扬弃。①

可以说，我们承认政治权力规制了20世纪五六十年代的学科知识生产，但也应该意识到，学者对身处时代的主观认同融合传统的思维模式，留在李绍明这样一位新人才身上的印迹，也共同确保了这种知识类型被迅速创造出来。不仅如此，思维的惯性即使到了新的时期，事实上仍然发挥着作用。学科重视应用研究，而现实中不同阶段的国家建设目标不断更新，而研究议题也随之在变换，即是例证。值得一提的是，晚年李绍明反思学科建设时谈要补课。不同于一直深以为意应用研究的主张，大力加强基础研究是他的心愿之一。身为学科的过来人，他批评道："搞应用的东西跟着现实跑了，但是基础都不够，应用怎么应用？应用想象出来是不符合实际的，能管多久？"这是因为他看到重蹈曾经的荒诞不经仅咫尺之遥。我以为在他身上出现对政治与学术关系既赞同又批判的双重态度，这恐怕仍与其追求知识分子保持己身独立性的觉悟有关。

1949年后受苏联影响，民族学被改造为历史科学的分支，以利用民族学的研究方法——"文化遗存法"和成果——民族志进行原始社会史研究。1958年社会历史调查第二阶段的工作开始不久，规模更大的政治运动波及民族学学科。在批判继而否定民族学的情形下，民族学的从业者纷纷转向民族史领域，以研究现代民族的族源问题为主，并在研究里发扬了结合文献材料、民族志和考古资料三重证据的研究法。李绍明本人的研究经历亦如此。本书中我已说明，学科定位改变以及三重证据法出现是20世纪50年代以后苏联模式影响中国学科体系、苏联民族学的部分理论与方法影响一代中国学术研究的具体表现。不过，是否因此表明转向民族史是受苏联民族学影响以及被动应对政治局势变动的结果呢？

前引李绍明的话："我们这代文章的风格都一样，以后我们对这些东

① 李绍明：《西南少数民族原始宗教与现代化问题》，《凉山彝族旧有婚姻家庭形态与现代化问题》，同上书，第93、215页。

西（社会形态）也不搞了，也只写历史的了，不过好在本来是通的。”①却说明至少在当事者心中，转变不完全由情势所逼。它关系到理解苏联民族学影响中国的同时被中国事实改造，形成“本土化”特征鲜明的研究理念的过程。

苏联研究原始社会史的经验进入中国后便发生了变异。苏联原始社会史研究受社会进化论的影响，将现代少数民族社会视为远古社会的遗存。研究借助这些无文字记载的少数民族来复原原始社会的面貌。苏联原始社会史研究不包括对文字史料的运用。中国的事实却表明，同样被视为“原始遗存”的各少数民族并非严格意义上的无文字民族。关于他们的记载，传统的汉文史料文献里不胜枚举，更何况一些少数民族也创建了自己的文字，拥有流传至今的传统文献。正因如此，中国学者在接受苏联影响的同时，也创造性地发展了原始社会史的研究方法——必须结合历史学的文献研究。同理，研究中国少数民族族源问题时，若不考虑史书对其流变的记载，单凭“文化遗存法”来辨析显然也是不充分的。正因如此，苏联模式进入中国后的实际情况是，民族学归并入历史学，但比起苏联民族学，中国民族学的历史化倾向更加彻底。在我看来，中国人素来亲近历史、喜好历史的观念逻辑其中恐怕起到过不小的催化作用。通过学习中国历史知识，一面将对文字史料的分析引入原始社会史研究；另一面又把民族志的材料带入民族史，尤其是民族族源的探讨中。

中国事实改造了苏联的原始社会史研究，而且自民族学/人类学传入中国，它对学科的改造便已经开始。结合历史分析和实地调查研究境内少数民族，是1949年之前中国民族学/人类学已经发展出的一条独特经验。李绍明的师辈李安宅、冯汉骥、马长寿等人的少数民族研究里面早已充分注意到历史分析与实地调查结合的重要性。这个意义上，李绍明所实践的史志结合的研究方法是本土传统在1949年后的知识互惠中得以用另一种方式些许保留和延续的结果。但即便如此也必须承认，1949年之前本土

① 根据2008年9月成都采访李绍明的笔记。

传统中体现的丰富内涵到20世纪五六十年代已不复存在。

当时的李绍明未必对学科知识的脉络有真正清晰的认识。不过，等他暮年回头再看时，的确意识到1949年前史志结合对学科知识塑造的宝贵价值。梳理华西学派人类学与其说是为区域研究的突破从传统中寻找价值，还不如说寻找的也是当下中国民族学/人类学尚未被充分意识到的价值。1979年学科重建后，李绍明的大多数作品属于民族史的领域，史志结合仍是他倚重的方法。中国民族学/人类学则基于对前段历史的反思，更多致力于理解当代，历史的叙述不过成了论述的背景。某种意义上，学科重新回到了“无历史”的传统状态。正因如此，晚年李绍明推动理解区域特性时，也只能寄希望于通过学科间的史志结合来实现了。吊诡的是，20世纪90年代以来历史学在借鉴人类学的理论方法以扩展自己的研究视域的过程中，反而在学科内完成了史学意义上的新的史志结合，而它在精神气质上更接近于中国民族学/人类学曾经的想法。

1949年后中国民族学/人类学生产出的知识类型不是以理解多元各异的少数民族社会文化为核心，其背后蕴含的是社会改造的逻辑，而且这种逻辑在重建后的学科知识体系里实际上依然存在。不过新的时期，中国民族学/人类学复苏了寻求理解差异性和独特性的诉求。20世纪80年代以来，从筹划建立西南民族研究学会到推动“六江流域”和“藏彝走廊”的研究，李绍明重视西南区域的地方特性以及区域内各民族多元化特征的意图愈加明确。随着年龄的增长，这种诉求表现出的热情有增无减。

不用说推动“六江流域”和“藏彝走廊”的研究，这向来被他视为理解各民族丰富内涵的实践宝地，单说他参与的西南民族研究学会，一直以来都以推动各民族的学术发展为己任，创会之时便着手筹划围绕藏学召开了学会的首次研讨会。之后彝学、壮侗学、苗瑶学、纳西学、傣学等也纷纷以族别为单位广泛地开展着学术实践。西南地区四大语族的藏缅语族、壮侗语族、苗瑶语族的研究都已不同程度地受到推广。2007年访问越南、2009年访问印度，李绍明最后几次长距离的学术考察在他心中有明确的意向——兴起南岛语族的研究。

不仅如此，李绍明还会用更主动的方式参与到地方特性的书写及对其意义的强调中。这一点在关于羌族与大禹的研究中表露无遗。1998 年李绍明写下《从石崇拜看禹羌关系》一文，用他擅长的史志互证的研究方法，结合考古证据证明史书记载“禹出西羌”说的真实性。在文章中，他认可徐中舒前论所持的观点，“司马迁说：‘大禹兴于西羌’，中国第一个王朝——夏后氏，就是以羌族为主体并与唐虞两个联盟部族在黄河流域完成的一个统一大国。”[①] 继此论之后，2006 年他又以“‘禹兴西羌’说新证”为题，利用新的考古碑铭证据再次表明：“大禹文化西兴东渐”说法的可信性。[②] 他认为此项研究是“在此区域（即阿坝藏族羌族自治州和北川羌族自治县）探求大禹及大禹文化是巴蜀学人义不容辞的义务。”[③] 有关大禹与羌族关系史的理解，王明珂做过精当的学术史分析：

> 近代之前“禹兴西羌”之华夏空间记忆是边地汉人宣称“华夏认同”的符号。……在中国抗日战争期间，许多历史学者随国民政府前往四川。在此时此地，大禹与西羌的关系称为一个研究焦点。“禹生于石纽”“大禹兴于西羌”“夏民族起源四川”等等之说勃然而兴。……（此时）虽然讨论大禹和羌人的关系成一时风尚，但重点并非大禹和当时川西北“羌民”的关联，而是华夏的“起源”问题。在对日战争的挫折中，借着“华夏起源于四川”的历史想象，中国知识分子隐喻民族之复兴也可寄望于此。……（目前）对于羌族知识分子来说，大禹不只是一个对汉族有贡献的羌族祖先，而有更多、更重要的意义。他们认为，夏代是中国第一个朝代，而建立夏朝的大禹又是羌族，因此羌族必定是中华民族中的核心，或说是最古老

① 转引自李绍明《从石崇拜看禹羌关系》，见其《巴蜀民族史论集》，四川出版集团、四川人民出版社 2004 年版，第 123—124 页。

② 李绍明：《“禹兴西羌”说新证》，《阿坝师范高等专科学校学报》2006 年第 3 期。

③ 同上。

的华夏。[①]

当代羌族知识分子本民族主体意识的觉醒，通过类似大禹和羌族关系的讨论，增强本民族的地方和文化认同，以修正主流叙事一度对本民族的刻板印象。对于当地知识分子而言，坚持大禹祖先说，抑或是争论大禹故里说，除了争取观光资源与文化建设经费外，更重要的是争取本族群在其中的核心地位。[②] 李绍明以非羌族知识分子的身份参与到当地羌族知识人对本族历史的建构过程。以外来者的身份卷入地方叙事的重构，客观上会加剧不同地域间建构竞争的升级。关于此，李绍明不是没有意识到。在一定程度上，兴起以族别为单位的研究热潮是以强化民族主体意识和忽略理解族际之间互动关系为代价的。但这一举动恰是他心迹的最佳写照：实践自己对“各美其美、美人之美”的认同。通过知识分子的言说传达地方的意义，这既是复兴地方也是凸显地方的途径之一。他将之理解为民族复兴之路的必然阶段。在这里，我们仍看到 20 世纪五六十年代的民族观、民族政策观留在他内心的深刻痕迹。

我们很容易就会联想到，学科重建后多元叙事的复兴、对独特多样性的重塑，无疑正蕴含在“时过境迁”四个字中。中国民族学/人类学的新动向，是建立在对 1949 年后时代特征和学科实践双重反思的基础上。一定程度上“时过境迁”准确指出了学科发展的契机所在。不过也应该看到的，20 世纪五六十年代根据社会五阶段论简单化理解少数民族的知识类型，其生产过程中始终潜藏着在场的地方特性才是学科的研究宗旨和议题实现新旧交替的内在动力。关于此，理解人物的人生体验显得很重要。

作为生长于西南的学者，家庭因素以及专攻少数民族方向的求学之

---

① 王明珂：《羌在汉藏之间——川西羌族的历史人类学研究》，中华书局 2008 年版，第 137、230—231 页。

② 同上书，第 235 页。

路，已经让李绍明从书本上间接认识到地方和非汉人群的特殊之处。而1954年在阿坝州民族干部学校任教以来，不间断的在民族地区工作，又提供了各种机会让他直观感受到不同地方的地域特征和民族文化的独特性，更遑论社会历史调查时期。限于调查视域狭窄和命题单一，社会历史调查制造出模式化特征明显的知识类型。但生产这类知识的过程，正如李绍明所说："搞凉山，哪怕一个乡的情况，哪能不接触到它的文化和宗教。"[①] 另一个例子更加生动。调查小组调查布拖县则洛乡时发生了枪支走火误伤彝族儿童的事件。事发当天，调查组驻地很快被上百号人包围住，有男有女、哭哭啼啼要求肇事者马上偿命。这些人来自死者的曲诺家支，也有些诺合（黑彝）前来帮忙。迫不得已，调查组先让公安团的战士解围，无效。只能请当地最大的诺合家支——吉狄家的头人出面解围。死者所在曲诺家支是这个诺合家支的保护民。最终以这个头人的名誉担保政府能妥善善后，才劝散了群众。李绍明向我说起这件往事时心有余悸地说当时场面很怕人。他告诉我，这件事令他对凉山的等级隶属制度和家支制度的理解更进了一步。[②] 此外，调查组通用工作模式——调查组内和各组间的人员调动以及调查对象变更也不同程度地增加了个人获取地方和民族各类知识的可能。

以上意在说明，一类知识的产生，其过程中并不意味彻底丧失认知其他类知识的机会。20世纪五六十年代李绍明们既参与制造了显性知识——符合"国家化"特征的知识类型，同时隐性知识——丰富内涵的地方知识也存活在了当事者的人生体验中。显性的知识与国家以社会改造为目标，旨在消除地方间差距、实现同质化社会的国家建设相配套。然而，浸染于建设民族—国家的时代情境之下，却隐性地保留了获取地方特性的空间。因此等时机到来，这些隐性的知识连同身为西南学者本土意识的萌发，共同促使李绍明将后半生的学术实践聚焦在了关注和强调多样性

① 李绍明口述：《变革社会中的人生与学术》，世界图书出版公司2009年版，第188页。

② 同上书，第174—175页。

且独特区域人文地理空间上。

综上所述，首先，如阿萨德所说："欧洲殖民势力扩张的进程占据了人类学研究的中心位置，人类学记录和分析研究对象的生活方式均围绕着它进行。人类学试图理解的现实，以及理解现实的方式都有欧洲权力的事实存在，这种权力既是话语也是实践。"① 1949 年后中国民族学/人类学"国家化"的历程，看似与西方人类学上述经历相似——学科知识是政治权力直接介入的产物。尽管引入多重情境的概念，西方后现代人类学史的研究关注权力的普遍性和决定性问题。政治权力既决定了人类学知识生产的过程，也规训了人类学者的思想。然而，在中国，学术与政治的关系非仅用权力的普遍性和决定性能够完全解释的。从李绍明的个案中发现，无论是 20 世纪五六十年代还是 1979 年后，一方面李绍明接受国家化的教育和塑造成为新政权的合格人才，他的少数民族研究一贯性的高度契合于民族—国家建设的理想；但是另一方面在李绍明身上，参与学科知识产生的过程中，他既有和政治合作的主动性和自觉性，又表现出必要的批评和警惕姿态。这种双重性是主观认同和文化心态共同作用的结果。

其次，1949 年后中国民族学/人类学一度全面转向少数民族研究。西方学者评价中国的少数民族研究时认为，"尽管中国人类学家长期以来一直在思索他们的学科与殖民主义和帝国主义的关系，但他们也该思考一下这种批判是否同样也适用于他们对待自己身边的'他者'——少数民族——的方法。美国人类学家默里（S. O. Murray）评价说，汉族人类学家基本上没能做出这样的判断，即他们的'应用'人类学首先是应用于帮助'原始人'接受汉族文明的同化，'这与西方文明中的殖民人类学家想对愚昧的'野蛮人'所做的显然有同样的目的。'"② 西方人类学"殖民

① Talal Asad, "From the History of Colonial Anthropology to the Anthropology of Western Hegemony", in George Stocking, ed. *Colonial Situations: Essays on the Contextualization of Ethnographic Knowledge*, *in History of Anthropology*, Vol. 7, The University of Wisconsin Press, 1991, p. 315.

② ［美］顾定国：《中国人类学逸史：从马林诺斯基到莫斯科到毛泽东》，胡鸿保、周燕译，社会科学文献出版社 2000 年版，第 331 页。

情境”隐含的意思是，人类学者和土著居民有史以来的第一次遭遇。对非西方社会与文化的民族志探索，在西方人类学者眼里，都是前无古人的一次“发现（discovery）之旅”。也即说，西方人类学对异文化的兴趣，恰恰是在这种殖民遭遇的情境中建立起来的。在这种情形下，人类学研究不仅关心他者与西方接触之前的原有面貌，同时也将两种文化接触后产生的涵化和变迁，视为自己的主要研究议题。这种人类学的世界观之中，他者的历史被分为以接触为界的前、后两个阶段，前者是原始的神话时代；后者则进入了接受西方文明的教化时代。尽管西方人类学学科知识背后存在学者批评的种种权力格局，但人类学的主要旨趣还在于正确认识他者。

上述西方学者的评论，实际是把中国民族学/人类学史理解成一部与西方人类学有相同殖民经验的历史。在中国，民族学/人类学研究的对象——少数民族却非“无历史”的群体。历史上族际之间存在过长期复杂的互动关系。有些少数民族甚至创造过自己的文字、政权、历史和神话叙事，在与汉族的互动过程中，曾经各自吸收过对方的文明和文化因素，形成了一种“你中有我、我中有你”的格局。基于他者的“特殊性”，中国民族学/人类学研究本应发展出一套本土独特的方法、视角以及情感。1949 年之前学科实践以史志结合的研究路径开始探索他者的理解之道。1949 年后接受并修改苏联影响，民族史研究中保留了一定的史志结合传统，但中国民族学/人类学却从此离这条道路相形渐远。

1949 年后中国民族学/人类学的学科实践，其核心目的是服务于国家的建设需要。基于此，朝向社会改造目标的社会历史调查和编写，均以单线的、政治经济学理性论的历史观念来看待少数民族及其历史资料。解释的基本框架是摩尔根—恩格斯—斯大林对原始社会、文明社会以及五种社会形态的划分。这导致将不同民族原本多元的文化和历史发展线路，看成了应该得到社会主义改造的“过去”。[①] 这种历史目的论的后果是，中国

① 王铭铭：《人类学在 20 世纪中国》，载李培林、孙立平、王铭铭《20 世纪的中国：学术与社会·社会学卷》，山东人民出版社 2001 年版，第 421—422 页。

的学者长期以来习惯于用客位视角来认识他者——少数民族，而丧失了“同情式”理解的精髓。

最后，20世纪五六十年代出于国家建设和社会改造的需要，少数民族的不同社会面貌被整齐划一地编排进一套进化序列里，但是，对“应然”的臆测并不能真正替代“实然”。进入学科重建后，随着对少数民族研究的意识形态干预发生的变化，对国家内部的地方特殊性和少数民族社会文化多样性的强调突然成为这同一批学者的追求，于今则愈演愈烈。这至少说明1949年后学科“国家化”进程中，仍然存在着多元地方和民族特征事实上为学者建立此类知识创造了机会。在这个意义上，考察20世纪五六十年代中国民族学/人类学史，只有结合了对后期的关照，才可能对它获得完整的理解。

二 国家与地方之间的学者

的确，人生经历是理解李绍明的学术实践尤其是1979年后的学术实践的一个重要维度。在我看来20世纪五六十年代是他的重要人生阶段，其中又以参加社会历史调查组为关键。我们已经看到，新时期在西南民族研究的规划和推动过程中，对于西南区域的理解以及对研究该区域方式的设计很大程度上复制了社会历史调查时期的工作模式和调查理念。除此之外，这里我将再从另一个角度去解读他在新时期的实践活动。

社会历史调查组的官派身份令其组织结构明显具有行政机构的特征。李绍明所在四川调查组是按照严格的人事安排制度组织而成的。全组按组长、副组长、大组秘书下辖小组长、小组秘书直到普通组员的架构组成，其组织方式模拟了行政机构的组织。同一组内人员所处位置的不同，实质的意涵代表着等级上的差异。差异又常表现为地域之间——中央与地方的等级差序，即四川与北京的区别。李绍明对此了然于胸：“（夏康农）来调查组后，他主要依靠的是他从北京带来的人，如施修霖、刘炎、王晓义这些年轻人，大概三四个人，当然还有陈永龄、马长寿、胡庆钧、杨向奎这些老前辈。他不大看得起四川本地的，哪怕我给他做过学生①，我感觉他也不大看得起。”② 如李绍明所言，上面提及的为组长夏康农看重的调查成员，在凉山调查的初始阶段通常是四川调查组内的灵魂人物。体现在具体职务上，他们担任着大组秘书、分组组长和分组秘书。

不同于四川本地的其他调查组员，李绍明本人从一开始在调查组内的位置便具有一定的特殊性：其一，尽管是由地方挑选参加调查组的人，但李绍明属于全国社会历史调查组的常驻成员。他的人事档案自1957年从原单位调入全国人大民族事务委员会，而后又于1959年调入中国科学院民族研究所。直到1964年调回四川筹建省民族研究所为止，他的人事关系一直在北京。此事的意义在于，整个调查工作期间，李绍明并不仅是一名表现优秀的地方调查员，身份上他已有别于本地成员，同时又与北京同事在地位取得了象征性的平等。从他讲的一则比喻中大概就能够体味到他的心境。他愉快地回忆起调查组内部流行过的一个玩笑，说的是人事结构上固定与流动的二分法：“我们在四川是属于四川组正式编制的几个人，其他都是各个单位抽调的，所以我们被称为是‘永久牌’（自行车名称），他们是‘飞鸽牌’，可以飞走的。”③

其二，实际上他也凭借自己出色的业务能力获得了调查组的认可：“我们这第一期调查已经进行了一段时间以后，他（夏康农）让我写一个分析性的调查报告，就是根据我在布拖县则洛乡那个点的调查，让我谈出对凉山社会的看法。我就写了一篇有两万字的文章，从理论上来分析这个问题。有一天他找我说，他没有想到我会写出这样的东西来。大概他是看了这篇东西以后，比较信任我了。中央慰问团由调查组就抽了我一个人去，其他人照样进行调查工作。”④ 基于此，1957年凉山社会性质调查进入第二个阶段后，李绍明不再是普通组员，他受命担任了甘洛县腴田乡调

---

① 因夏康农曾为西南民族学院的副院长，之后调入中央民族学院任副院长。

② 李绍明口述：《变革社会中的人生与学术》，世界图书出版公司2009年版，第177页。

③ 同上书，第195页。

④ 同上书，第177页。

查小组的秘书一职。再到调入羌族调查组时，他成了该组的实际负责人员。通过实际工作中不断地被擢拔，事实上他与北京同事之间的距离逐渐缩小了。

可以说，李绍明上述两点特殊性形成的过程，是他与中央建立纽带也是他自身超越地方的过程。尽管如此，他却放弃了回北京选择留在四川省民族研究所工作。中央与地方微妙的互动关系以及二者的差异，对此他有切身体会。事实上，历经多年调查组生活反而强化了李绍明的地方认同感，最终他作出了“宁为鸡首、不为牛后”[①] 的选择。

更重要的是，社会历史调查组带给李绍明的不仅是建立了非其他本地调查员所及的与北京学界直接而紧密的联系。而且，回到四川本地并定位未来学术实践的重心于西南地区后，这段经历直接促使李绍明自己成了连接中央与地方的桥梁，让他能以“中间人”的身份联系北京与四川学界。我用“中间人”一词来表明这类学者在学术关系体中的上下勾连作用。我以为，这种身份既让他立足地方又超越地方，是他在新时期成就一番西南民族研究事业的重要因素之一。

一方面，李绍明始终为北京的学术中心圈所认同。1979 年编写《凉山彝族奴隶社会》时，胡庆钧表示不任主编后此事转由李绍明负责。进京和林耀华谈及此事，林耀华鼓励他说这是好事，不应推辞；各人有不同的长处，他相信李绍明能干好，而且干起来，大家都会支持他。不仅如此，中央民族学院若有从事西南研究的研究生答辩，林耀华、宋蜀华都会请李绍明前往参加，甚至担任主席。[②] 此外，李绍明回忆和宋蜀华的交往经历会说：“我们在四川毕竟不在北京，有些信息要晚一点，当然我们也有其他很多渠道（知道）。但宋先生从他任中央民院副院长、负责民族学这一块后，他的很多的资料、很多的情况，包括国外学者的（情况），他

① 根据 2008 年 9 月成都采访的李绍明笔记。

② 李绍明口述：《变革社会中的人生与学术》，世界图书出版公司 2009 年版，第 283—284 页。

都会尽量告诉我，这对我是很大的帮助，通了信息了嘛。”① 一定意义上，学科重建后李绍明能够在区域学术拓展中大显身手，与得到区域外部特别是学术中心圈的支持是分不开的。我们谈到他能居中团结西南民族研究学会以至四川学界时，他是这样解释原因的：“再有就是（少数）民族社会历史调查组，这个也是个大传统。我从（19）50 年代开始进入这一领域，一直搞到（19）70 年代，（19）80 年代又重新做五套丛书，也算是继承了这个传统，并从这个传统当中延续下来。因此一同参加调查组的这批人，不仅是北京的人而且也有各个地方的人，这几十年来，都有很密切的联系。所以说，这个也可以说是我自身的一个优势。”②

同样，身处四川却与北京保持必要的联系，对李绍明而言也十分重要。和李绍明交往日深后，我了解到了他更多的生活经验：为公事不时地往返于北京与成都之间，因此有机会去探望住在中央民族大学里面的老朋友们。他向我细数中央民族大学校内外熟悉之地的各种掌故，并对北京学界的情况了如指掌、如数家珍。通过这些回忆和行动，李绍明维系着与北京的共同之处。

另一方面，李绍明和地方之间更是有着天然的联系。“我在四川可能情况有点特殊，就是我和各个方面都有些天然的联系。我原来是华西大学的，华西这个传统，华西这批人，他们跟我有天然的联系。后来到川大，他们也认同我，因为我毕竟是川大历史系出来的，而且还长期在川大兼课授徒呢。后来又到（西南）民大，民大这批人要么是我（师辈），要么同辈，要么学生辈，就有这样一个传统。所以我在这当中可以起到比较好的维系作用。”③

诚如他所说，这些联系有助于他在内部合众人之力推动区域学术。反之，区域学术特点的明朗化又不断在增强他身上的地方特征。而身为

---

① 李绍明口述：《变革社会中的人生与学术》，世界图书出版公司 2009 年版，第 286 页。

② 同上书，第 252 页。

③ 同上书，第 252 页。

“中间人”的基础和意义恰来自于这种地方本土性。1973年中央民族学院准备到凉山为“批林批孔”展览搜集素材，林耀华事先已表态说，要了解四川凉山的情况恐怕找李绍明最合适了，他很深入地了解过。为此李绍明不但陪同一行人再上凉山，又一同返回北京花费几个月的时间策展。①关于此，李绍明自己是很清楚的：“中国民族学学会1980年一成立我就参与了……无论秋浦先生、宋蜀华先生做会长的时候，我都尽力做好，是他们的好助手，至少在西南这块。西南是民族众多的地方，我协助学会领导为学会做了应做的工作。……当时林先生做中国民族学会的副会长，凡是大的事，林先生都要听听我的意见，尤其是西南这一块，我都知无不言。”②

一定意义上，这些都是构成李绍明越到晚年越专注于推动西南区域多样性和特殊性研究的内因之一。

尾声

2009年8月中旬我突然接到李绍明病危的电话，急赴成都，可惜李绍明已处于重度昏迷中，我始终没能和他说上话。华西医院住院部病房外的整条走廊，每天都有络绎不绝来探望他的人。有的连病房也不进，只为问到最新病况便匆匆离去；有的每日都来，甚至有时一待就是一整天。两天后，李绍明溘然长逝。从四川省民族研究所家属楼前通向大门的道路两旁形成了长长的吊唁花廊，层层叠叠、密密麻麻。李绍明身后，哀荣备至。对于四川乃至西南民族研究界，他的过世意味着一个时代的终结。此时，新的时代已拉开帷幕。

---

① 李绍明口述：《变革社会中的人生与学术》，世界图书出版公司2009年版，第225—226、283页。

② 同上书，第236、283页。

参考文献

（先音序后时间排列）

一　原始资料

（一）口述材料

1. 李绍明口述：《我的治学之路》，李星星整理，《中华文化论坛》1997年第3期。

2. 李绍明口述：《1950—1960年代的民族调查》，王林整理，《当代史资料》2003年第3期。

3. 李绍明口述：《我与凉山彝族奴隶制研究》，王林整理，《当代史资料》2003年第4期。

4. 李绍明口述：《我与羌族研究》，王林整理，《当代史资料》2004年第1期。

5. 李绍明口述：《四川的民族识别》，王林整理，《当代史资料》2004年第2期。

6. 李绍明口述：《我所知的四川考古、文博事业》，王林整理，2004年第3期。

7. 李绍明口述：《我的民族学田野调查研究生涯》，王林整理，《当代史资料》2004年第4期。

8. 李绍明口述：《李绍明谈民族地区民主改革》（未刊），曾穷石整理，2006年10月西南民族大学一教103室。

9. 李绍明口述访谈笔记（未刊），曾穷石、舒瑜等人整理，2006年

10 月成都李家。

10. 李绍明口述：《约已以让，持之以恒》，李锦整理，《广西民族大学学报》（哲学社会科学版）2008 年第 6 期。

11. 李绍明口述访谈笔记（未刊），伍婷婷整理，2007 年 6 月成都李家。

12. 李绍明口述访谈笔记（未刊），伍婷婷整理，2008 年 9 月成都李家。

13. 李绍明口述：《变革社会中的人生与学术》，伍婷婷等整理，世界图书出版公司 2009 年第 1 版。

14. 严汝娴口授：《人类学家严汝娴教授访谈录》，曾穷石整理，载王铭铭主编《中国人类学评论》（第 6 辑），世界图书出版公司 2008 年版。

（二）社会历史调查资料

15. 全国人民代表大会民族委员会编印：《社会性质调查参考提纲》（内刊），1956 年 7 月。

16. 全国人民代表大会民族委员会办公室编：《凉山彝族自治州布拖县则洛乡社会调查（初稿）》，1957 年 4 月。

17. 全国人民代表大会民族委员会、四川省少数民族社会历史调查组：《四川省凉山彝族自治州社会调查综合报告（初稿）》，1958 年 5 月。

18. 中国科学院民族研究所、四川少数民族社会历史调查组：《凉山彝族自治州甘洛县腴田乡社会调查报告（初稿）》，1962 年 11 月。

19. 中国科学院民族研究所、四川少数民族社会历史调查组编：《羌族简史简志合编（初稿）》，1963 年 5 月。

20. 中国科学院民族研究所、云南少数民族社会历史调查组编：《彝族简史（初稿）》，1963 年 10 月。

（三）李绍明著作和论文

21. 李绍明：《羌民的社会与生活》，《华西大学社会学系社会调查报告》，1951 年 10 月（未刊）。

22. 李绍明：《云南聂苏族情况》，《西南民族学院研究班调查报告》，

1953 年 10 月（未刊）。

23. 李绍明：《羌族的历史及其社会性质之初探》，1955 年 12 月四川刷经寺民干校（未刊）。

24. 李绍明：《论四土嘉戎藏区的社会性质——古代东方奴隶制之试探》第二稿，1956 年 6 月 19 日刷经寺（未刊）。

25. 李绍明：《论嘉戎藏区的社会性质》第三稿，1958 年 2 月全国人大民委四川调查组（未刊）。

26. 李绍明：《民族学》，四川民族出版社 1986 年版。

27. 李绍明：《李绍明民族学文选》，成都出版社 1995 年版。

28. 李绍明：《巴蜀民族史论集》，四川出版集团、四川人民出版社 2004 年版。

29. 李绍明：《藏彝走廊民族历史文化》，民族出版社 2008 年版。

30. 李绍明：《六江流域民族考察述评》，《西南民族学院学报》（社会科学版）1986 年第 1 期。

31. 李绍明：《冯汉骥先生与民族学》，《中华文化论坛》1999 年第 3 期。

32. 李绍明：《西南民族研究的回顾与前瞻》，《贵州民族研究》2004 年第 3 期。

33. 李绍明：《藏彝走廊研究中的几个问题》，《中华文化论坛》2005 年第 4 期。

34. 李绍明、任新建：《康巴学简论》，《康定民族师范高等专科学校学报》2006 年第 2 期。

35. 李绍明：《“禹兴西羌”说新证》，《阿坝师范高等专科学校学报》2006 年第 3 期。

36. 李绍明：《略论中国人类学的华西学派》，《广西民族研究》2007 年第 3 期。

37. 李绍明：《西南人类学民族学研究的历史、现状与展望》，《西南民族大学学报》（人文社会科学版）2007 年第 10 期。

（四）档案和报刊

38. 四川大学校档案，169 号《文科三系教学计划 1951—1958.7》第 2 号。

39. 四川大学校档案，354 号《历史系关于教学工作总结 1951/8—1954/6》第 1 号。

40. 费孝通、林耀华：《关于少数民族社会性质的研究》，《人民日报》1956 年 8 月 14 日。

41. 高哲：《有关凉山彝族社会性质的讨论》，《光明日报》1957 年 4 月 5 日。

42. 《我国学术界讨论凉山彝族社会经济结构问题》，《人民日报》1960 年 9 月 1 日。

43. 四川省民族研究所《清末川滇边务档案史料》编辑组编：《清末川滇边务档案史料》，中华书局 1989 年版。

二 中文

（一）论著

1. ［英］A. C. 哈登：《人类学史》，廖泗友译，山东人民出版社 1988 年版。

2. ［美］大卫·阿古什：《费孝通传》，董天民译，河南人民出版社 2006 年版。

3. ［苏］勃罗姆列伊：《民族与民族学》，李振锡、刘宇瑞译，内蒙古人民出版社 1985 年版。

4. ［苏］勃洛姆列伊、［苏］马尔科夫主编：《民族学基础》，赵俊智译，中国社会科学出版社 1988 年版。

5. ［挪］弗雷德里克·巴特等：《人类学的四大传统——英国、德国、法国和美国的人类学》，商务印书馆 2008 年版。

6. 陈国强、林加煌主编：《当代中国人类学》，上海三联书店 1991 年版。

7. 陈国强等：《建设中国人类学》，上海三联书店 1992 年版。

8. 陈国新、杜玉银：《马克思主义民族理论发展史》，云南大学出版社 2001 年版。

9. 揣振宇主编：《伟大的起点——新中国民族大调查纪念文集》，中国社会科学出版社 2007 年版。

10. 揣振宇主编：《中国民族学 30 年（1978—2008）》，中国社会科学出版社 2008 年版。

11. 陈波：《李安宅与华西学派人类学》，四川出版集团、巴蜀书社 2010 年版。

12. ［美］娜塔莉·戴维斯：《马丁盖尔归来》，刘永华译，北京大学出版社 2010 年版。

13. 方国瑜：《中国西南历史地理考释》，中华书局 1987 年版，第 1 页。

14. 费孝通、林耀华：《中国民族学当前的任务》，民族出版社 1957 年版。

15. 费孝通：《费孝通民族研究文集新编》（上卷 1951—1984），中央民族大学出版社 2006 年版。

16. ［德］恩格斯：《家庭、私有制和国家的起源》，张仲实译，人民出版社 1954 年版。

17. ［苏］阿·尼·格拉德舍夫斯基：《原始社会史》，东北师范大学历史系翻译室译，高等教育出版社 1958 年版。

18. 郭沫若：《奴隶制时代》，见《郭沫若全集·历史编》第 3 卷，人民出版社 1984 年版。

19. 国家民族事务委员会政策研究室编：《中国共产党主要领导人论民族问题》，民族出版社 1994 年版。

20. ［美］克利福德·格尔兹：《文化的解释》，纳日碧力戈等译，王铭铭校，上海人民出版社 1999 年版。

21. ［美］顾定国：《中国人类学逸史：从马林诺斯基到莫斯科到毛

泽东》，胡鸿保、周燕译，社会科学文献出版社2000年版。

22. 顾颉刚：《当代中国史学》，上海世纪出版集团2006年版。

23. ［美］克利福德·格尔兹：《论著与生活：作为作者的人类学家》，方静文、黄剑波译，中国人民大学出版社2013年版。

24. 黄光学主编：《当代中国的民族工作》（下册），当代中国出版社1993年版。

25. 黄光学主编：《中国的民族识别》，民族出版社1995年版。

26. ［美］伊曼纽尔·华勒斯坦等：《开放社会科学：重建社会科学报告书》，刘锋译，生活·读书·新知三联书店1997年版。

27. 何东昌主编：《中华人民共和国重要教育文献（1949—1975）》，海南出版社1998年版。

28. ［美］黄思礼：《中国教会大学史研究：华西协和大学》，秦和平、何启浩译，刘家峰、王薇佳校，珠海出版社1999年版。

29. 郝时远主编：《田野调查实录——民族调查回忆》，社会科学文献出版社1999年版。

30. ［法］莫里斯·哈布瓦赫：《论集体记忆》，毕然、郭金华译，上海人民出版社2002年版。

31. 胡鸿保主编：《中国人类学史》，中国人民大学出版社2006年版。

32. 哈正利：《社会变迁与学科发展：台湾民族学人类学简史》，民族出版社2009年版。

33. 江应樑：《凉山夷族的奴隶制度》，见李文海主编《民国时期社会调查丛编（少数民族卷）》，福建教育出版社2005年版。

34. 金炳镐主编：《民族纲领政策文献选编》（第2编），中央民族大学出版社2006年版。

35. 金炳镐主编：《中国共产党民族政策发展史》，中央民族大学出版社2006年版。

36. 金炳镐主编：《马克思主义民族理论发展史》，中央民族大学出版社2007年版。

37. 金炳镐主编：《中国共产党民族工作理论与实践》，中央民族大学出版社 2007 年版。

38. ［美］詹姆斯·克利福德、乔治·马尔库斯编：《写文化：民族志的诗学与政治学》，高丙中、吴晓黎、李霞等译，商务印书馆 2006 年版。

39. 《联共（布）党史简明教程》，外国文书籍出版局 1953 年版。

40. 凉山彝族奴隶社会编写组：《凉山彝族奴隶社会性质讨论集》，四川民族研究所 1977 年版。

41. 凉山彝族奴隶社会编写组：《凉山彝族奴隶社会》，人民出版社 1982 年版。

42. 林耀华主编：《原始社会史》，中华书局 1984 年版。

43. 林耀华：《民族学研究》，中国社会科学出版社 1985 年版。

44. 李绍明、童恩正主编：《雅砻江上游考察报告》，中国西南民族研究学会、甘孜藏族自治州人民政府 1985 年 7 月编印。

45. 李绍明、童恩正主编：《雅砻江下游考察报告》，中国西南民族研究学会、甘孜藏族自治州人民政府 1985 年 9 月编印。

46. 林惠祥：《文化人类学》，上海文艺出版社 1991［1934］年版。

47. 罗志田主编：《20 世纪的中国：学术与社会·史学卷》（下卷），山东人民出版社 2001 年版。

48. 林耀华：《凉山夷家》，云南人民出版社 2003 年版。

49. 李绍明、周蜀蓉选编：《葛维汉民族学考古学论著》，四川出版集团、巴蜀书社 2004 年版。

50. 罗新慧：《二十世纪中国古史分期问题论辩》，百花洲文艺出版社 2004 年版。

51. 梁漱溟、［美］艾恺：《吾曹不出如苍生何——梁漱溟晚年口述》，外语教学与研究出版社、人民出版社 2010 年版。

52. 林耀华：《在大学与田野间》，北京大学出版社 2011 年版。

53. ［美］R. 麦克法夸尔、费正清编：《剑桥中华人民共和国史》

（上卷），谢亮生等译，中国社会科学出版社 1990 年版。

54.［美］路易斯·摩尔根：《古代社会》，杨东莼、马雍、马巨译，商务印书馆 1997［1977］年版。

55.［美］乔治·马尔库斯、米开尔·费彻尔：《作为文化批评的人类学：一个人文学科的实验时代》，王铭铭、蓝达居译，生活·读书·新知三联书店 1998 年版。

56.［德］卡尔·曼海姆：《意识形态与乌托邦》，艾彦译，华夏出版社 2001 年版。

57. 马长寿：《马长寿民族学论集》，周伟洲编，人民出版社 2003 年版。

58. 马长寿：《凉山罗彝考察报告》，李绍明、周伟洲等整理，四川出版集团、巴蜀书社 2006 年版。

59. 马玉华：《国民政府对西南少数民族调查之研究 1929—1948》，云南人民出版社 2006 年版。

60. 孟航：《中国民族学人类学社会学史：1900—1949》，人民出版社 2011 年版。

61. 潘守永：《林耀华评传》，民族出版社 2009 年版。

62. 乔健主编：《社会学、人类学在中国的发展》，香港中文大学 1998 年版。

63. 秦和平：《四川民族地区民主改革研究——20 世纪 50 年代四川藏区彝区的社会变革》，中央民族大学出版社 2011 年版。

64. 人民出版社编：《民族政策文件汇编》（第 2 编），人民出版社 1958 年版。

65. 荣仕星、徐杰舜主编：《人类学本土化在中国》，广西民族出版社 1998 年版。

66. 宋蜀华、满都尔图主编：《中国民族学五十年：1949—1999》，人民出版社 2004 年版。

67. 石硕主编：《藏彝走廊：历史与文化》，四川出版集团、四川人民出版社 2005 年版。

68.《四川大学史稿》第 4 卷，《华西协和大学（1910—1949）》，四川大学出版社 2006 年版。

69.《四川大学史稿》第 5 卷，《华西医科大学（1950—2000）》，四川大学出版社 2006 年版。

70. 施琳主编：《当代中国著名民族学家百人小传》，中央民族大学出版社 2006 年版。

71.［美］爱德华·萨义德：《东方学》，王宇根译，生活·读书·新知三联书店 2007 年版。

72.［英］沈艾娣：《梦醒子》，赵妍杰译，北京大学出版社 2013 年版。

73. 唐纪南、张京泽：《中国民族院校发展史》，中国社会科学出版社 2012 年版。

74. 王建民：《中国民族学史（1903—1949）》（上卷），云南教育出版社 1997 年版。

75. 王建民、张海洋、胡鸿保：《中国民族学史（1950—1997）》（下卷），云南教育出版社 1998 年版。

76.［美］汪荣祖：《史传通说——中西史学之比较》，中华书局 2003 年版。

77. 王铭铭：《漂泊的洞察》，上海三联书店 2003 年版。

78. 温乐群、黄东娅：《二三十年代中国社会性质和社会史论战》，百花洲文艺出版社 2004 年版。

79. 王红岩：《20 世纪 50 年代中国高等学校院系调整的历史考察》，高等教育出版社 2004 年版。

80. 王东平：《中华文明起源和民族问题的论辩》，百花洲文艺出版社 2004 年版。

81. 王铭铭：《西学“中国化”的历史困境》，广西师范大学出版社 2005 年版。

82. 王铭铭：《“中间圈”——民族的人类学研究与文明史》，见《中间圈——“藏彝走廊”与人类学的再构思》，社会科学文献出版社 2008 年版。

83. 王建民、汤芸主编：《学科重建以来的中国人类学》，中央民族大学出版社 2008 年版。

84. 王明珂：《羌在汉藏之间——川西羌族的历史人类学研究》，中华书局 2008 年版。

85. 王建民、王珩：《陈永龄评传》，民族出版社 2009 年版。

86. 王铭铭：《超越“新战国”：吴文藻、费孝通的中华民族理论》，生活·读书·新知三联书店 2012 年版。

87. 西南民族学院院史编辑室：《西南民族学院院史 1951—1991》，四川民族出版社 1991 年版。

88. 徐新建：《西南研究论》，云南教育出版社 1992 年版。

89. 徐正光、黄应贵主编：《人类学在台湾的发展：回顾与展望篇》，台湾“中央研究院”民族学研究所 1999 年版。

90. ［加］许美德：《中国大学 1895—1995：一个文化冲突的世纪》，许洁英等译，教育科学出版社 2000 年版。

91. 徐杰舜：《本土化：人类学的大趋势》，广西民族出版社 2001 年版。

92. 徐中舒：《川大史学·徐中舒卷》，四川大学出版社 2006 年版。

93. 徐平等：《费孝通评传》，民族出版社 2009 年版。

94. 尤中：《西南民族史论集》，云南民族出版社 1982 年版。

95. 杨堃：《民族学概论》，中国社会科学出版社 1984 年版。

96. 杨堃：《原始社会发展史》，北京师范大学出版社 1986 年版。

97. 杨成志：《云南民族调查报告》，见李文海主编《民国时期社会调查丛编（少数民族卷）》，福建教育出版社 2005 年版。

98. ［美］威廉·亚当斯：《人类学的哲学之根》，黄剑波、李文建译，广西师范大学出版社 2006 年版。

99. 杨筑慧：《宋蜀华评传》，民族出版社 2009 年版。

100. 杨清媚：《最后的绅士——以费孝通为个案的人类学史研究》，世界图书出版公司 2010 年版。

101. 杨圣敏、胡鸿保主编：《中国民族学六十年：1949—2010》，中央民族大学出版社 2012 年版。

102. 中华人民共和国高等教育部审订：《原始社会史教学大纲（草案）》，高等教育出版社 1956 年版。

103. 中共中央文献研究室编：《建国以来重要文献选编》（第 5 册），中央文献出版社 1995 年版。

104. 中共沧州市委党史研究室编：《刘格平文集》，中央民族大学出版社 1999 年版。

105. 张冠生：《费孝通传》，群言出版社 2000 年版。

106. 中央文献研究室等编：《邓小平西南工作文集》，中央文献出版社 2006 年版。

（二）论文

107. 白兴发：《论二十世纪前期人类学家对西南少数民族的体质调查及研究》，《学术探索》2009 年第 6 期。

108. 卞思梅：《论葛维汉的羌民研究》，中央民族大学 2011 年硕士论文（未刊稿）。

109. 卞思梅：《“羌为何人”——20 世纪前期西方学者的羌民研究》，《云南师范大学学报》（哲学社会科学版）2013 年第 3 期。

110. 蔡元培：《说民族学》，《一般》（第 1 卷）1926 年第 12 号。

111. 陈永龄、王晓义：《二十世纪前期的中国民族学》，见中国民族学研究会编：《民族学研究》（第一辑），民族出版社 1981 年版。

112. ［日］长谷川清、栗原悟：《近年中国西南地区少数民族研究动向》，马宁译，《民族译丛》1984 年第 1 期。

113. 陈星灿：《文明诸因素的起源与文明时代——兼论红山文化还没有进入文明时代》，《考古》1987 年第 5 期。

114. 陈国强：《中国人类学发展史略》，《广西民族学院学报》（哲学社会科学版）1995 年第 1 期。

115. 陈国强、孙远谋：《中国文化人类学回顾》，《民族研究》2000 年第 3 期。

116. 程美宝：《罗香林早年人种学与民族学的理念与实践》，《中山大学学报》（社会科学版）2008 年第 6 期。

117. 邓子琴：《从少数民族社会的考察和研究来看西周社会性质问题》，《西南师范大学学报》（人文社会科学版）1960 年第 2 期。

118. 杜玉亭：《简史丛书非凡说——中国民族史探索 40 年》，《云南民族学院学报》（哲学社会科学版）2001 年第 1 期。

119. 杜永彬：《康巴文化在国外的传播和影响——以国外康巴研究为例》，载泽波、格勒主编《横断山民族文化走廊——康巴文化名人论坛文集》，中国藏学出版社 2004 年版。

120. 定宜庄、胡鸿保：《寻找满族——思考“少数民族社会历史大调查”及其影响》，《清华大学学报》（哲学社会科学版）2009 年第 2 期。

121. 杜靖：《中央研究院“研究提高民族素质案”之始末——兼述中央研究院体质人类学研究所筹备之流产》，《自然科学史研究》2011 年第 1 期。

122. 范可：《他者的再现与国家政治》，《开放时代》2008 年第 6 期。

123. 郭沫若：《由周代农事试论到周代社会》，载《青铜时代》，见其《中国古代社会研究外二种》（上），河北教育出版社 2000 年第 1 版。

124. 郭自叶：《试论建国初期我国民族学研究的特点》，《湖北民族学院学报》（哲学社会科学版）2006 年第 6 期。

125. 黄文山：《民族学与中国民族研究》，《民族学研究集刊》（第 1 辑），中山文化教育馆编，商务印书馆 1936 年版。

126. 胡庆钧：《大凉山彝族社会概况》，载中央民族学院研究部编：《中国民族问题研究集刊》（第二辑），1955 年 10 月。

127. 侯哲安：《马克思主义民族学的建立》，《中南民族学院学报》

（哲学社会科学版）1982 年第 4 期。

128. 胡鸿保：《试析林耀华的社会人类学思想》，《社会学与社会调查》1990 年第 6 期。

129. 胡庆钧：《凉山彝族社会历史调查回忆》，载于宝林、华祖根主编《中国民族研究年鉴，1999 年卷》，民族出版社 2000 年第 1 版。

130. ［美］郝瑞：《中国人类学叙事的复苏与进步》，范可译，《广西民族学院学报》（哲学社会科学版）2002 年第 4 期。

131. 何星亮：《人类学民族学田野调查的历史与未来》，《民族研究》2002 年第 5 期。

132. 黄剑波：《作为“他者”研究的人类学》，《广西民族研究》2002 年第 4 期。

133. 胡鸿保：《略谈中国人类学重建以来的学科史研究》，《北京行政学院学报》2004 年第 5 期。

134. 何星亮：《20 世纪下半叶台湾和香港的人类学与民族学研究概述》，《西藏民族学院学报》（哲学社会科学版）2004 年第 2 期。

135. 哈正利：《民族学的民族国家形态及其他——中国民族学史散论》，《中南民族大学学报》（人文社会科学版）2006 年第 6 期。

136. 胡鸿保、李红武：《反思中国人类学的学科史》，《中南民族大学学报》（人文社会科学版）2007 年第 3 期。

137. 何国强：《论戴裔煊的民族学研究》，《广西民族研究》2008 年第 4 期。

138. 何国强：《回忆曾昭璇先生的人类学思想》，《岭南文史》2009 年第 1 期。

139. 胡鸿保、张晓红：《李绍明先生对重建中国民族学人类学的贡献》，《西南民族大学学报》（人文社会科学版）2010 年第 1 期。

140. 黄金：《李绍明先生与武陵民族走廊研究》，《西南民族大学学报》（人文社会科学版）2012 年第 8 期。

141. 胡鸿保、张丽梅：《新旧中国学派之间的李绍明先生——重读

〈变革社会中的人生与学术〉》，《西南民族大学学报》（人文社会科学版）2013年第11期。

142. 江应樑：《凉山彝族社会的历史发展》，《云南大学学报》（人文科学版）1958年第1期。

143. 江应樑：《民族学在云南》，载中国民族学研究会编：《民族学研究》（第1辑），民族出版社1981年版。

144. 金天明、龙平平：《论吴文藻的“民族学中国化”学术思想》，《中央民族学院学报》1986年第2期。

145. 贾仲益：《新中国的民族学与民族学研究院》，《中央民族大学学报》（社会科学版）1999年第5期。

146. 金炳镐、周传斌：《马克思主义民族理论与中国民族理论学科——纪念马克思逝世120周年》，《民族研究》2003年第5期。

147. 金炳镐、周传斌：《马克思主义民族学的历史回顾》，《高校理论战线》2003年第9期。

148. ［苏］克留科夫：《杨堃对民族学史和民族学理论的看法》，《云南民族学院学报》1988年第2期。

149. 林耀华：《苏联民族学近年来的成就》，《民族研究》1956年第10期。

150. 林耀华、金天明：《从历史发展看当前我国民族学的对象和任务》，《民族研究》1980年第2期。

151. 林耀华：《新中国的民族学研究与展望》，《民族研究》1981年第2期。

152. 《六江流域民族综合科学考察队雅砻江下游（渡口、凉山段）考察试点总结》，载中国西南民族研究学会编：《西南民族研究动态》1982年第4期。

153. 林耀华、庄孔韶：《中国民族学的回顾与展望》，《社会科学战线》1985年第1期。

154. 龙平平：《中国民族学早期情况概述》，《思想战线》1986年第5

期。

155. ［苏］列舍托夫：《苏联民族学在中国》，贺国安、王培英译，《民族译丛》1991 年第 4 期。

156. 李亦园：《民族志与社会人类学：台湾人类学研究与发展的若干趋势》，载周星、王铭铭主编《社会文化人类学讲演集》（下），天津人民出版社 1997 年版。

157. 吕孝明、聂蒲生：《抗战时期西南地区的民族语言学家和体质人类学家对民族研究的贡献》，《贵州民族学院学报》（哲学社会科学版）2003 年第 6 期。

158. 刘小枫等：《作为学术视角的社会主义新传统》，《开放时代》2007 年第 1 期。

159. 李鸿然：《岑家梧学术思想述评》，《广西民族大学学报》（哲学社会科学版）2007 年第 2 期。

160. 罗志田：《“文革”前十七年中国史学的片段反思》，《四川大学学报》（哲学社会科学版）2009 年第 5 期。

161. 李锐：《“二重证据法”的界定及规则探析》，《历史研究》2012 年第 4 期。

162. 娄贵品：《“西南学”考论》，《文山学院学报》2015 年第 2 期。

163. 马曜、缪鸾和：《从西双版纳看西周》，《学术研究》1963 年第 1、3、5 期。

164. 马曜：《我国西南民族研究的回顾与展望》，《云南社会科学》1982 年第 1 期。

165. 孟宪范：《中国民族学十年发展述评》，《中国社会科学》1989 年第 2 期。

166. 马尔子：《对旧凉山彝族社会结构的再认识及“黑彝”“白彝”的辨析》，《凉山民族研究（1992—1993）》，民族出版社 2011 年版。

167. 马启成：《前进中的中国民族学：对新中国民族学发展历史的回顾》，《中央民族大学学报》（哲学社会科学版）1998 年第 1 期。

168. 满都尔图：《中国民族学的黄金时代》，《民族研究》1998 年第 5 期。

169. 马曜：《云南少数民族社会历史调查回顾》，载于宝林、华祖根主编《中国民族研究年鉴（1999 年卷）》，民族出版社 2000 年版。

170. 马曜：《记建国初期云南民族调查》，《民族学与民族工作论文集》，云南民族出版社 2001 年版。

171. 马林英：《李绍明先生的彝族研究》，《民族学刊》2010 年第 2 期。

172. 木仕华：《论李绍明先生的藏彝走廊研究观》，《西南民族大学学报》（人文社会科学版）2010 年第 8 期。

173. 孟航：《1949 年以来中国民族学人类学的历史反思和未来展望——以费孝通、林耀华、宋蜀华等论述为参照》，《西南民族大学学报》（人文社会科学版）2015 年第 11 期。

174. 欧潮泉：《解放前马克思主义民族学在中国的传播》，《广西民族学院学报》（哲学社会科学版）1983 年第 2 期。

175. 潘光旦：《湘西北的“土家”与古代的巴人》，载中央民族学院研究部编《中国民族问题研究集刊》（第四辑），1955 年。

176. 秋浦：《民族学在中国的传播和发展》，《民族研究》1984 年第 5 期。

177. 乔健：《中国人类学发展的困境与前景》，《广西民族学院学报》（哲学社会科学版）1995 年第 1 期。

178. 束世澂：《西藏社会性质的分析——古史分期问题研究的一个参考》，《学术月刊》1959 年第 6 期。

179. 施修霖、陈吉元：《对民主改革前凉山彝族地区社会性质的探讨》，《民族研究》1959 年第 9 期。

180. 束世澂：《有关古史分期一些理论问题——与杨宽同志商榷》，《学术月刊》1960 年第 9 期。

181. 束世澂：《论凉山彝族解放前的社会性质》，《新建设》1961 年第 6 期。

182. ［苏］斯大林：《马克思主义和民族问题》，载中央民族学院民族研究所民族理论和民族政策教研室编《马克思恩格斯列宁斯大林民族问题著作选》，中央民族学院 1982 年版。

183. 石奕龙：《中国应用人类学的过去、现在与将来》，《云南社会科学》1994 年第 6 期。

184. 宋蜀华：《论中国民族学研究的纵横观》，《民族研究》1995 年第 2 期。

185. 宋蜀华：《中国民族学的回顾、现状与前瞻》，《中央民族大学学报》（社会科学版）1998 年第 1 期。

186. 宋蜀华：《论历史人类学与西南民族文化研究》，《中国民族学纵横》，民族出版社 2003 年版。

187. 宋蜀华：《中国民族学的回顾与前瞻》，《中央民族大学学报》（哲学社会科学版）2003 年第 1 期。

188. 孙宏开：《情系西南民族五十载——写在李绍明先生逝世周年之际》，《西南民族大学学报》（人文社会科学版）2010 年第 8 期。

189. 石硕：《李绍明先生与藏彝走廊研究》，《西南民族大学学报》（人文社会科学版）2012 年第 8 期。

190. ［苏］托尔斯托夫：《苏联民族学的任务》，载中央民族学院研究部编《民族问题译丛（民族学专辑）》，民族出版社 1956 年版。

191. ［苏］托尔斯托夫：《苏联民族学的基本任务和发展途径》，载中央民族学院研究部编《民族问题译丛（民族学专辑）》，民族出版社 1956 年版。

192. 童恩正：《摩尔根模式与中国的原始社会史研究》，《中国社会科学》1988 年第 3 期。

193. 王政：《首届全国民族学学术讨论会综述》，《贵州民族研究》1981 年第 1 期。

194. 王建民：《吴泽霖民族学思想和学术生涯》，《民族教育研究》

1994年第2期。

195. 王建民：《中国人类学发展史中的几个问题》，《思想战线》1997年第3期。

196. 王铭铭：《人类学在20世纪中国》，载李培林等《20世纪的中国：学术与社会·社会学卷》，山东人民出版社2001年版。

197. 王庆仁、马丽娟：《宋蜀华先生对中国民族学理论的探索》，《云南民族学院学报》（哲学社会科学版）2003年第5期。

198. 王铭铭：《二十五年来中国的人类学研究：成就与问题》，《江西社会科学》2005年第12期。

199. 王建民：《论中国场景下人类学与民族学的关系》，载王铭铭主编《中国人类学评论》（第1辑），世界图书出版公司2007年版。

200. 王建民：《中国人类学西南田野工作与著述的早期实践》，《西南民族大学学报》（人文社会科学版）2007年第12期。

201. 王菊：《李绍明的彝族社会学思想研究》，《广西民族研究》2008年第3期。

202. 王菊、邓思胜：《族群身份之论争：跨文化间的交流与互动——郝瑞与李绍明的论争分析》，《广西民族研究》2009年第2期。

203. 王明珂：《李绍明先生的羌族研究》，《西南民族大学学报》（人文社会科学版）2009年第12期。

204. 王建民：《李绍明先生与近期西南人类学的发展》，《西南民族大学学报》（人文社会科学版）2010年第1期。

205. 王菊：《叩响历史与山野的回音——李绍明民族学思想研究》，《西南民族大学学报》（人文社会科学版）2010年第1期。

206. 魏志龙：《多重情景下的学术发展：少数民族社会历史调查的人类学再研究》，中央民族大学2011年博士论文（未刊稿）。

207. 王希辉、李秋芳：《李绍明先生与土家族研究》，《广西民族研究》2012年第1期。

208. 王希辉：《论李绍明先生的田野实践与田野观》，《西南民族大学学报》（人文社会科学版）2012 年第 8 期。

209. 王希辉：《李绍明先生与〈民族学〉》，《黑龙江民族丛刊》2013 年第 2 期。

210. 王希辉：《论李绍明先生的应用民族学思想及其实践》，《青海民族研究》2014 年第 1 期。

211. 王希辉：《李绍明先生与酉水流域土家族调查——以〈川东酉水土家〉为考察中心》，《西南民族大学学报》（人文社会科学版）2014 年第 12 期。

212. 王希辉、黄金：《李绍明先生与中国西南民族研究学会》，《广西民族研究》2016 年第 4 期。

213. 王传：《从“西南民族研究”到“西南学”：近代中国西南研究的学思历程》，《西南民族大学学报》（人文社会科学版）2016 年第 5 期。

214. 夏康农、程贤敏、刘炎、罗运达：《四川凉山彝族地区民主改革以前的社会面貌》，《民族研究》1958 年第 1 期。

215. 谢扶民：《两年来少数民族社会历史调查工作的基本总结》，载《民族研究工作的跃进》，科学出版社 1958 年版。

216. 《中国西南民族研究学会会章》，载中国西南民族研究学会编《西南民族研究动态》1981 年第 1 期。

217. 徐平：《费孝通民族学术思想述略》，载北大社会学人类学研究所编：《东亚社会研究》，北京大学出版社 1993 年版。

218. 谢燕清：《中国民族学田野工作反思——以五六十年代民族大调查为例》，《民俗研究》2004 年第 2 期。

219. ［美］安·麦克斯韦·希尔：《小凉山的俘虏、亲属和奴隶》，阿嘎佐诗译，《广西民族学院学报》（哲学社会科学版）2005 年第 3 期。

220. 徐新建：《李绍明与民族学“苏维埃学派”》，《民族学刊》2011 年第 3 期。

221. 徐新建：《科学与国史：李济先生民族考古的开创意义》，《思想战线》2015 年第 6 期。

222. 杨向奎：《“中国古史分期问题的讨论”商榷》，《文史哲》1955年第1期。

223. 杨宽：《论中国古史分期问题讨论中的三种不同主张》，见其《古史新探》，中华书局1965年第1版。

224. 叶文宪：《中国国家起源问题研究综述》，《中国史研究动态》1991年第3期。

225. 杨圣敏：《中国民族学的百年回顾与新时代的总结》，《西北民族研究》2009年第2期。

226. 杨圣敏：《中国民族学的历史经验与未来展望——基于1978年以来的总结与反思》，《西北民族研究》2009年第3期。

227. 杨清媚：《知识分子心史——从ethnos看费孝通的社区研究与民族研究》，《社会学研究》2010年第4期。

228. 杨清媚：《文化、历史中的“民族精神”陶云逵与中国人类学的德国因素》，《社会》2013年第2期。

229. 张向千：《西康省大凉山彝族的社会经济制度——调查报告》，《教学与研究》1954年第3期。

230. 周伟洲：《关于土族族源诸问题之管见——评〈土族简史〉有关论述》，《青海民族学院学报》（社会科学版）1983年第4期。

231. 朱惠荣：《汉晋时期西南边疆的地理分区》，载复旦大学历史地理研究中心主编《面向新世纪的中国历史地理学：2000年国际中国历史地理学术讨论会论文集》，齐鲁书社2001年版。

232. 周大鸣、刘朝晖：《中国人类学世纪回眸》，载周大鸣主编《21世纪人类学》，民族出版社2003年版。

233. 曾维益：《白马藏族及其研究综述》，载石硕主编《藏彝走廊：历史与文化》，四川出版集团、四川人民出版社2005年版。

234. 张轲风：《历史时期“西南”区域观及其范围演变》，《云南师范大学学报》（哲学社会科学版）2010年第5期。

235. 张原：《区域民族学与李绍明先生的中国西南研究》，《西南民族大学学报》（人文社会科学版）2010 年第 8 期。

236. 张轲风：《大西南与小西南：抗战大后方战略主导下的西南空间分层》，《中国历史地理论丛》2012 年第 1 期。

237. 张勇：《“西南”区域地理概念及范围的历史演变》，《中国历史地理论丛》2012 年第 4 期。

238. 张轲风：《康藏与西南：近代以来西南边疆的区域重构》，《云南师范大学学报》（哲学社会科学版）2012 年第 5 期。

239. 查晓英：《李济的中国民族史研究：“去民族化”与发展科学》，《中山大学学报》（社会科学版）2012 年第 6 期。

240. 张轲风：《历史语境下“四隅”概念的空间表达——以“西南”为中心》，《中国边疆史地研究》2013 年第 1 期。

241. 赵心宪：《李绍明“武陵民族区”概念内涵与“黔中文化研究”基础理论》，《民族学刊》2014 年第 6 期。

242. 赵心宪：《“武陵民族区”命名的辩证思维方式应用问题——近年李绍明研究学术文献阅读反思辑要》，《四川文理学院学报》2016 年第 2 期。

英文

（一）论著

1. Asad, Talal. ed., 1973, *Anthropology and the Colonial Encounter*, New York: Humanity Books.

2. Barnard, Alan & Spencer, Jonathan, ed., 1996, *Encyclopedia of Social and Cultural Anthropology*, Routledge: London and New York.

3. Fabian, Johnnes., 1983, *Time and the Other: How Anthropology Makes its Objects*, New York: Columbia University Press.

4. Ginzburg, Carol., 1992, *The Cheese and the Worms: The Cosmos of a Sixteenth – Century Miller*, Baltimore: The John Hopkins University Press.

5. Kuper, Adam., 1996 [1973], *Anthropologists and Anthropology*:

The British School 1922—1972, London and New York: Routledge.

6. Kuper, Adam., 1973, *Anthropologists and Anthropology*: *The British School 1922—1972*, London: Allen Lane.

7. Litizinger, Ralph., 2000, *Other Chinas*: *The Yao and the Polotics of National Belonging*, Durham: Duke University Press.

8. Stocking, George., ed., 1991, *Colonial Situations*: *Essays on the Contextualization of Ethnographic Knowledge*, *History of Anthropology*, Vol. 7, University of Wisconsin Press.

9. Stocking, George., ed., 1992, *The Ethnographer's Magic and Other Essays in the History of Anthropology*, University of Wisconsin Press.

10. Urry, James., 1993, *Before Social Anthropology*: *Essays on the History of British Anthropology*, Reading: Harwood Academic.

(二) 论文

11. Clifford, James., 1980, "Fieldwork Reciprocity, and the Making of Ethnographical Texts: The Example of Maurice Leenhardt", *Man*, New Series, Vol. 15, No. 3.

12. Marcus, George & Cushman, Dick., 1982, "Ethnographies as Texts", in *Annual Review of Anthropology*, Vol. 11.

13. Pan, Jiao., 1997. "The Maintenance of the Lolo Caste Idea in Socialist China", *Inner Asia*: *Occasional Papers* 2.

14. Stocking, George., 2002, "The Shaping of National Anthropologies", *Delimiting Anthropology*: *Occasional Essays and Reflections*, University of Wisconsin Press.